中青年经济与管理学者文库

云南省教育厅科学研究基金项目资助（项目编号：2025J0574）

西部资源型企业战略变革研究

——基于组织惯例与动态能力作用的视角

宋哲　王逢娜　张新启　杨晓涓　著

中国财经出版传媒集团
中国财政经济出版社
·北京·

图书在版编目（CIP）数据

西部资源型企业战略变革研究 ：基于组织惯例与动态能力作用的视角 / 宋哲等著. -- 北京 ：中国财政经济出版社，2025. 3. --（中青年经济与管理学者文库）.
ISBN 978-7-5223-3768-5

Ⅰ. F279.27

中国国家版本馆CIP数据核字第2025FB5204号

责任编辑：马　真　　　　责任校对：张　凡
封面设计：智点创意　　　　责任印制：史大鹏

西部资源型企业战略变革研究
——基于组织惯例与动态能力作用的视角
XIBU ZIYUANXING QIYE ZHANLÜE BIANGE YANJIU
JIYU ZUZHI GUANLI YU DONGTAI NENGLI ZUOYONG DE SHIJIAO

中国财政经济出版社 出版

URL：http：//www.cfeph.cn
E－mail：cfeph@cfeph.cn

社址：北京市海淀区阜成路甲28号　邮政编码：100142
营销中心电话：010－88191522
天猫网店：中国财政经济出版社旗舰店
网址：https：//zgczjjcbs.tmall.com
涿州汇美亿浓印刷有限公司印刷　各地新华书店经销
成品尺寸：147mm×210mm　32开　9.25印张　215 000字
2025年3月第1版　2025年3月河北第1次印刷
定价：43.00元
ISBN 978－7－5223－3768－5
（图书出现印装问题，本社负责调换，电话：010－88190548）
本社质量投诉电话：010－88190744
打击盗版举报热线：010－88191661　QQ：2242791300

策划人语

题记：一个人的精神成长史，取决于他的阅读史。只有阅读能最有效地培养精神生活习惯，而好的习惯又培养性格，性格决定人生。

——我们自豪，因为我们就是创造这精神产品的人。

选择了飞翔，总能看到蓝天；选择了远航，总能感受大海。人生不仅要作出选择，也要坚持住自己的选择。学会计、当编辑是我的意外选择。人说编辑是为人作嫁，可是这一选择我坚持了30年，苦在其中，乐在其中，也算是有声有色。每当我把一本本好书呈献给人们的时候，我觉得我是“富贵”的人：富，不是你身上的钱财，而是你心里的满足；贵，不是你地位的显赫，而是你被人需要的程度。

书海探寻，情怀永恒

我要说，做编辑我幸运，因为我不仅是第一个读者，可以对作品“品头论足”，也可以对作品“生杀予夺”；更重要的是，这是一个有很高层次的平台，在多年与名家的交往和名著的“对话”中，深深地为他们的人格和才学所感动，被作品的精彩所吸引，这不仅使我“下笔如有神”，更使我的思想和灵魂也受到一次次洗礼和震撼，得到一次次升华。对于我的作者我的书，如数家珍，作者中不乏才学和为人同样过人的多位泰斗和“颜值高责任大”的众多才子佳人；策划的作品不仅立足专业还兼顾人文，也是情怀所在，专业加人文路才会更宽更远。

多年的体会是，作为一名编辑，起码要“三心二意”，即“责任心、细心、耐心”和“服务意识、创新意识”。要多策划一些拳头产品，用一个选题推动一个系统工程，用一个系统工程培养一个出版社品牌。给新入职编辑讲座时我做过一个比喻：编辑两项基本功，审稿——甚至要比博导审批学生论文还要全面、细致；选题策划——要像电影导演一样做“星探”，善于发现优秀作者和挖掘好的原创作品。记不清30年来我策划和编辑了多少书，组织和策划了大批教材、业务培训用书、通俗读物、理论专著等，有的获得过国家、省部级各类奖项，有的以其填补空白、社会热点、风格新颖、开拓尝试等特点受到读者的欢迎。正是：

一入书门情似海，
探寻经典职责在。
苦辣酸甜何其乐，
编辑人生也精彩。

想是问题，做是答案

众所周知，目前的图书出版业在行业竞争和纸质图书受到严重冲击的情况下，出版人无不感到莫大的危机。在这种背景下，我们还要积极应对，完善纸质图书的固有特质，拓宽纸媒的功能，挖掘出版内容和形式都精彩的原创作品，适应新形势下读者的更高需求。2017 年至今，在新的时代环境下不断出新，我又策划了多套系列丛书和单本图书，不乏名家著作、教材、学术专著和实务丛书等，继续为扶持学术研究和总结实践最新成果，在高端研究与专业知识普及和应用之间搭建一座座有益的桥梁。

每一个时代的经济环境不同，理论研究和实务探索所需要解决的问题也有所差别。当前我国处于新的历史时期，市场环境和组织模式不断演变发展、推陈出新，经济、管理、财税等领域的新理论、新思想、新方法、新工具也层出不穷。乱花渐欲迷人眼，击水三千浪几何？这些领域的研究人员被时代赋予了更艰巨的责任，也面临着更高、更多元的要求，我们不仅要具备更广阔的学术视野，而且要有更严谨的学术思维。

输在犹豫，赢在行动

《中青年经济与管理学者文库》的作者，都是我国经济与管理领域的中坚力量，也是未来的大家。他们中有些人潜心从事理论研究，有些人则深耕在实务一线，但无论现实身份如何，视野全都没有被拘泥在“象牙塔”内。他们从不同视角对市场经济的不同要素进行细致审视，然后汇聚于“财经版”这面旗帜之下，相互碰撞，彼此激荡，力求在市场经济转型升级的关键时期留下最新鲜的“中国印记”。

这些经济与管理领域的中青年学者，就是我国市场经济发展的潜力与优势，他们的研究成果，不仅将引领市场经济的各个组成环节向更科学、更先进的方向发展，而且将成为我国政府和企业在未来经济世界扮演更重要角色的支点与动力。祝愿这些中青年学者能攀上更高的学术之山，走向更远的研究之路，也期待宏观、中观、微观各个层面的市场参与者都能从这套文库中得到切实的启发与指引，在全面深化改革、增强发展活力的关键时期，发挥正能量和积极作用，为经济社会发展增添新的动力！——这也是我策划此套丛书的初衷。

作始也简，毕也必巨

2021年，是一个非凡之年，纵观世界风云，抗击疫情“风景这边独好”，“十四五”规划开局，我们喜迎建党百年。“其作始也简，其将毕也必巨。”从“开天辟地”“改天换地”到“翻天覆地”“惊天动地”，我们党经历了四个历史时期——救国大业、兴国大业、富国大业、强国大业，四件大事铸就了中国共产党百年辉煌。我们不禁感叹——风雨百年创辉煌，“天地”之间“有杆秤”。

2021年，还是一个纪念之年，出版社成立65周年和我从事编辑工作30周年。65年来，财经出版社始终坚持正确的舆论导向和鲜明的出版特色，努力为经济建设和财政工作服务，致力于为读者奉献经典作品，在中国财经出版传媒集团旗下发挥着更大的作用，取得更大的成就。作为一个有着20多年党龄的党员，我是生在新中国长在红旗下的幸运的一代，怀着对党无限的热爱和感恩，浓情做事、淡泊做人，用30年的情怀和坚守见证了出版业的转型，践行了编辑的天职，向党递交一份努力的答卷。

2017年策划出版《中青年经济与管理学者文库》至今已五年，得到了众多中青年学者的热烈响应与大力支持，文库诞生至今已囊括专著60余种，为中青年学者们提供了展示学术研究成果的平台，作者队伍不断壮大，作品陆续出版。如果您认可，如果您有意愿，欢迎您和您的朋友加盟我们的作者队伍！在中国财经出版传媒集团的“旗舰”下，中国财政经济出版社这“老字号”，一定励精图治，谱写新的篇章。敬请关注“龙媒玉制新书坊”微信公众号，我们用“龙的精神，玉的品质”来助力您实现梦想！

策划人：樊清玉
邮箱：qingyuf@ sina. com
2021年12月31日

前言

随着时代的发展，经济全球化进一步推进，企业面临的环境更加复杂化。纵观当前研究，由于研究者们拥有不同的研究关注点，企业战略变革至今仍未得出一个指导框架。怎样不断通过战略变革实现转型？怎样提升企业的动态能力？怎样打破组织惯例刚性？怎样克服变革发展中的路径依赖？这些问题业已成为战略变革研究的热点和焦点问题。

近年，西部资源型企业在区域经济社会发展中发挥着越来越重要的作用，依托其丰富独有的自然资源优势和区位优势，围绕特色自然资源的开发利用，成为推动地区经济发展的支柱企业。随着西部地区矿产资源品位下降、环保政策趋紧等原因，这类企业不得不考虑摆脱对资源的严重依赖，启动新的战略。因此，本书将研究对象选定为中国西部地区以自然资源的占有为优势，以自然资源的开采和初级加工为基本生产方式来获取竞争力的企业，该企业为适应内外部环境的变化所进行的战略资源配置模式的改变。

近 30 年，学术界将资源型企业成功转型的原因主要归结为有效的战略变革，包括 5 种路径，尽管伴随着大量的争论，但基本上形成了理论界普遍的认识。无论哪一种战略变革都没有详细说明促成这样的战略所必需攻克的在显性战略下隐藏的隐性组织惯例与动态能力的障碍。能否攻克组织固有的障碍，使战略变革成为理想中、自然而然的。因此，在学术上战略变革实际上都指向了一个核心问题，即组织惯例在战略变革中的重要性作用，是一种什么样的惯例使一些企业总是能够积极采取正确的、适当的战略，很少出现错误，最终能够基业常青。

由此引发了关于组织惯例、动态能力与战略变革三者之间的关系和作用探讨。一些学者认为组织惯例是一个难以为“外人道”的“黑箱”。本书引入以组织惯例为基础的演化论，破解“组织惯例—动态能力—战略变革”的作用机理以及实践中的成功路径，丰富学理研究，解释战略变革与外部环境、内部条件之间的互动关系，通过将“成功经验”的总结构造一套丰富的、有效的理论，指导企业应对内外部的变化，克服自身的不足。

本书构建基于组织惯例和动态能力影响作用的战略变革理论，为西部资源型企业提供指导帮助。本书在总结国内国外的最新研究基础上，以理论和实践为基础，从宏观与微观互动的视角上，以西部资源型企业战略变革为研究对象，以组织惯例和动态能力为影响因素，采用实地调研法、逻辑演绎法、实证分析法与案例研究法分析组织惯例、动态能力和战略变革关系，深刻揭示加快西部资源型企业战略变革的本质要求，研究西部资源型企业的战略变革过程、机理和机制等内容。

首先，本书深化西部资源型企业战略变革理论研究。一是分析西部资源型企业战略变革的原因、经验、序贯、动力机制和情景机制，根据成长阶段分析西部资源型企业战略变革模式。二是提出了影响西部资源型企业组织惯例的关键因素是核心价值观、理念、治理结构、制度和流程，关键机制是组织学习、创新与企业家精神机制。三是揭示了西部资源型企业组织惯例形成动态能力、基于组织惯例与动态能力影响作用的战略变革机理。西部资源型企业战略变革以企业战略演进和组织变革为载体，通过组织学习，按照组织惯例变异—搜寻—复制—保存四个程序推动组织惯例与动态能力的演化，并由探索式学习—知识外显化—利用式学习—知识内隐化四种方式来推动完成战略变革，而一旦形成新的组织惯例和动态能力，企业就可以据此摆脱“路径依赖”，实现竞争优势。本书深刻揭示了在战略变革程序中被遮蔽的过程及内生系统动力机理，为我国企业在新形势下壮大、做强、做优与高质量发展提供了借鉴。

其次，本书选取西部资源型企业为样本开展实证分析研究。实证检验发现：西部资源型企业组织惯例与动态能力正相关，但其中内隐规范对动态能力影响不显著；西部资源型企业组织惯例与战略变革正相关，但其中内隐规范对战略变革影响不显著；西部资源型企业动态能力与战略变革正相关，但其中感知响应能力对战略变革影响不显著；动态能力在西部资源型企业组织惯例与战略变革之间存在部分中介作用，但其中感知响应能力在西部资源型企业组织惯例与战略变革之间不存在中介作用；环境动态性与西部资源型企业战略变革正相关，环境动态性在西部资源型企业组织惯例与战略变革之间存在正向调节作用；管理自主权与西部资源型企业战略变革正相关，管理自主权在西部资源型企业组织惯例与战略变革之间存在正向调节作用。

再次，本书选取昆明钢铁控股有限责任公司、瓮福（集团）有限责任公司、云南云天化股份有限公司及云南锡业股份有限公司4家西部资源型企业开展调研和验证性案例研究。一是研究公司战略变革的序贯、机制、过程，并细致刻画了企业组织惯例演化形成动态能力，基于组织惯例和动态能力影响作用的战略变革。二是研究西部资源型企业发展与战略变革过程及结果，对西部资源型企业战略变革成功因素的逻辑分析。研究发现在资源日趋紧张甚至枯竭的条件下，西部资源型企业突破资源陷阱，成功转型的另一种战略路径，即“组织惯例—动态能力—战略变革”路径，展望了这一路径的学理价值。

最后，本书总结了研究结论和贡献，提出了不足与展望。

目录

第一章　绪论 …………………………………………………………（1）

第一节　研究的背景 ……………………………………………（1）

第二节　研究意义 ………………………………………………（3）

第三节　研究对象 ………………………………………………（6）

第四节　研究方法与技术路线及创新点 ………………………（15）

第二章　理论基础与文献综述 …………………………………（21）

第一节　理论基础 ………………………………………………（21）

第二节　战略变革文献综述 ……………………………………（25）

第三节　组织惯例文献综述 ……………………………………（31）

第四节　动态能力文献综述 ……………………………………（35）

第五节　组织学习文献综述 ……………………………………（39）

第三章　西部资源型企业战略变革实践与理论研究 …………（42）

第一节　西部资源型企业战略变革实践情况分析 ……………（42）

第二节　西部资源型企业战略变革过程与模式分析 …………（67）

第三节　西部资源型企业战略变革机理研究 …………………（94）

第四章　组织惯例与动态能力及战略变革关系的实证研究
…………………………………………………………（118）
第一节　研究假设　…………………………………………（118）
第二节　变量测度　…………………………………………（123）
第三节　问卷设计和数据收集及处理　……………………（131）
第四节　数据分析与结论　…………………………………（143）
第五章　西部资源型企业战略变革案例研究　……………（170）
第一节　研究方法　…………………………………………（170）
第二节　昆明钢铁控股有限公司等四户案例研究　………（174）
第三节　西部资源型企业案例分析与结论　………………（218）
第六章　研究结论与启示　…………………………………（229）
第一节　研究结论　…………………………………………（229）
第二节　主要贡献　…………………………………………（232）
第三节　对策建议　…………………………………………（234）
第四节　研究启示　…………………………………………（256）
第五节　研究不足与展望　…………………………………（258）
附录 A　企业调查（访谈）提纲　…………………………（261）
附录 B　企业组织惯例与动态能力及战略变革调查问卷　…（264）
参考文献　……………………………………………………（270）

第一章

绪 论

第一节 研究的背景

随着信息技术的快速发展，经济全球化进一步推进，企业面临的环境不确定性增加，任务更加复杂。在超竞争的市场环境下，企业必须转变现有的经营战略，使其与动态的市场环境相适应，将企业现有的资源和能力在变化的环境中发挥作用。企业如何在动荡复杂的环境下战略变革应对挑战和取得竞争优势是当前研究的热点问题。现有的研究证明，从经济学引入管理学的组织惯例、动态能力对于战略变革具有重要意义。学者们对组织惯例与战略变革、动态能力与战略变革进行了深入的研究，但研究组织惯例、动态能力与战略变革三者之间关系较少。因此，需要对以上问题进一步进行深入的研究，为企业战略变革提供指导和借鉴。

近年，西部资源型企业依托其丰富独有的自然资源优势和区位优势，围绕特色自然资源的开发利用，成为推动地区经济发展的支柱企业。西部地区丰富的矿产资源，形成了以矿产开发、加工和利用为主的一类资源型企业，其经济贡献在西部地区 GDP 中的占比为60%～75%。资源是乐土，然而也可能成为陷阱和包袱。

近年来，复杂的国际国内形势给西部资源型企业带来了前所未有的困难和挑战，随着西部地区矿产资源品位下降、环保政策趋紧等原因，这类企业不得不考虑摆脱对资源的严重依赖，启动新的战略。在这一过程中不少企业由于战略上的错误走向了衰败和消亡，但也有一部分企业获得了成功，特别是具有前瞻性进行战略变革的企业，有的实现了转型并建立了新的竞争优势。那么究竟是什么因素促成了这些企业的成功？关于这一问题一直存在很大的争议。

近30年，学术界将资源型企业成功转型的原因主要归结为有效的战略变革，包括5种路径（见第一章西部资源型企业战略变革），尽管伴随着大量的争论，但基本上形成了理论界普遍的认识，这也是“传统的”5种路径。然而，对于地处西部的资源型企业而言，5种战略路径几乎都被尝试和实施过。其中1～2条路径“碰巧”产生了一定的效果，甚至使企业得到了跨越式的发展，往往被认为是制胜的法宝。但是，如果放眼于一个更长的历史情境中，则较少发现重要的价值和线索。原因在于各界关注的重点在于战略变革的结果，而战略变革的机理并不明确。即过于注重“以成败论英雄”，而忽视了成为英雄的因素和历程。

总的来说，无论哪一种战略变革都没有详细说明促成这样的战略所必须攻克的在显性战略下隐藏的隐性组织惯例与动态能力的障碍。因此，也有一部分学者认为对于战略的成功与否这一问题是一种理论化的“马后炮”“自娱自乐”或者只能归结为企业高层的“直觉”，甚至是“运气”。能否攻克组织固有的障碍，使战略变革成为理想中、自然而然的。因此，在学术上战略变革实际上都指向了一个核心问题，即组织惯例在战略变革中的重要性作用：是一种什么样的惯例使一些企业总是能够积极采取正确的、适当的战略，很少出现错误，最终能够基业常青。

遗憾的是，学术界当前的研究还较为初步，缺乏对组织惯例—动态能力—战略变革在整体上的探讨，尤其是西部资源型企业面临困局的情况下，缺乏破解现实难题，支持长期发展的理论指导和现实案例。由此引发了关于组织惯例、动态能力与战略变革之间的关系和作用探讨。一些学者认为，组织惯例是一个难以为“外人道”的“黑箱”，包含着惯例变异（routines change）、惯例搜寻（routines search）、惯例复制（routines copy）和惯例保存（routines save）。通过破解组织惯例—动态能力—战略变革的关系，弥合战略意图与战略变革之间的巨大差异，真实还原战略变革与外部环境、内部条件之间的互动关系，通过将“成功经验”的总结构造一套丰富的、有效的理论，指导企业应对外部的变化，克服自身的不足。纵观西部资源型企业即在于能否实现：在积贫初创时本分地活下去，在强手环伺时蛰伏突破，在以价换量后走上创新之路。

基于此，本书在一个更为宽广的视野上来聚焦西部资源型企业组织惯例、动态能力与战略变革，涉及宏观、中观和微观等诸多方面及环节，构建组织惯例、动态能力与战略变革之间关系、机制和机理，总结研究西部资源型企业面临的困局，探析突破困局的变革与举措。

第二节 研究意义

基于对西部资源型企业在困境或不利环境中进行管理活动的规

律性研究，能够使西部资源型企业预防、察觉和化解当前面临的重大危机，研究其组织学习、组织惯例、动态能力等影响因素和关联关系，针对发现问题实施战略变革，增强企业抵御风险的能力并提高竞争优势，对解决西部资源型企业问题具有重要理论和实践意义。

一、理论意义

（1）丰富战略变革理论框架。现有文献在战略变革研究中，往往集中于战略规划、执行过程和结果评估，而对组织惯例与动态能力在战略变革中的作用缺乏系统性的探讨。本书通过将演化经济学和战略管理理论相结合，提出了基于组织惯例与动态能力的战略变革系统，丰富了战略变革的理论框架。

（2）深化组织惯例与动态能力理论。组织惯例作为企业内部的规范性行为模式，其在战略变革中的作用被广泛认可，但对其具体机制和影响因素的研究仍不充分。动态能力作为企业应对环境变化的重要能力，其在战略变革中的具体表现和作用机制也需进一步探讨。本书通过实证和案例研究，深化了对组织惯例与动态能力理论的理解，揭示了两者在战略变革中的协同作用。

（3）拓展资源基础观（RBV）应用。资源基础观强调企业独特资源在构建竞争优势中的作用，但在实际应用中，如何将资源优势转化为动态能力并通过战略变革实现持续竞争优势，仍需进一步研究。本书将资源基础观与动态能力理论相结合，探讨了西部资源型企业在资源利用和战略变革中的路径和机制，拓展了资源基础观的应用范围。

（4）解决研究问题。当前关于组织惯例、动态能力与战略变革三者之间关系的研究较为零散，缺乏系统性的理论框架和实证分析。本书通过系统整合这三者的关系，构建了一个综合性的战略变革模型，为未来相关研究提供了参考和借鉴。

二、实践意义

（1）指导西部资源型企业战略变革。西部资源型企业在面对资源枯竭、环保政策趋紧和市场竞争加剧等挑战时，亟须通过战略变革实现转型升级。本书通过深入分析组织惯例与动态能力在战略变革中的作用，为企业管理者提供了系统性的指导，帮助其识别和克服变革过程中的内部障碍，提升变革成功率。

（2）提升企业动态能力。动态能力是企业在快速变化的环境中保持竞争优势的关键。本书通过研究西部资源型企业的动态能力建设路径，提出了具体的提升策略和措施，帮助企业增强感知响应、整合利用和重构更新的能力，从而更好地应对外部环境的变化。

（3）优化组织惯例。组织惯例作为企业内部的行为规范和操作流程，对战略变革的顺利实施具有重要影响。本书通过分析西部资源型企业的组织惯例演化过程，提出了优化组织惯例的方法和路径，帮助企业在保持运营稳定性的同时，促进战略变革和创新。

（4）促进可持续发展。通过战略变革，西部资源型企业不仅可以摆脱对自然资源的过度依赖，实现产业结构的优化和升级，还能够在环保和社会责任方面取得进展，推动企业的可持续发展。这对于提升企业的社会形象和市场竞争力具有重要意义。

（5）提供政策制定参考。本书为政府和相关部门制定支持西部资源型企业发展的政策提供了理论依据和实证数据。通过揭示企业在战略变革过程中所面临的挑战和成功因素，政策制定者可以有针对性地设计扶持措施，帮助企业提升动态能力，优化治理结构，促进产业升级和转型。

第三节 研究对象

一、西部资源型企业

（一）资源型企业

资源是在一定的经济和技术条件下，可以为人类利用的一切物质、能力和信息，具有稀缺性和创造性。包括人类正在使用的资源和潜在利用的资源。（薛平，2004）。资源有广义和狭义之分，广义的资源包括自然资源、人力资源、资本资源和信息资源，而狭义的资源仅指自然资源。目前，关于资源型企业的概念界定并未形成统一的界定，以往学者从不同的视角进行了不同的界定。主要包括以下几种解释：

1. 资源型企业是依赖于自然资源的企业

资源型企业是指以占有自然资源（矿产、煤矿等）并对自然资源进行开采和初加工等形式来为企业创造价值的企业，该类型的企业通过消耗自然资源维持企业的增长，其与以劳动力为主的制造企业、以科技与资金为主的高技术企业和以知识为主的服务型企业相对（李鹏，2012）。资源型企业发展与成长会破坏资源的再生，是以牺牲环境为代价的（曹翠珍，2015）。

2. 资源型企业的资源是特指一种不可再生的自然资源

资源型企业依托工业革命的科学技术，以大量开发矿产资源为主要经营业务活动（杜国银，2006），该活动是在国家政策的约束下合理地开发不可再生自然资源，能够自主经营和自负盈亏（廖昭文，2015）。

基于以往学者的研究，本书将资源型企业定义为：以自然资源的占有为优势，以自然资源的开采和初级加工为基本生产方式来获取竞争力的企业，该类型的企业会消耗不可再生的自然资源。

（二）西部资源型企业的特征

1. 西部资源型企业以国有企业为主

目前在西部国有资源型企业中比重较大，发挥着非常重要的作用。从表1－1来看，在西部资源型企业中，国有资源型企业的数量占比逐年上升，产值占比和资产占比较大，这说明了近年来西部国有资源型企业占西部资源型企业比重较大。在西部地区的资源型企业中国有资源型企业数占比达到16%，产值占比达到42%，资产占比达到66%。同时，经过实地调查研究，西部大中型资源企业基本都是国有及国有控股企业。西部国有资源型企业是西部资源型企业的主体，说明国有性质是西部资源型企业的重要特征。本书将对西部国有资源型企业进行深入研究。

表1－1　西部资源型企业中国有及国有控股占比情况　单位：%

年度	企业数占比	产值占比	资产占比
2012	15.49	51.19	66.90
2013	15.53	48.71	66.74
2014	15.85	46.79	66.11
2015	16.02	44.38	66.06

续表

年度	企业数占比	产值占比	资产占比
2016	16.17	41.85	65.75
2017	16.30	41.35	65.36

注：由于西藏、宁夏数据缺失，因此并未纳入统计范围。其余省份数据来源于各省统计年鉴（2012—2017年）。

2. 西部资源型企业市场竞争力低

首先，我国西部地区资源丰富，资源型企业成为西部地区的支柱，但由于其产品大部分属于上游产品，产业链较短，进一步加工能力较弱，其初级、中级产品造成其产品附加值较低。其次，由于西部资源型企业区域等限制，其产品技术含量普遍较低，缺乏现代高技术产业或者高、精、尖产品，依然是国外深加工企业所需初级材料的生产者。最后，随着“一带一路”和对外开放的进一步推进，西部地区和相邻国家的合作与交流进一步加强，但西部地区仍受制于科学技术的限制，只有不断提高其产品技术含量，才能摆脱其在全球竞争过程中的不利局面。

3. 西部资源型企业产能过剩严重

近年来，由于保民生、保就业、保发展的西部地区建设了许多煤炭、钢铁、金属等资源型产业项目，随着产能的不断释放，行业竞争激烈并快速发展导致资源类产品的产能过剩，造成资源类产品价格持续下降，西部资源型企业发展速度明显放缓。资源型企业作为西部地区的支柱产业，其产能的持续下降造成西部地区经济发展的“瓶颈期”，一些企业面临亏损、工人下岗与资金周转等严重问题。

4. 西部资源型企业资产质量差、融资和发展能力弱

首先，囿于地理位置和经济基础的限制，西部资源型企业发展

受到较大的制约，背有沉重的企业负担。其次，一部分企业由于在改制过程中接收了较多的不良资产，造成其经营困难，生产效率低下，形成高负债率和低收益并存的困境。企业资产质量差会带来两大不利的后果：其一是企业融资成本较高，融资困难较大；其二是企业资产的整合能力较差，很难吸引优质的资产注入企业。

（三）西部资源型企业的作用

西部是中国自然资源的密集储藏区，在全国经济社会发展中具有重要的战略地位。依托西部独有的自然地理环境和资源优势，西部开发利用自然资源建立起大批具有地方特色的大中型资源型企业，成为推动地方经济发展的主要企业，为经济发展和社会进步做出了不可磨灭的贡献。近年来，西部各省市区在制定经济发展规划时均出台大量政策和措施支持西部资源型企业发展，为西部优势资源的进一步开发奠定了良好的基础。

在西部资源型企业推动下，西部经济取得了迅猛发展。西部国内生产总值增长率由 2015 年的 5.01% 增到 2017 年的 7.48%，占全国的比重在 20% ~21%；工业增加值也由 -3.37% 增加到 0.29%，占全国的比重在 17% ~18%。见表 1 -2 和表 1 -3。

表 1 -2 西部 GDP 占全国的比重及增速（2015—2017 年）

指标	2015 年	2016 年	2017 年
全国（亿元）	685992.90	740060.80	820754.30
西部（亿元）	145018.92	156828.17	168561.57
占全国比重（%）	21.14	21.19	20.54
同比递增（%）	5.01	8.14	7.48

资料来源：中国统计年鉴（2015—2017），中国统计出版社。Data source：China Statistical yearbook（2015—2017），China Statistics Press.

表 1－3　西部工业增加值占全国的比重及增速（2015—2017 年）

指标	2015 年	2016 年	2017 年
全国（亿元）	275119. 16	285176. 9	301669. 37
西部（亿元）	51666. 34	52974. 69	53130. 45
占全国比重（%）	18. 78	18. 58	17. 61
同比递增（%）	－3. 37	2. 53	0. 29

资料来源：中国统计年鉴（2015—2017），中国统计出版社。Data source：China Statistical yearbook（2015—2017），China Statistics Press.

西部资源型企业决定着西部乃至整个中国经济发展的速度与水平，对保证西部经济稳健发展至关重要。本书从 2011—2017 年来西部资源型企业在总产值、数量和人数三个方面的表现来说明西部资源型企业近年来在西部经济发展中的作用，见表 1－4。2011—2017 年西部资源型企业产值占西部 GDP 的比重逐年下降，但在西部经济发展过程中依旧起着决定性的作用。此外，虽然增长率逐年递减，甚至出现负增长的情况，但从整体看增长依旧十分明显。

表 1－4　西部资源型企业经营状况

年度	资源型企业总产值（亿元）	增长率（%）	占西部 GDP 比重（%）	企业数（万家）	占西部企业数比重（%）	从业人数（万人）	占西部从业人员比重（%）
2011	75845. 04	—	75. 67	2. 23	1. 97	739. 41	3. 60
2012	83046. 63	13. 64	72. 91	2. 31	1. 75	790. 12	3. 83
2013	92211. 50	11. 04	72. 63	2. 49	1. 61	791. 62	3. 77
2014	97587. 95	5. 83	70. 66	2. 57	1. 45	796. 61	3. 74
2015	95787. 67	－1. 84	66. 05	2. 61	1. 19	753. 83	3. 51
2016	99837. 97	4. 23	63. 66	2. 64	1. 02	720. 56	3. 32
2017	102562. 25	2. 82	59. 99	2. 65	0. 96	742. 34	3. 18

资料来源：《中国统计年鉴》和西部各省《统计年鉴》（2011—2017 年）。

从资源型企业的数量上来看，西部资源型企业数量是逐年增加的，但是占西部企业总数之比却逐年下降。说明了近些年来，西部地区正在逐渐的发展其他产业，从而使得资源型企业比重有所下降。西部资源型企业数量占比小、产值占比大反映了资源型企业在西部经济发展中具有不可忽视的作用。

从资源型企业从业人员数量上来看，西部资源型企业从业人员数量呈现波动状态，但波动幅度较小，说明就业人员具有不稳定性。同时，西部资源型企业还提供了大量的工作岗位，吸引了大量的就业人员，对西部地区社会的就业和发展起到了重要作用。

资源型企业通过大规模的资源开发和初级加工，带动了相关产业的发展，形成了以资源开发为主导的产业集群。然而，随着产业升级的需求增加，资源型企业也需要通过技术创新和产业链延伸，实现从初级加工向高附加值加工的转型，推动产业结构的优化和升级。

西部资源型企业通过集中开发和利用区域内丰富的自然资源，促进了区域经济的均衡发展，缩小了与东部地区在经济发展水平上的差距。这对于实现全国经济的协调发展和区域经济一体化具有重要意义。

资源型企业在保障国家能源安全和资源供应方面发挥着重要作用。通过有效的资源开发和管理，西部资源型企业为国家提供了稳定的能源和原材料供应，支持了工业和经济的持续发展。

二、西部资源型企业战略变革

在全球经济环境和国内经济结构不断调整的背景下，西部资源型企业面临着前所未有的挑战。主要表现为：

（1）随着资源的逐渐枯竭，西部资源型企业需要寻找新的资源替代或提升资源利用效率。同时，环保政策的趋严要求企业在资源开发过程中必须更加注重环境保护和可持续发展，迫使企业在技术和管理上进行创新和变革。

（2）全球化和“一带一路”倡议的推进，西部资源型企业面临来自国际和国内市场的双重竞争压力。为了在激烈的市场竞争中保持优势，企业必须通过战略变革优化产业结构、提升技术水平和产品附加值。

（3）信息技术和智能制造的快速发展，要求西部资源型企业必须加快技术创新和转型升级，提升生产效率和产品质量，以适应现代工业的发展需求。

（4）西部资源型企业需要通过延伸产业链，增加深加工环节，提高产品附加值，推动产业升级和结构优化。这不仅有助于提升企业的市场竞争力，也有助于实现区域经济的可持续发展。

（5）受限于高负债率和低盈利能力，西部资源型企业在融资和资金运作方面面临较大困难。企业需要通过优化财务结构、提升资产质量和增强融资能力，缓解财务压力，支持战略变革的实施。

综上所述，西部资源型企业必须通过战略变革，实现组织惯例的更新和动态能力的提升，才能有效应对外部环境的变化和内部发展的需求，保持持续的竞争优势，实现企业的长期可持续发展。

在西部地区产业发展过程中，西部资源型企业在支柱产业方面发挥着重要的作用。由于面临着外部环境剧变以及自身资源和能力限制的重大挑战，西部资源型企业要积极推进战略变革不仅十分必要，而且迫在眉睫。近20年来学术界将资源型企业成功转型的原因主要归结为有效的战略变革，包括以下5种路径，尽管伴随着大量的争论，但基本上形成了理论界普遍的认识。下面将研究情况进行回顾，具体见表1－5。

表1－5　　相关学术研究

代表性文献	战略变革	特色和结论	研究方法
尚航标等（2015）	有限的非相关多元化	这样一种战略通常是一种类似于投资的战略，目的在于降低对一种资源的严重依赖性，分散风险（+）。 尽管有可能实现“多元补偿”，而非相关多元化的风险和成本很难控制（－）	案例构建理论＆经验验证
张青和李克融（2002） 李力（2010） 尚航标等（2015）	对上下游资源的整合一体化	通过上下游资源的整合（也包括多种的合作方式）能够拓宽企业的价值链，形成更多的竞争点，获得更多的创新机会（+）。 尽管能够疏通产业链，但无法挽救其中一个链条枯竭的局面，尤其是核心链条（－）	以煤炭开采企业为例构建概念体系
李存芳等（2019） 程聪（2019） 薛琰如（2016）	跨区域转移的创新	建立新的基地，利用原有管理、技术储备形成的优势，推动示范、优化竞争、人流带动，最终实现一种跨区域的“外溢效应”（Spillover effect）和套利机会（+）。 跨区域转移创新的难度更大，主要以从发达地区向不发达地区转移为主，而逆向转移成功的范例十分罕见（－）	构建概念体系：“开采—扩张—稳产—枯减”的命运

续表

代表性文献	战略变革	特色和结论	研究方法
Verbeke 和 Yuan（2013）	资源替代	当企业能够有效估算资源环境恶化的速度，则必须有计划地开启资源替代的战略（+）。 当资源型企业的生存环境日益恶化、公众的对立情绪越发严峻，必须开启二次创业的“按键”。其有效性主要取决于资源型企业能否创造和挖掘更高价值的人力资源，以代替其他正在开发的资源，如矿产资源。只有更丰富的人力资源储备才能够开启二次创业的路径（+）。 西部地区的对人才吸引力不足是人力资源储备难以跨域的鸿沟（-）	以数据经验为主的实证研究
曹翠珍（2015）	技术创新提升资源开发和利用	通过在技术上的引进、合作或者自发投入，形成对资源利用水平更高的能力。譬如对矿产中的伴生元素（或当前没有经济价值元素）更多的提取、经济价值的发现（和转化），或者能够极致发挥已有资源的价值等（如产品精细化战略）。 技术创新提高资源开发和利用能力的战略极易走入另外一个所谓的新技术陷阱（-）	经济学方法构建数学模型

注：（+）代表战略变革具有正向影响的结论，（-）代表战略变革具有负向影响的结论。

对于西部资源型企业而言，以上5种战略变革几乎都被尝试和实施过，取得了一定的效果，但无论哪一种战略路径都没有详细说明促成这样的战略变革所必须攻克的隐藏在显性战略变革下的隐性组织惯例和动态能力固有的障碍。能否攻克组织固有的障碍，使战略变革成为理想中（Porter，1980）、自然而然的（Mintzberg，1973）。

在超竞争的市场环境下，西部资源型企业拥有的自然资源优势逐渐丧失，如何依据环境的变化更新组织惯例适应形势，如何提高动态能力，如何保持持久的竞争优势成为企业管理者必须思考的重要战略问题。面对剧烈变化的环境，西部资源型企业战略变革的路在何方？基于此，本书从组织惯例和动态能力角度对西部资源型企业战略变革进行深入研究，以探究西部资源型企业保持持续竞争优势的关键所在。

第四节 研究方法与技术路线及创新点

一、研究方法

本书在总结国内国外的最新研究基础上，以理论和实践为基础，从宏观与微观互动的视角上，以西部资源型企业战略变革为研究对象，以组织惯例和动态能力为影响因素，选取西部资源型企业为样本，探析组织惯例、动态能力和战略变革关系，深刻揭示加快西部资源型企业战略变革的本质要求，研究具有特色的西部资源型企业的战略变革过程、机理和机制等内容。

（一）文献研究方法

为了确定本书的写作意义和研究价值，本书运用 NoteExpress 等文献分析工具，以西部资源型企业、战略变革、组织惯例与动态能力为主题，搜索和整理国内外有关西部资源型企业、战略变革、组织惯例与动态能力相关的理论和研究成果的期刊论文、学术专著与会议报告等文献资料，对这些资料进行搜集和整理，发现现有文献存在的不足，进而确定本书的研究思路和写作视角。

（二）逻辑演绎方法

本书主要应用演化经济学和战略管理学等有关学科理论的概念和范畴，理论演绎分析西部资源型企业战略变革问题，全面、系统地剖析西部资源型企业战略变革的机制、机理及其发展的规律，提出保障企业战略变革有效的措施和路径，使研究过程和分析结论做到客观与科学。

（三）实证分析法

本书采用系统分析方法对西部资源型企业战略变革机理研究分析，提出研究假设和概念模型，通过发放问卷的方式，采用数理统计分析方法，揭示组织惯例、动态能力与战略变革的关系。

（四）案例研究方法

本书选取昆明钢铁控股有限公司等四家具有代表性的西部资源型企业作为案例，通过深度分析这些企业的战略变革过程，探讨其在动态能力和组织惯例方面的实践和成效。案例研究有助于深入理解理论在实际中的应用，揭示战略变革的本质与特征。

（五）实地调研方法

通过对昆明钢铁控股有限公司进行实地调研，与企业各层次管理人员进行深度访谈，获取第一手资料。实地调研能够深入了解企业在战略变革过程中的具体操作和面临的问题，分析研究战略变革历程，交流讨论战略变革的特点与问题，为理论分析提供丰富的实证支持。

二、研究的技术路线

本书依据研究方法、研究对象和研究内容，按照阐明问题、文献综述、理论机理分析、搭建模型、提出假设、定量分析假设和结论、案例研究、总结与启示的思路展开，具体技术路线如图1-1所示。

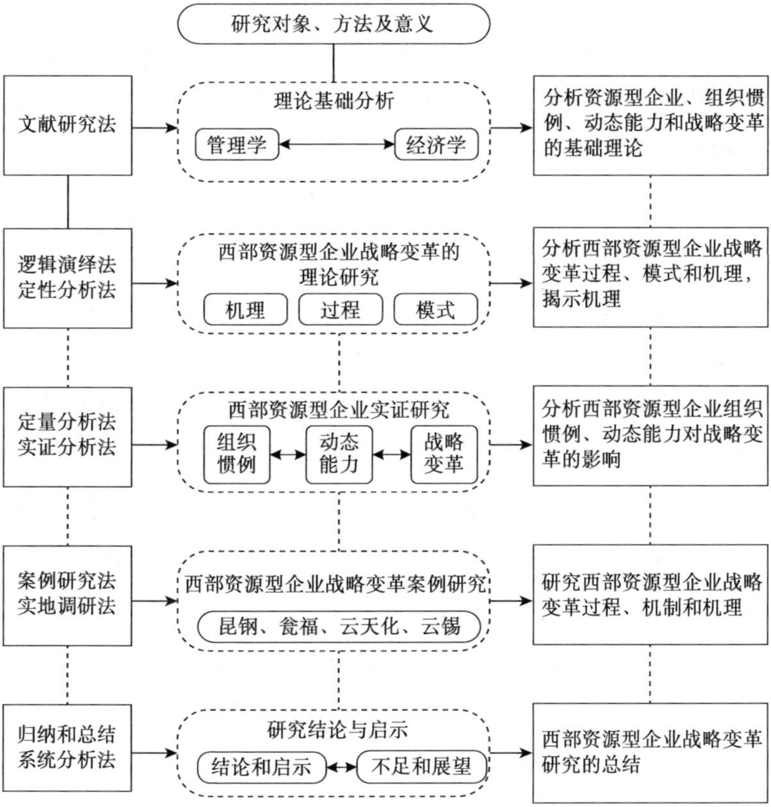

图1-1 本书的技术路线

三、研究的创新点

本书基于演化经济学和战略管理理论，研究西部资源型企业战略变革问题。从理论与实践方面开展探索与创新，为西部资源型企业战略变革提供较强的借鉴和参考。本书的创新点主要有以下几个方面。

（一）提出新的视角研究战略变革内部动力系统

现有战略变革的研究至今未对企业战略变革“前因—过程—后果”得出一个一致的、系统的、动态的指导框架，进入组织内部来探究战略变革的过程和内部系统动力的研究较少。本书以演化经济学、战略管理理论等为分析工具，把组织惯例、动态能力融入企业战略变革理论中，构建了基于组织惯例与动态能力影响作用的战略变革内生性动力系统。以探索战略变革的内生性动力为目的，通过案例、理论与实证研究惯例变异这一内驱力是如何持续推动战略变革，构建了以企业战略演进和战略变革为载体，通过组织学习机制，按照惯例变异—搜寻—复制—保存四个程序推动组织惯例与动态能力的演化，并由探索式学习—知识外显化—利用式学习—知识内隐化四种方式来推动完成战略变革的过程，基于组织惯例与动态能力影响作用的战略变革系统。

（二）提出新的路径研究西部资源型企业战略变革

1. 提出西部资源型企业国有主导重要特征与治理结构突出问题

西部国有资源型企业在西部资源型企业中占据主导地位，国有性质是西部资源型企业的重要特征。西部资源型国有企业改革与战略变革是互相依存的，把组织惯例、动态能力及战略变革的逻辑与理论范畴融入国有企业改革发展理论中。提出治理结构不规范的突出问题，包括董事会没有到位、监事会形同虚设、治理结构未能因企制宜等，结合实际分析战略变革的原因、目标和经验等，针对性提出对策。

2. 提出西部资源型企业打破组织惯例刚性的关键因素和重要机制

对西部资源型企业的组织惯例起到关键影响作用的因素是核心价值观、理念、治理结构、制度与流程等，西部资源型企业战略变革就是要在外部环境影响和刺激下强化内生动力，改变或重塑组织惯例的关键因素，促使企业惯例变异，“打破”组织惯例，以实现“脱胎换骨”。研究发现，西部资源型企业更新组织惯例的重要机制是组织学习、创新与企业家精神机制。西部资源型企业要在企业家带领下，主动学习、创新与变革，构建多层次与多方式的组织学习机制。组织学习机制将孕育创新，而创新基因融入了企业文化将对组织惯例的演化产生推动作用，基于学习与创新的组织惯例为组织惯例演化与战略变革提供动力与支撑，润滑变革行动，推动企业不断前行，重塑企业层面的整体组织惯例。

3. 提出基于组织惯例和动态能力影响作用的西部资源型企业新的发展路径

近 30 年来学术界将资源型企业成功转型的原因主要归结为有效的战略变革，包括 5 种路径，尽管伴随着大量的争论，但基本上形成了理论界普遍的认识。然而，对于西部资源型企业而言，5 种战略路径几乎都被尝试和实施过，但较少发现重要的价值和线索。近年的研究无论哪一种战略变革都没有详细说明促成这样的战略所必需攻克的在显性战略下隐藏的隐性组织惯例与动态能力的障碍。本书基于组织惯例与动态能力，研究分析西部资源型企业战略变革类型、因素、序贯、动力机制和情景机制，根据成长阶段分析西部资源型企业战略变革模式，破解组织惯例—动态能力—战略变革的关系，指出在资源日趋紧张化甚至枯竭化的条件下，西部资源型企业通过“组织惯例—动态能力—战略变革”路径突破资源陷阱成功转型，弥合战略意图与战略变革之间的巨大差异，真实还原战略变革与外部环境、内部条件之间的互动关系，通过将“成功经验”的总结构造一套丰富的、有效的理论，指导西部资源型企业应对外部的变化，克服自身的不足。

第二章
理论基础与文献综述

第一节　理论基础

一、演化经济学理论

Nelson 和 Winter（1982）提出的经济活动中的产业驱动论思想奠定了演化经济学理论的基础。他们认为，企业通过不断的学习和适应，形成和调整其组织惯例，以应对不断变化的环境。这一理论强调了企业行为的动态性和渐进性，认为经济发展是一个不断演化和适应的过程，而非线性的、预先确定的路径。在该学科下，企业模式是在满意原则的指导下，囿于有限理性的约束，企业的组织惯例会不适应环境的需要，企业就会选择搜寻更好的组织惯例。企业惯例、搜寻和选择是演化理论的核心要素。

组织惯例是演化经济学重要的概念，而企业是按照一定的运作方式追求利润的组织，该运作方式是基于惯例形成的。组织惯例在一段时间内会保持一定的稳定性，具有惰性、可继承性和复制性的特征。组织结构和组织成员长期累积的组织习惯孕育在特定的组织文化中，组织文化包括信息、纸质和技能等各种载体。因此，在变化的环境中，囿于组织惯例的特定，其现有的惯例是很难改变的。

演化经济学为组织变革的过程设计了一套“事先”的分析框架，描述了组织惯例与战略变革之间的逻辑关系：囿于组织惯例的约束，当外部环境对企业产生冲击时，企业管理层很难即时地推动战略变革的实现。通常会经过一个很难被外界洞察到的战略变革“黑箱”阶段。囿于有限理性，在满意性原则的指导下，企业组织人员尤其是组织高管会根据现有的组织惯例行事，当现有的组织惯例无法适应组织发展需要时，企业就会搜寻更好地做事方式，逐渐形成新的组织惯例。在外部环境不确定性的约束下，事先确定的“最佳战略”在执行和实践中总是变得困难重重。因此，比较可靠的方式是通过反复和多次的“实验”找到最佳的结果，更逼近真实世界（吴光飙，2003）。因此，战略变革“黑箱”中一个重要的因素是组织惯例，演化经济学构建了“组织惯例—动态能力—战略变革”框架。演化经济学为理解企业如何在动态环境中进行战略变革提供了一个“事先”的分析框架。它揭示了组织惯例与战略变革之间的逻辑关系，强调了企业在战略变革过程中所面临的内部惯例障碍和动态能力的重要性。

在西部资源型企业的研究中，演化经济学理论提供了一个有力的分析工具。通过理解和分析这些企业的组织惯例，能够深入揭示其在资源枯竭、环保政策趋严和市场竞争加剧等多重挑战下，如何通过战略变革实现转型升级和持续发展。

组织惯例是本书从演化经济学理论中引入的核心概念。本书研究西部资源型企业如何通过变革升级实现对先进企业赶超命题，根据演化经济学原理，以组织惯例核心，对组织惯例变异、搜寻、复制和保存等演化开展研究。

二、企业战略管理理论

企业战略管理理论是研究企业如何制定、实施和评估其战略，以实现长期竞争优势和可持续发展的学科领域。战略管理理论的发展经历了多个阶段，从早期的竞争优势理论到后来的资源基础观，再到动态能力理论，每个阶段都为企业战略变革提供了新的视角和工具。

企业成功与否依赖于其是否能从现有的组织惯例、产品范围和市场范围中走出，进而寻找新的机会、开拓新的市场，不断的进行自我革新（曹振华，2006）。作为企业的高层管理者，必须有掌控战略意图的能力，能够对产品、市场、服务、行业做出有远见的观察和远景的规划（Prahalad & Hamel，1990）。战略是企业能够有效地利用、整合和优化现有的资源，即战略是有效延伸和合理使用资源（Prahalad & Hamel，1990）。而如何实现资源的有效利用取决于组织的学习能力和现有的组织惯例能否顺应环境的变化进行变革。

战略作为一个动力，表达了企业经营的高层次过程，该过程包括战略规划、战略实施、战略控制和战略评价四个阶段（杜晓荣，2007）。战略规划是企业制定长期发展方向和目标的过程，而战略执行则是将规划转化为实际行动的过程。战略规划需要具备环境适应性和灵活性，能够随着外部环境的变化进行调整和优化。同时，战略执行需要依赖于组织惯例的重新选择、搜寻与更新，以及管理者对组织资源的有效把控能力。企业战略的制定和实施需要考虑到与竞争对手的异质性和资源整合能力。企业的战略必须具备明显的异质性，能够在资源和能力上与竞争对手区分开来，从而形成独特的竞争优势。资源整合是企业实现战略目标的重要手段，通过整合内部和外部资源，企业能够优化资源配置，提升运营效率和市场响应能力。从以往学者的研究可以发现，企业战略惯例包含以下几个部分：第一，企业战略属于企业高层管理者重要决策活动，关系到企业的长远发展和总体目标的实现；第二，战略规划要具有环境适应性，要具备随着环境而变革的能力；第三，战略规划的实现依赖于组织惯例的重新选择、搜寻与更新，以及管理者对组织资源的把控能力；第四，企业战略要有与其他企业相比明显的异质性。

企业战略变革不仅是显性的战略调整，更是内部组织惯例的变革和动态能力的提升。管理者在制定和实施战略变革时，必须考虑到组织惯例的稳定性和变革的难度。组织惯例作为企业内部的行为规范和操作流程，对战略变革的顺利实施具有重要影响。有效的战略变革需要在保持运营稳定性的同时，打破和更新组织惯例，以适应动态的市场需求和技术进步。

企业战略管理理论的发展，为理解和实施战略变革提供了丰富的理论基础和实践指导。通过整合竞争优势理论、资源基础观和动态能力理论，企业能够更加全面和系统地制定和实施战略变革，以应对复杂和动态的市场环境。在西部资源型企业的研究中，战略管理理论为分析企业如何通过战略变革实现资源依赖的转型和竞争优势的提升提供了重要的理论支持。依据战略管理理论的内容，企业的资源和能力是获取竞争优势的基础，合理利用资源提升企业现有的能力是企业获取竞争优势的核心驱动力。本书以西部资源型企业为研究对象，探析其资源整合和利用的能力，以推动其获取长久的发展动力。为深入研究本主题，本书剖析西部资源型企业发展中存在的优势和劣势，找到其潜在的发展机会和可能的发展阻力，进而提出其发展战略的路径和建议。

第二节　战略变革文献综述

我国古代朴素的唯物主义就提出唯有“以变革谋发展”的思想，认为万事万物只有不断变化才能持续地演进，获得持久的发展。企业作为一个社会体，也要不断地变革才能获得持续的竞争力。目前关于企业战略变革的研究成果日益丰富，学者们从不同的角度和视角探索企业发展的持续动力，认为战略变革是企业谋求发展的根本。本书从战略变革的内涵、动因与过程三个方面进行综述。

一、战略变革的内涵

根据以往学者的研究成果，关于战略变革的内涵界定主要从过程、内容和综合三个视角入手。基于战略过程视角的战略变革是指企业核心经营活动、组织文化等变化的过程（Ansoff，1979）。基于内容视角的战略变革强调产品、服务、公司业务等的变化与变革，强调要素变化的动因和结果（Higgins & McAllaster，2004）。基于综合视角的战略变革强调组织战略与环境的适应性，同时注重企业产品、服务和业务的形式与质量的变化。具体的研究内容见表 2 - 1。

表 2-1　　战略变革内涵研究

研究视角	战略变革的内涵	文献来源
过程视角	管理系统和结构的变革以及企业文化的转型	Ansoff（1979）；Tushman 和 Romanelli（1985）
	强调企业组织结构的调整和组织文化的转型	Thushman 和 Romanelli（1985）
	受外界环境的影响，对现有的经营活动、业务活动、战略内容和执行进行调整	刘俊英（2010）
	为了适应外界环境的变化，战略在形式、性质和状态上的变化	Van de Ven 和 Poole（1995）
内容视角	经营方法的改变	Feitler 等（1997）
	认为战略变革的内涵应当不仅限于业务层面，也应涉及公司层面	Ginsberg（1988）
	战略变革的内容涉及方向性的组织要素，包括企业使命、战略定位和具体性行为层次的程序	Mintzberg 和 Westley（1992）
	战略变革概念包括除业务、公司之外的第三个集合层面的内容	Fombrun（1993）
	研发投入的变化	刘鑫和薛有志（2015）
	战略变革是为了适应环境的变化，企业进行现有和计划的资源配置根本模式的改变	Oehmichen 等（2017）
综合视角	组织的战略要与环境相适应，进行形式与内容的变革	Rajgopalan 和 Spreitzer（1997）
	强调组织与环境的匹配，环境变化时，战略要跟着发生变化	芮明杰（2005）
	环境、战略与组织的动态协调，推动组织各要素的变化	项国鹏（2006）；Poole（1995）
	企业经营领域及资源配置方向等战略性决策的转变	李业等（2001）
	组织结合内外部环境的变化，对其价值规范、范式和意识形态进行变革的过程	韵江和陈丽（2014）
	各种主要战略方面资源安排的整体变化	朱丹和周守华（2018）

基于国内外学者的研究成果，本书采用综合观的视角，对战略变革界定是为适应内外部环境的变化，企业所进行的战略资源配置模式的改变。

二、战略变革的动因

以往学者关于战略变革的研究，其内容学派的研究者关注企业为什么要进行变革，以及变革会受到哪些因素的影响。战略变革的驱动因素是理论界、实务界关注的一个热点问题，影响战略变革的因素既包括内部的组织因素，也包括外部的环境因素。关于战略变革动因的研究如表 2－2 所示。

表 2－2　　　　战略变革驱动因素研究

研究视角	研究内容	文献来源
外部环境适应性	当企业发展无法满足外部环境需求时，企业将会选择进行战略变革	Naman（1993）
	适应环境的变化是战略制定和执行的前提与基础	Astley（1983）
内部发展需要	企业实际取得绩效与期初预期相差较远，企业会选择战略变革	Grinyer（1988）；Boeker（1997）
	管理者认知和组织学习是战略变革的内驱力	Kuwada（1998）；冯海龙等（2006）
	管理者认知是组织战略变革的重要影响因素	Bohman（1998）
	管理者认知影响环境的客观性，进而影响组织的战略选择	Johnson（1992）
	环境的复杂性程度影响管理者的行为倾向与战略变革间的关系	马骏等（2008）

三、战略变革的过程

企业战略变革的过程研究主要是为了探析如何制订战略变革计划、如何实施战略变革、战略变革的评价等问题。关于企业战略变革过程的研究主要集中在解释因果关联性、综合视角的战略变革过程研究方面。

（一）解释因果关联性的战略变革过程研究

内部环境的动态变化和相对稳定的因素会成为战略变革的压力或阻力，环境的动态变化与相对稳定的博弈与均衡中产生企业战略变革，战略变革实施的结果通过组织绩效进行反应，也会影响组织绩效的形成（Ginsberg，1988）。Ginsberg（1988）研究的战略变革过程模型见图2－1。

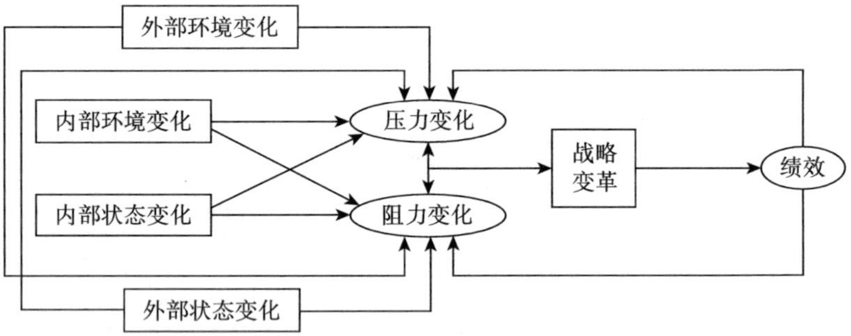

图2－1　Ginsberg的战略变革过程模型

从组织惯例的角度看，企业是一个基于分工的惯例结合体。首先，在这个集合体中初始惯例既能保持一定的稳定，又能随着环境的变化推动组织惯例的调整与更新，成为初始组织战略变革的动力源。其次，管理者的个人行为会影响甚至决定组织惯例的变化，其反思性行为可能会引起某一个组织惯例的改变或更新，或引起单个组织惯例的保留与选择，多个单个组织惯例的变化引起惯例集的变化，进而引起组织战略的更变、选择或保留。最后，在组织文化、组织权力机构和组织惯例的多重机制推动下，组织战略体系发生变革（芮明杰等，2005）。芮明杰等（2005）所研究的管理变革过程模型见图 2－2。

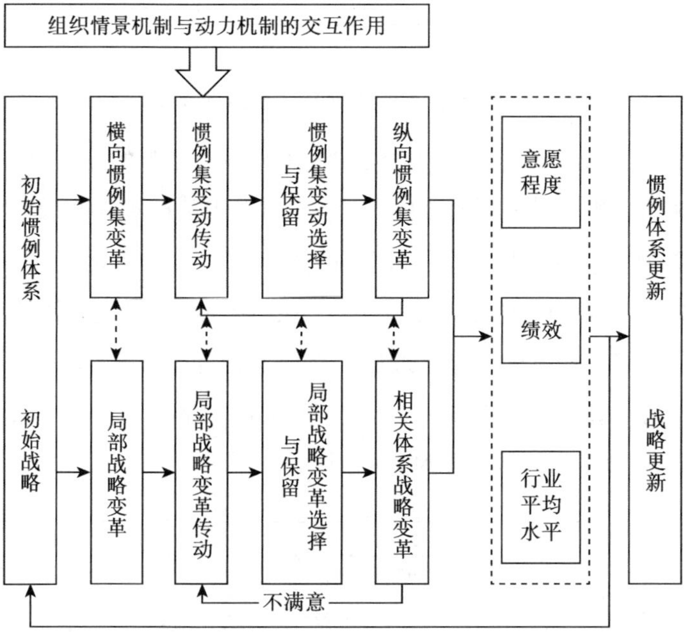

图 2－2　基于组织惯例的战略变革过程模型

（二）综合战略变革的过程模型

综合战略变革的过程模型是在因果关系的战略变革过程模型中引入管理者认知和管理行为的因素，探析战略变革的前因和后果，形成管理者认知到管理行为的互动过程模型，实现战略变革内容和过程的融合。该过程模型见图 2－3。

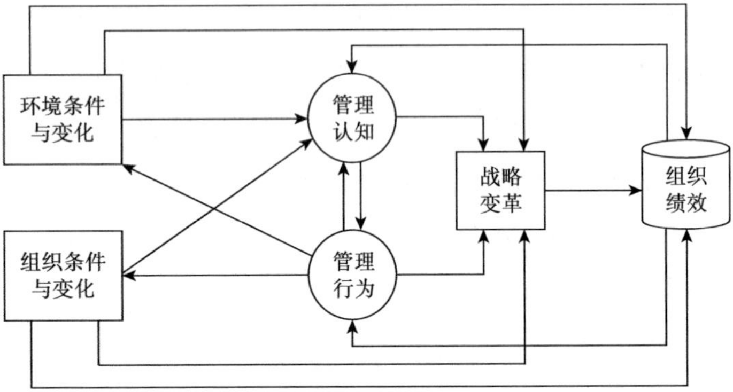

图 2-3　Rajagopalan 和 Spreitzer 的多视角的战略变革过程模型

学者们通过案例分析的方法挖掘组织战略变革的过程模型，其研究认为从组织遗忘到组织记忆会推动组织战略变革的实现。首先，企业家精神在组织遗忘到组织记忆的过程中会推动战略管理者态度的转变以及能力的识别。其次，该组织战略变革包括组织文化变革、组织与制度的变革。最后，企业家精神是战略变革的根本性因素，通过管理者理念的不断“自我抛弃”推动战略的不断创新（董姝妍，2017）。其过程模型如图 2-4 所示。

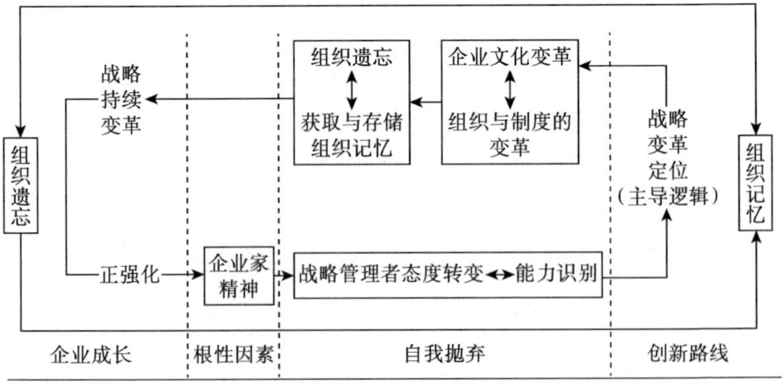

图 2-4　基于“抛弃政策”的战略变革过程

第三节　组织惯例文献综述

一、组织惯例的概念

组织惯例（organizational routine）是组织行为的基本要素，剖析组织惯例的变化和更新可以深入理解企业的战略变革（Nelson & Winter，1982；徐建平，2009），成功的战略变革依赖于组织惯例的适用性以及员工的接受程度（Isabella，1990），而员工的接受程度依赖于组织惯例对其行为的影响和约束。以往学者从社会学、心理学、管理学、人类学等不同的学科视角对组织惯例进行了界定，综述不同学科的研究可以发现，关于组织惯例的概念界定主要包括两个层面：个体组织层面和网络组织层面。对于什么是“组织惯例”的问题，学术界并未取得一致的结论。

组织惯例的概念最早是由学者 Stene 在 1940 年基于个体组织层面提出的，随后为社会学、管理学、心理学、人类学等多个学科的理论研究者所采用。通过对以前学者研究成果的总结，可以清晰地发现组织惯例的概念是从个体组织层面到网络组织层面，从静态惯例层面到动态惯例层面逐步演化的。

（一）个体组织层面

任何个体组织中都存在大量的惯例，这些惯例在组织中没有明文的规章或命令，也不通过法律手段强制推行，只是基于组织习惯而被组织员工遵守，是保持组织中官僚层级结构稳定的重要因素

(Weber, 1995)。同时，惯例在企业成长与企业自动平衡（Penrose, 1959）、保证组织顺利完成任务（Cyert & March, 1963）等中发挥着重要的作用。另外，惯例是个体组织工作的重要组成部分，同时，惯例也是组织惰性的主要源泉（Harnnan & Freeman, 1984）。基于此，学者们将个体组织层面的组织惯例解释为程序性知识或行为模式。

在早期的研究中，学者们认为惯例是一种组织个体行为的固定模式，该模式对某一确定性刺激所做出的相应反应（March & Simon, 1958），具有较强的稳定性（Stene, 1940）、秩序性（Cyert & March, 1963）和重复性（Gersick & Hackman, 1990）。如：吴光飙（2003）认为惯例是指在陈述性知识和企业活动情景的约束下，为执行活动的一组功能相似的行为序贯的累积性概括，是程序性知识。李鑫（2005）认为惯例是受组织情景约束的，组织内可识别的、重复的、多层级行为人之间相互依赖的行为模式。纵观相关文献，学者们已经达成一种共识，即惯例是组织内重复的、可识别的行为模式。

（二）网络组织层面

当惯例跨越组织边界、协调组织间合作行为时，它就成为维持并协调合作网络组织稳定和高效运行的核心要素（孙永磊和党兴华，2013；孙永磊、党兴华和宋晶，2014），有利于规范组织间的合作行为、促进组织间知识传递和共享，维系和协调组织间的网络关系，保证网络结构的稳定（Zollo, 2002；Dionysiou & Tsoukas, 2013）。基于此，学者们认为网络组织惯例是两个或两个以上公司在重复合作过程中所形成的稳定的行为模式（Zollo, 2002），是维持网络组织稳定的内在动力（陈学光和徐金发，2006），是网络组织成员重复交往过程中形成的相对稳定的“联合行动”方式（孙永磊等，2014）。

基于个体组织层面和网络组织层面的概念界定，本书将组织惯例的概念总结如下：在组织行为情境的约束下，组织内可识别的、重复的、多层级行为主体间相互依赖的累积性、程序性知识和行为模式。本书所界定的组织惯例具有以下几方面的属性：第一，具有多主体性；第二，是稳定的、重复的行为模式和知识；第三，受制于组织情境；第四，具有累积性，其变更有一定的难度。

二、组织惯例的维度

以往学者们从不同的视角对组织的维度进行了划分，包括演化经济学、行为与认知、内容等维度进行了研究。具体研究如表 2－3 所示。

表 2－3　　组织惯例的维度研究

研究视角	维度	文献来源
演化经济学	认知维度：组织集体对事物的认识以及能够达成的共识 动机维度：对行动的具体指导	Nelson 和 Winter (1982)
行为与认知	行为维度：稳定并重复多行为模式，“如何做”的问题 认知维度：共识与行为规范，“为什么要要这么做的问题”	Becker 等 (2005)
微观	个体维度：个体行为导向 过程维度：组织运行 结构维度：整合组织整体信念	Felin 等 (2012)
OPA 范式	形式维度：原则、共识、标准的作业程序 执行维度：惯例的具体化过程，指特定行为 载体维度：实际事件或相关事件	Pentland 等(2012)

续表

研究视角	维度	文献来源
内容	内隐规范：组织成员所接受的不成文的规范以及内隐知识 交互共识：组织成员在实践行动中交互学习、集体性学习形成的集体性的默契、共识和观念 行动逻辑：对具体的组织实践产生影响	徐建平（2009）

本书研究主要借鉴徐建平（2009）研究内容，将组织惯例的分为三个维度：内隐规范、交互共识以及行动逻辑。通过内隐规范、交互共识及行动逻辑探析西部资源型企业的组织惯例的变异、搜寻、复制和保存，以及组织惯例对战略变革的影响。

三、组织惯例的类别

组织惯例的分类实际上是对组织各项经营活动的分类。基于此，以往学者从活动在演化中的作用、集合型代理变量、活动所处的企业层级等视角对组织惯例的类别进行了研究。具体的研究内容如表 2 -4 所示。

表 2 -4　　组织惯例的类别研究综述

研究视角	类别	文献来源
演化视角	一般惯例、变异惯例、搜寻惯例和复制惯例	Nelson 和 Winter（1982）；Winter（2002）
是否创新	一般惯例和创新惯例	Mahr（2010）；Baark（2002）
活动所处的层级	低阶惯例和高阶惯例	Winter（2012）；Cyert 和 March（1992）
静动态	静态惯例和动态惯例	Teece（2012）

本书认为操作性惯例属于确定性惯例或低阶惯例，搜寻惯例是

比操作性惯例更高阶的高阶惯例，即动态能力。

组织惯例的分类研究揭示了其在不同层级、是否具备创新性以及在静态与动态环境下的多样化表现。这些分类为理解组织惯例在企业运营和战略变革中的具体作用提供了重要的理论基础。本书通过综合不同研究视角，构建了一个多维度的组织惯例分类体系，以便更全面地分析和理解西部资源型企业的战略变革过程。

第四节 动态能力文献综述

一、动态能力的概念

由于动态能力的抽象性和模糊性，以往学者对动态能力的概念界定并未达成共识（Danneels，2008；亢秀秋，2019）。关于动态能力的研究视角，主要包括操作惯例、能力层级与行为导向等。

（一）组织惯例的视角

组织惯例的视角研究动态能力。Zollo 和 Winter（2002）从操作惯例的视角对动态能力进行了概念界定，其研究认为动态能力是组织系统的生成和修改其操作惯例，属于集体习得的、稳定的活动模式。Wilhelm 等（2015）认为动态能力是元惯例或者高阶惯例，改变资源基础来适应环境的变化。卢启程等（2018）认为动态能力是企业为适应环境的动态变化而系统性地创造、延伸和调整公司运营惯例集的元惯例，涉及对环境变化的感知和响应，内外资源的整合和利用，企业运营惯例的更新、提升和重构。

（二）能力层级的视角

Teece（1997）定义了动态能力的概念，其研究认为公司的动态能力是指公司整合、构建和重构内外部能力以应对快速变化的环境的能力。Winter（2003）提出动态能力是一种高阶的能力，是改变低阶能力的能力，能够在企业运营过程中发挥作用，主要是进一步改变企业内部的基础资源和常规能力配置。这种高阶能力在企业的许多业务、经营和管理过程中发挥作用，如企业并购和组织结构重组。焦豪、魏江和崔瑜（2008）认为动态能力是企业整合、构建和重组内外部胜任力以修正运营能力从而适应动态复杂快速变化环境的能力。Barreto（2010）认为动态能力是企业通过感知机会和威胁，系统地解决问题的潜能。葛遵峰（2011）提出操作能力是企业的谋生方式，而动态能力则是对能力的变革方式。

（三）行为导向的视角

该视角认为，动态能力是指企业为了获得持续的竞争优势，依据变化的外部环境重构和提升现有的核心能力，不断地整合、重置、更新和再造其现有资源和能力的行为导向（Wang & Ahmed，2007）。肖翘，卢晓和芮明杰（2019）认为动态能力是管理者通过不同的管理利用不同的能力来应对复杂变化的外部环境。

基于以上三个视角的文献总结，本书认为动态能力是指企业为了适应动态环境的需要，不断地获取、整合、重置、更新现有资源和能力的能力，该能力属于高阶能力，是持续改变低阶能力的能力。本书所界定的动态能力具有以下几方面的属性：第一，该能力是动态的能力，是不断变化的能力；第二，该能力属于组织的高阶能力，是不断改变低阶能力的能力；第三，该能力具有环境适应性。

二、动态能力的维度

关于动态能力维度的研究，国内学者从不同的视角对其进行了研究。对动态能力维度的分析有助于进一步剖析组织动态能力的类型和属性。从目前现有的研究看，主要集中在静态的概念体系和动态的过程能力两个方面（冯军政和魏江，2011）。具体的研究内容如表 2－5 所示。

表 2－5　　动态能力的维度研究

视角	内容	文献来源
概念体系	概念：从动态能力的行为维度扩展到组织认知维度，是动态能力微观基础的具体化和操作化	Eisenhardt 和 Martin(2000)；Teece（2007）
	维度：整合维度、重构维度、获取和让渡资源维度	
动态的过程能力	感知响应能力、整合利用能力、重构更新能力；研发能力；营销能力、新技术开发和应用能力；位势、过程和路径	Danneels（2008/2010）；Marcher 和 Mowery（2009）；朱晓红和陈寒松（2019）

考虑到本书研究目的，需要对动态能力进行更为抽象化、概括性的研究，而不是探讨某个具体的、某种类型的动态能力，因此本书主要参考 Teece 等（1994，2007）、Eisenhardt 和 Martin（2000）研究的基本框架，将动态能力划分为感知响应能力、整合利用能力和重构更新能力 3 个维度。

动态能力的维度研究揭示了其在不同层面和过程中的多样化表现。通过对动态能力的细分，本书能够更准确地分析和理解西部资源型企业在战略变革过程中的动态能力构成和作用机制，从而为企业战略变革提供更有针对性的理论支持和实践指导。

三、动态能力的影响因素

目前学者们关于动态能力影响因素的研究主要从组织学习、知识和其他三个视角进行的分析。

（一）组织学习对动态能力的影响

在超竞争的市场环境下，动态能力是企业获取竞争优势的关键性来源。而在动态能力的形成与构建过程中，组织学习是最为重要的一个要素之一（宝贡敏，2015），即学习是塑造动态能力的核心因素（Zollo & Winter，2002）。组织学习机制包括经验性学习过程和认知性学习过程。积累性学习反映了企业的运营惯例，而认知性学习则是改变现有的运营惯例，即形成企业的动态能力。Wang 等（2014）进一步研究指出，在组织学习中，探索性学习和开放性学习会对动态能力产生相反的影响，其中探索性学习是正向的促进作用，而开发性学习是负向的阻碍作用。

（二）知识对动态能力的影响

知识作为学习的内容和结果，对其的处理就是不断对原有知识的重新认识以及对新知识的创造，对知识的重新认识与对新知识的创造能够提升企业适应外部环境的能力，形成企业的动态能力（孙红霞，2016）。组织的高层管理者通过不断地学习获取新的知识以对外界环境做出更好的判断，进而对外部环境做出反应，做出新的经营决策，在组织内部推广此决策，推动动态能力的提升（Zahra，2006）。

（三）其他因素对动态能力的影响

有学者认为市场动态是动态能力形成与提升的重要影响因素

（Wang & Ahmed，2007）。企业内部管理人员，尤其是高层管理人员所具有的社会网络也会影响组织动态能力的形成和提升（Kleinbaum & Stuart，2014）。

本书认为组织学习是动态能力形成与提升的重要影响因素，并推动动态能力的演进，其演进包括组织惯例变异、选择、复制和保存四个阶段，由探索性学习、知识外显化、利用性学习和知识内隐化四种活动推动动态能力提升。

动态能力的影响因素主要包括组织学习、知识管理以及市场动态和企业内部的社会网络等。通过理解这些影响因素，本书能够更好地分析和解释西部资源型企业在战略变革过程中的动态能力构成和提升路径，从而为企业实现持续竞争优势提供理论支持和实践指导。

第五节 组织学习文献综述

一、组织学习的概念

在动态的市场环境下，组织学习对企业来说非常重要。组织学习早期的思想是对企业为了适应外部环境而感知外部不确定性的过程（March & Simon，1958）。组织通过不断地学习识别组织发展中可能存在的错误，重新构建组织应用理论，并对错误加以纠正（Argyris & Schon，1978）。组织纠正错误的目的是使企业更好地适应外界环境，不断打破现有的惯性，并重构组织规则。组织通过学习可以带来组织的改变，形成新的知识和思想（Slater & Narver，1995；陈国权，2000）。学者们关于组织学习概念如表2－6所示。

表2－6　组织学习概念的研究

概念界定	文献来源
基于特定的社会环境，人与人间的互动学习产生的结果	Gerard 和 Nlcolin（2000）
为了适应变化的环境需求，组织对自身架构重新设计的过程	陈国权（2000）
组织不断试错并从中吸取教训的一系列活动	Garvin（2008）
从个体认知到结构认知的过程，且有效促进组织对知识的获取、分享和整合	彭红霞和达庆历（2008）
对组织知识的建立、补充和管理，以指导组织行为，改进组织结果的方式	袁泽沛（2008）
组织在与外部环境互动的过程中，所带来的知识和行为演变的过程	杨建锋（2012）
组织学习是指组织为了实现发展目标、提高核心竞争力而围绕信息和知识技能所采取的各种行动	Chadwick 和 Raver（2015）

基于以往学者的研究，本书认为组织学习是组织在不断变化的内外部环境中不断获取、更新和应用知识，并通过开发、执行和推广知识，增强核心能力，实现战略目标以适应环境变化的过程。

二、组织学习的过程

组织学习过程非常重要，学习步骤和程序设计是组织学习必须涵盖的。有学者认为，组织学习过程包括发现、发明、执行和推广四个阶段（Argyris & Schon，1978）。有学者认为，组织学习过程是知识获得、知识选取、知识融合、知识创造和知识扩散到知识共享的过程（芮明杰等，2004）。也有学者从信息的视角研究组织学习过程，其认为组织学习是信息获取、信息分发到信息解释的过程（何悦桐，2013）。

基于以上学者的研究，本书认为组织学习是动态迭代的过程，通过知识的获取、分享、转移以及整合，从探索与利用这两个层面学习提升与完善组织的知识水平。

组织学习的过程研究揭示了企业如何通过系统的学习活动，实现知识的获取、整合和应用，从而推动战略变革和创新。通过理解和优化组织学习过程，企业能够提升其动态能力和竞争优势，更好地应对复杂和快速变化的市场环境。

第三章

西部资源型企业战略变革实践与理论研究

第一节 西部资源型企业战略变革实践情况分析

西部地区是我国主要资源、能源与原材料的产地，自然资源为西部资源型企业提供了强有力的物质支撑。西部国有资源型企业在西部资源型企业中占据主导地位，西部资源型企业的重要特征是国有性质。西部资源型企业改革以组织变革为载体，以战略变革为核心，以组织惯例为根本。本书在研究相互关系基础上探讨国企改革背景下的西部国有资源型企业变革核心命题战略变革。西部国有资源型企业改革的重要路径是改革、优化与创新发展，这也是西部国有资源型企业战略变革的共性特点和要求。总之，通过以战略变革为核心的改革发展是西部资源型企业发展的主要途径。西部资源型企业的战略变革对于西部地区的经济发展具有至关重要的作用。为提高研究的针对性，为西部资源型企业战略变革提供指导和建议，本节进一步对西部国有资源型企业进行集中深入细致研究，培育西部国有资源型企业成为具有较强竞争力的大型企业集团，进一步增强国有经济的带动力和辐射力，促进西部区域经济社会全面发展。

一、西部资源型企业面临的问题

通过以上研究我们发现西部资源型企业发展所面临的问题，既有企业的共性问题，也有西部资源型企业特性问题。因此，本书关注西部地区及资源型行业对西部资源型企业发展的制约和影响。西部资源型企业存在保守的组织惯例，动态能力较弱，资源过度消费，生态环境恶化，政府干预较多、企业市场主体地位弱，国有股“一股独大”、治理结构不完善等问题。

（一）保守的组织惯例

由于地处西部，西部资源型企业人员多、包袱重、结构失衡、职工思想和行动相对保守，未严格按照市场导向做事。同时，西部资源型企业依靠对自然资源的开采挖掘，经济效益长期较好，推动了企业快速发展，但也形成较为根深蒂固的组织惯例。西部资源型企业组织成员所接受的行动逻辑、交互共识，组织惯例中的最抽象、最高层面的内隐规范，包括企业文化、核心价值观、企业愿景等，具有较大的稳定型和连续性，保守的组织惯例情况导致变革或更新较为困难。

（二）动态能力较弱

由于西部资源型企业地处西部，长期依靠自然资源生存发展，曾经获得了较好的经济效益，面对外部环境变迁，适应环境能力较差，往往不能充分认识和预判所处内外部环境变化、发展趋势和竞争动态等，准确评估自身资源和能力，未能及时开展战略变革。西部资源型企业对现有的内部资源和能力进行持续整合、重组和利用能力，对外部资源、技术与知识的获取并整合为企业自身资源的能力，对知识进行转换和探索以产生新知识，并对新知识加工利用的能力不强。西部资源型企业获取、整合、重置、更新现有资源的能力，即动态能力较弱，不能及时满足市场和环境变化的需要，导致西部资源型企业在竞争中处于不利的形势，甚至出现较大亏损情况。

（三）治理结构不规范

目前不少西部资源型企业治理结构的问题十分突出：一是董事会职责没有落实到位。董事会工作程序不规范，人员结构不合理，不能对经理层进行有效有力的监督，对集体决策、个人负责的议事规则执行不够好，易形成“一人堂”，科学、民主、高效的决策机制未真正形成。二是监事会没有真正发挥作用。虽然已经制定了相应规章制度，明确了相应的职责与权力，但在实践中许多监事会无法约束经营管理者，无力开展有效有力的监督。三是法人治理结构未能据实设置。只要是国企，不管大小、规模、性质等，全部都设董事会、经理层、监事会，制约了企业快速发展和灵活应变。

（四）资源过度消耗

自然资源是西部资源型企业赖以生存的基础，西部资源型企业在较长时期内采取粗放型的发展模式，技术水平比较落后，对资源的利用率低，导致资源消耗速度过快，自然资源存量锐减。西部资源型企业对资源的依赖程度比较高，但可用资源呈现出明显下降的趋势，自然资源供应短缺形势愈发严峻，企业发展受到制约，面临着无资源为继的困境。

（五）生态环境恶化

随着近些年对自然资源大规模开发利用给西部地区带来了严重

的污染问题，草原退化、湖泊干枯、废水排放、水土流失、植被退化等现象不断加剧，干旱、风灾、沙尘等自然灾害频繁发生，导致西部地区的生态环境更加脆弱，环境基础的脆弱对人类生产生活、企业可持续发展产生新的挑战。

（六）国有股"一股独大"

西部资源型企业国有股"一股独大"现象十分突出。国有股"一股独大"现象在集团公司、子公司等中普遍存在。国有股"一股独大"造成控股股东对企业干预过多，在公司决策上体现大股东意志而非公司意志，一定程度上抑制了经营管理者自主权、创新精神，降低了企业动态能力发挥，不利于公司的整体健康发展，设计良好的法人治理机制无法发挥功能作用，监事会、经理层形同虚设，甚至出现专权、腐败等现象。由于基本上是自上而下的行政化任命西部国企的董事长、总经理等，导致西部地区政府官员担任企业领导的数量巨大，未真正打破行政级别藩篱，企业运行行政化色彩较浓，层级结构明显，企业家精神和创新发挥不够，与企业根本利益和长远发展利益冲突，企业发展存在较大不确定性。

二、西部资源型企业战略变革原因

西部资源型企业在支柱产业或特色优势产业中的作用至关重要，长期以来，它们在当地经济和社会发展中扮演了关键角色。然而，随着自然资源的日益紧张，生态环境的严重恶化，资源型企业的可持续发展面临着严峻的考验。特别是对于许多西部资源型企业来说，依赖自然资源的增长模式正在逐步失效，原本支撑其长期发展的资源逐渐枯竭，导致它们不得不面对外部环境变革和自身能力局限的双重挑战。为了能够在全球化竞争日益加剧的市场中获得持久的竞争优势，这些企业迫切需要在发展战略上进行根本性调整或变革。事实上，随着内外部环境的不断变化，进行战略变革不仅是必要的，而且是迫在眉睫的。

西部资源型企业战略变革是一个与内外部环境变化不断调试与匹配的过程，通过对新的组织惯例与动态能力有意识的培养、积累和运用，构成要素及要素间关系产生变动，形成了一种与内外部环境适应的新结构。本书认为内外部环境变化对西部资源型企业产生刺激，西部资源型企业萌发战略变革的冲动，推动了西部资源型企业战略变革。

在这种背景下，组织学习理论作为一种逐渐形成并不断丰富的战略管理理论，提供了一种应对企业在剧烈环境变化中如何保持竞争优势的解决思路。根据 Argyris 与 Schon（1978）的经典定义，组织学习被视为“一个组织通过知识的创造、获取和转移来实现的变革过程”。这一理论在过去几十年的发展过程中，吸引了大量学者的关注。众多西方学者深入探讨了组织学习的内涵、过程以及各种影响因素，推动了该领域的持续热潮。然而，尽管组织学习理论的研究取得了显著进展，学术界对于这一理论如何具体帮助资源型企业进行战略变革，如何通过组织学习机制转化为企业竞争优势的研究仍然相对薄弱，尤其是在西部资源型企业战略变革的具体应用上，更是鲜有深入的实证研究。

企业的生存与发展的能力，往往与其如何持续调整与所处环境的匹配度密切相关。这种调整，本质上是战略变革的过程。西部资源型企业面对外部环境的剧烈变化，其战略变革的方向和路径如何设计，仍是一个亟待解决的问题。在这一过程中，组织学习理论是否能够为这些企业提供有效的战略变革指导？组织学习是否能够帮助它们在竞争激烈的市场中实现持久的竞争优势？如果答案是肯定的，那么组织学习与战略变革之间的转化机制又应当如何具体设计？本书旨在初步探索这些问题，并提出我们的分析与见解。

企业发展的核心本质就是变革。企业的生存与发展依赖于对环境和市场变化的敏锐识别，并能够迅速做出反应。这一观点突出了企业在面对外部变化时，所需具备的敏感性和反应能力。芮明杰（2005）也强调了战略变革在企业中的关键作用，他认为战略变革是企业通过调整内部结构及要素间关系，以适应外部环境变化的过程。这一理论指出，资源型企业的战略变革，应当是一个持续与外部环境适配的动态过程。因此，从这一角度来看，西部资源型企业的战略变革，往往需要从外部环境的变化中寻找其变革的驱动力。企业在进行战略变革时，原有的资源与能力起着至关重要的作用。但随着环境的不断变化，现有资源的价值可能逐渐被削弱，甚至失去竞争力。因此，为了确保战略变革的顺利进行，企业必须在内部培育并积累新型的资源和能力，以支撑战略的有效实施。

从这两种观点的对比中，我们可以发现，西部资源型企业战略变革的驱动力并非仅仅来源于外部环境或内部资源的某一单一因素。外部环境的变化，确实是推动企业进行战略变革的直接刺激因素，使得企业不得不寻求新的发展路径。然而，企业内部对新资源、新能力，以及新知识的有意识的积累与运用，同样为战略变革提供了内在的动力。因此，西部资源型企业战略变革的动因，应该从外部压力和内部动力两个角度来综合考量。

首先，西部资源型企业战略变革面临的外部压力主要表现在以下几个方面：（1）自然资源的日益枯竭。对于许多资源型企业而言，依赖自然资源进行发展的模式，曾经是其最重要的增长来源。然而，随着自然资源的不可再生性和有限性，尤其是矿产资源的逐步枯竭，传统的资源开发模式已难以为继。随着资源的紧张，这些企业的可持续发展遇到了前所未有的挑战，转型的压力逐渐加大。（2）市场竞争的加剧。在过去，许多资源型企业在当地市场中几乎处于垄断地位，企业的竞争压力较小。然而，随着全球化进程的推进，外国竞争者的进入，使得许多曾经受地方政府保护的资源型企业，面临着空前的竞争压力。这要求这些企业不仅要提升自身的生产效率，还要不断引进新技术，与国际标准接轨。（3）外部环境变化的加速。在如今的市场环境中，经济、政策、技术的快速变化，使得资源型企业所依赖的产品生命周期逐渐缩短，消费者需求变得更加多元化和个性化。例如，云南红酒的生产商和云南白药的制造商，曾经通过单一的核心产品获得丰厚的利润，但如今市场需求的变化迫使它们不断推出新的系列产品，以适应市场的需求。这种环境变化无疑迫使资源型企业必须在战略上进行转型，才能维持其市场地位。

资源型企业战略变革的内在动力则主要体现在以下几个方面：（1）企业的持续成长需求。资源型企业的成长与一般企业相似，也具有明显的阶段性。在企业的发展过程中，所依赖的资源、技术和能力将随时间推移发生变化。当企业进入成长瓶颈期时，如果没有及时调整战略，便可能遭遇增长停滞。因此，企业必须通过战略变革，来应对内外部环境的变化，从而促进持续发展。（2）企业家创新意识的推动。在许多资源型企业的成长过程中，企业家的战略决策起着至关重要的作用。企业家通过敏锐的市场洞察力与创新意识，能够帮助企业识别和获取新的资源与机会，为战略变革提供支持。在很多情况下，企业家通过敢于承担风险，推动了企业从传统模式向新型发展方向转型。

当西部资源型企业所处的外部环境发生剧烈变化时，企业首先应评估其是否具备与变化环境相适应的能力。如果现有的能力不足，企业则需通过战略变革来弥补这一差距。在外部环境压力与内部动力的共同作用下，传统资源型企业将逐步向“新型资源型企业”转变。而这种转型后的企业，还需要保持对外部环境的高度敏感，通过不断积累与重构核心能力，为下一次战略变革做好准备。企业的战略变革是一个持续的动态过程，战略变革的实施不仅需要适应当前环境，更需要为未来的变化做好准备。

当内外部环境发生变化时，西部资源型企业要积极评估自身组织惯例与动态能力是否与变化环境相匹配，如果没有，需要结合自身组织惯例与动态能力进行战略变革。在内外部压力与动力的共同作用下，“传统”的资源型企业将更新组织惯例与动态能力，通过战略变革为一种“新型”的资源型企业，如图 3－1 所示。

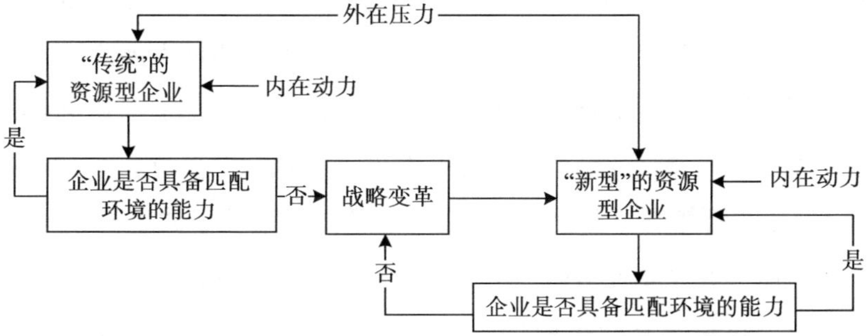

图 3－1　在内外压力动力驱动下的西部资源型企业战略变革

三、西部资源型企业战略变革类型

（一）西部资源型企业战略变革主要是渐进式与激进式相结合的变革

近年来，西部资源型企业战略变革的症结在于它不仅是企业自身问题，还涉及政府、行业、市场、环境等诸多方面的问题，西部资源型经历亏损又浴火重生，需要解决和处理方方面面的问题，而渐进式变革是从复杂到简易解决问题的主要方法。渐进式变革通过一系列持续、稳步前进的变革使企业稳扎稳打，持续前进，有效地解决了很多矛盾，将变革方向指引向前。但是随着变革进程的推进，摸着石头过河的水也越来越深，复杂性问题越来越多，结构性问题越来越多，根本性问题已经无法避开，西部资源型企业又必须采用激进式变革方式，创造新的组织和管理方式，实现资源与技术的突破，打破组织惯例的限制。结合渐进式和激进式变革的优点，混合式变革能够在确保企业稳定发展的同时，灵活应对复杂多变的市场环境。这种变革方式能够有效地解决企业在不同发展阶段面临的不同问题，实现战略目标的逐步实现。因此，西部资源型企业战略变革主要是渐进式与激进式相结合的混合式战略变革。

（二）西部资源型企业战略变革主要是自上而下的变革

西部资源型企业战略变革主要是集团公司主导的自上而下的战略变革，在集团公司主导的自上而下推广的战略变革过程中，公司高层积极推动产生了惯例变异的动力机制，构建战略管理系统，跳出原有框架对公司发展战略进行了调整和改进。公司主要通过对话和指导的方式，将信息和要求传达给下属子公司。

西部资源型企业经过研究策划，制定变革策略，自上而下推动战略变革过程。高层管理者作出战略变革决策，推动自下而上的行动，不断进行战略评估与控制；中层管理者则做好战略变革决策的传导和指导，关注于各个部门、子公司之间的连接和协作；基层工作者则做好战略变革执行，结合新情况及时总结反馈并报告。

自上而下的变革方式可能面临下属单位的抵触和执行困难，尤其是在企业文化和管理模式差异较大的情况下。为了克服这些挑战，西部资源型企业需要加强沟通与协调，建立有效的变革管理机制，确保变革的顺利实施。自上而下的战略变革能够确保变革的方向和力度，统一企业的战略目标，增强企业的凝聚力和执行力。同时，西部资源型企业可以通过资源的集中调配，支持子公司的变革，提升整体企业的动态能力和竞争优势。

四、西部资源型企业战略变革经验

以西部省区云南省样本为研究对象，国有性质是云南省资源型企业的主要特征，云南省大中型资源型企业都是国有资源型企业。云南省国有资源型企业是云南省的支柱产业和优势特色产业，对云南经济社会发展发挥重要作用。西部资源型企业改革以组织变革为载体，以战略变革为核心，企业改革与战略变革是相互依存，不可分割的。由于西部国有资源型企业具有相似性，所以云南经验也基本反映了西部资源型企业战略变革的共性经验。

云南省国有企业改革与我国国有企业改革的历史主线基本吻合。从放权让利、实行承包制，企业改制和股份制改造等产权制度改革到建立现代企业制度。目前，云南省已经形成了以云天化、煤化工、云铜、云锡、昆钢与冶金六户省属企业集团为主导的国有经济格局，基本建立现代企业制度，带动云南经济社会发展。云南省属国有资源型企业活力和市场竞争力进一步提高，表现为量和质的提高，拓展国内外市场取得新进步，拓展新兴产业取得新成绩，在特色产业、优势产业、新兴产业等方面发挥引领作用，如云铜集团在有色金属行业，昆钢集团在钢铁行业与服务行业，云天化集团在化工行业等在云南省国民经济的重点行业和关键领域居于主导地位，保障了云南省国民经济社会的稳定和发展。云南省主要经验启示如下：

一是要打破体制机制的障碍。实现“政企分开”“政资分开”，理顺相关关系，解决产权结构、法人治理结构不合理的问题；改革发展与战略变革要激发企业动态能力，改变组织惯例，提倡全员组织学习、创新文化与企业家精神，才能更好促进企业可持续发展。

二是要有所为有所不为。不再继续走产品加工深度精度不高、附加值较低的路子，而是走一条以战略变革为核心，持续改革创新发展、突破原有企业边界，拓展新的企业发展空间的新路子，实施创新与学习双驱动，发挥对国民经济的新作用。

三是要延伸和拓展新资源。积极推动企业“走出去”与“引进来”，积极参与长江经济带、“一带一路”建设，推进资源优化配置与重组，提高利用省内外与国内外资源和市场的能力，真正成为面向市场的围绕资源与非资源两大板块的有实力的竞争主体。

在进一步加快战略变革步伐的过程中，云南省属大型资源型国有企业的战略变革经验为我们提供了宝贵的启示。这些经验主要体现在以下两条基本主线的推进上：

1. 深化战略变革，破除体制机制障碍，理顺政资、政企关系云南省国有资源型企业深化战略变革的核心在于打破原有体制机制的束缚，理顺政府与资本、政府与企业之间的关系，实现真正的政资分开和政企分离。具体来说，云南省通过以下措施有效推动了战略变革进程。

（1）优化产权结构：云南省积极推进国有企业产权结构的多元化战略变革，打破“一股独大”的局面，引入战略投资者和民营资本，实现股权多元化。这不仅优化了企业的治理结构，还增强了企业的市场竞争力。通过引入不同类型的资本，国企能够借助外部资源和管理经验，提升自身的运营效率和市场适应能力。

（2）完善法人治理结构：通过建立科学合理的董事会、监事会和经理层制度，确保企业决策的透明性和高效性。云南省属国企注重提升董事会的独立性和专业性，充分发挥独立董事的作用，加强对高层管理人员的监督和约束。这种治理结构的优化，有助于防范管理层的权力滥用，提升企业决策的科学性和合理性。

（3）推行市场化选聘制度：打破传统的行政任命模式，实行市场化选聘制度，吸引高素质的专业管理人才。这一举措不仅提升了企业的管理水平，也激发了管理团队的积极性和创造力。通过公开、公平、透明的选聘流程，国企能够吸引更多具有创新能力和国际视野的管理人才，推动企业的持续创新和发展。

（4）加强国资监管：改革国资委的职能，实现从“管企业”到“管资本”的转变。通过设立国有资本投资运营公司，优化国有资本的布局和结构，确保国有资产的保值增值。国资委通过授权国有资本投资运营平台，实行差别化监管和资本运作，提高资本使用效率，促进国有资本向高效益、高成长性的领域集中。

（5）推进混合所有制战略变革：通过引入非公有制资本，推动国有企业与民营企业的深度融合，形成混合所有制经济。这不仅丰富了企业的资本结构，也带来了更多的市场资源和管理经验，提升了企业的综合竞争力。混合所有制战略变革的推进，有助于打破国企的垄断局面，促进市场的公平竞争和资源的优化配置。

（6）构建动态能力：基于组织惯例与动态能力的视角，云南省属国有企业在战略变革过程中，注重提升企业的动态能力，即企业在快速变化的市场环境中，能够灵活调整战略、优化资源配置、持续创新的能力。具体措施包括提升组织惯例的灵活性、加强战略规划与实施、强化学习与适应能力、优化资源配置与整合等，确保企业能够快速响应市场变化，保持持续竞争力。

2. 实施“有进有退”的战略，探索创新发展路径

云南省国有资源型企业在战略变革过程中，积极探索“有进有退”的发展战略，即在扩大优势领域的同时，有选择地退出劣势领域。这一战略主要体现在以下几个方面。

（1）战略变革驱动发展：企业通过战略变革，调整和优化产业布局，拓展新的业务领域。云南省属企业注重在高附加值、新兴产业领域的发展，如新材料、新能源、精细化工等，提升产品的深加工水平和附加值。战略变革不仅包括产业结构的调整，还涵盖企业内部管理和运营模式的创新，确保企业能够在激烈的市场竞争中保持领先地位。

（2）创新驱动，突破产业边界：云南省属企业积极推动技术创新和管理创新，提升企业的核心竞争力。通过引入先进技术和管理理念，推动企业向高端制造和智能制造转型，拓展产业链的上游和下游，实现产业链的延伸和优化。技术创新不仅体现在产品的研发上，还包括生产工艺的改进和管理模式的革新，全面提升企业的

运营效率和市场响应能力。

（3）资源优化配置：通过兼并重组、资产剥离等方式，优化资源配置，提升资源利用效率。云南省属企业注重将资源集中于优势领域，提升资源的集约化利用水平，避免资源的无效配置和浪费。资源优化配置不仅包括资金、技术和人力资源的合理配置，还包括产业链各环节资源的高效整合，确保企业在资源利用上的最大化效益。

（4）构建创新型企业文化：云南省属企业注重培育和弘扬企业家精神，打造创新型企业文化。通过激励机制和培训计划，提升员工的创新意识和能力，促进企业的持续创新和发展。企业文化建设不仅涵盖企业内部的价值观和行为规范，还包括对外部市场和客户的积极响应，形成全员参与的创新氛围，推动企业在竞争中不断进步。

（5）提升动态能力建设：结合组织惯例与动态能力理论，云南省属国有企业在战略变革过程中，注重提升企业的动态能力，即企业在快速变化的市场环境中，能够灵活调整战略、优化资源配置、持续创新的能力。具体措施包括提升组织惯例的灵活性、加强战略规划与实施、强化学习与适应能力、优化资源配置与整合等，确保企业能够快速响应市场变化，保持持续竞争力。

（6）人才培养与引进：人才是推动企业战略变革和发展的重要动力。云南省属国有企业在战略变革过程中，注重人才的培养与引进，通过建立完善的人才激励机制、加强专业人才的培养与引进、打造职业发展通道等措施，激发企业的创新活力。通过与高校、科研机构合作，开展人才培养项目，西部国有资源型企业能够吸引和留住高素质的专业人才，提升企业的管理水平和技术能力。

（7）加强企业文化建设：企业文化是企业发展的软实力。云南省属国有企业在战略变革过程中，注重企业文化的建设，通过培育创新型企业文化、构建协同合作的团队文化、强化企业社会责任意识、打造品牌文化等措施，提升企业的凝聚力与竞争力。通过倡导创新精神、加强团队建设、积极履行社会责任、注重品牌建设，云南省属企业树立了良好的企业形象，增强了市场竞争力。

五、西部资源型企业战略变革规划

（一）SWOT 分析

1. 主要优势（Strengths，S）

（1）资产总额持续快速增长，国有资产实现保值增值。企业通过有效的资本运作和资产管理，确保国有资产的稳步增长和保值增值。

（2）企业生产装备和技术水平不断提高，国企在区域内具备一定优势。通过引进先进设备和技术，提升了生产效率和产品质量，增强了企业的市场竞争力。

（3）体制机制改革促进企业发展，战略变革红利逐步释放。深化体制机制改革，优化企业管理和运营模式，释放战略变革红利，促进企业的快速发展。

（4）政府出台多项政策支持和扶持国企发展。政府通过出台优惠政策和提供支持措施，帮助国企解决发展中的困难，提升企业的竞争力和市场地位。

（5）企业重视核心财务指标，警惕财务风险，确保国有资产安全。通过严格的财务管理和风险控制，确保国有资产的安全和企业的财务稳健。

（6）注重塑造企业文化，提升企业竞争力和凝聚力。通过培育积极向上的企业文化，增强员工的归属感和凝聚力，提升企业的整体竞争力。

（7）企业积极履行社会和经济责任，树立良好企业形象。通过积极参与社会公益和履行经济责任，树立了良好的企业形象，增强了社会认可度和品牌价值。

（8）品牌建设取得显著成效，国企及其产品在国内外享有一定声誉。通过持续的品牌建设和市场推广，提升了企业及其产品的知名度和美誉度，增强了市场竞争力。

（9）技术创新取得新进展，加强了网络化和信息化建设。通过加大研发投入和技术创新，提升了企业的技术水平和信息化程度，增强了企业的创新能力和市场适应能力。

2. 主要劣势（Weaknesses，W）

（1）重化工业高投入、高消耗，产业呈现低效化、低度化特点。高投入、高消耗的重化工业模式，导致企业在市场波动中易受冲击，影响企业的稳定发展。

（2）企业国有股“一股独大”，公司治理结构不合理。国有股“一股独大”的股权结构，导致公司治理结构不合理，影响企业的决策效率和管理水平。

（3）重化工业产品结构不合理，深加工水平不足，产品集中于产业链低端。产品结构单一，深加工水平低，限制了产品附加值和市场竞争力的提升。

（4）产能过剩持续存在，部分行业亏损严重。产能过剩问题严重，导致企业在市场竞争中处于不利地位，影响企业的盈利能力和可持续发展。

（5）资产结构不合理，企业资金压力大。资产结构不合理，导致企业资金压力增大，影响企业的运营和发展。

（6）企业规模结构不合理，资源整合和优化配置难度大。企业规模结构不合理，资源整合和优化配置难度大，影响了资源的高效利用和企业的整体竞争力。

（7）企业生产物流等成本持续攀升，刚性成本不断增加。生产物流成本的持续攀升，增加了企业的运营成本，影响了企业的盈利能力。

（8）人才不足，经营管理、技术等方面的人才缺乏，企业家精神和创新意识不强。人才短缺和创新意识不足，限制了企业的创新能力和市场适应能力。

（9）国企机构冗杂，事务繁多，管理控制成本和难度大。机构冗杂、事务繁多，增加了管理控制的成本和难度，降低了企业的运营效率。

（10）同行业竞争激烈，产品价格持续下降，主营业务经营效益欠佳，亏损严重。激烈的行业竞争和产品价格的持续下降，导致主营业务经营效益不佳，企业亏损严重。

3. 外部环境机会（Opportunities，O）

（1）党的二十大精神及《中共中央关于全面深化改革若干重大问题的决定》等政策文件为战略变革发展指明了方向，为国有企业的持续战略变革提供了坚实的政策支持和理论指导。

（2）国家西部大开发战略与建设“桥头堡”的双重契机，以及“一带一路”建设的实施，为国企提供了广阔的发展空间，推动企业积极参与国际合作与竞争，提升了全球市场影响力。

（3）“孟中印缅”经济走廊的建设机遇，进一步拓展了国企的发展空间，促进区域内基础设施建设和产业协同发展，为国企提供了新的市场和合作机会。

（4）经济体制、国资监管体制等的深化改革，有利于促进西部国有资源型企业的进一步发展。通过优化监管机制，提升国资管理效率，确保国有资产的保值增值，为企业提供了良好的发展环境。

（5）国家实施的各项经济政策及改革措施，致力于营造良好的经济运行环境，降低企业运营成本，优化营商环境，提升企业的市场竞争力和盈利能力。

（6）全球经济格局的演变，为国企参与区域分工和全球经济合作提供了机遇。随着全球化进程的深入，西部国有资源型企业能够通过国际合作，获取先进技术和管理经验，提升企业的综合竞争力。

（7）新技术革命推动国企加快科技进步，提升竞争力。通过引入新技术，优化生产工艺，提升产品质量和附加值，国企能够在激烈的市场竞争中保持领先地位。

（8）国外经济复苏及国内消费、投资的扩大，提升了内外部市场需求。随着全球经济的复苏和国内市场的持续扩大，西部国有资源型企业能够通过拓展市场，提升销售额和利润水平。

（9）产品需求的多样化，进一步增加了市场的多样性与广阔空间。随着消费者需求的变化和多样化，国企可以通过开发多元化产品，满足不同市场需求，提升市场份额和品牌影响力。

4. 外部环境威胁（Threats，T）

（1）产业结构不尽合理，重化工业比重过高，导致产业低效化。过于依赖重化工业使得企业在市场波动中易受冲击，影响企业的稳定发展。

（2）工业化发展面临严峻挑战，非重化工业比例偏低，整体产业效率不高。非重化工业的发展不足，限制了产业的多元化和高附加值产业的发展。

（3）产业集群化程度较低，配套产业建设尚不完善。产业集群化程度低，导致企业之间缺乏协同效应，资源利用效率不高，影响产业的整体竞争力。

（4）国企在资金、技术和人才留用方面存在短板，加剧了成本上升压力。资金短缺、技术落后和人才流失问题，限制了企业的创新能力和市场竞争力。

（5）政府有关部门职能亟须转变，企业政策的落实存在困难。政府职能转变不彻底，政策落实不到位，影响了企业的战略变革和发展进程。

（6）工业资源配置不合理，资源利用率不高，整合力度不足。资源配置不合理导致资源浪费和效率低下，影响企业的可持续发展。

（7）环境污染严重，治理成本高昂，企业发展面临巨大压力。环保要求的提高，增加了企业的运营成本，制约了企业的生产和发展。

（8）国内外环境的不确定性增加了企业实施国际化经营的风险。国际市场的不确定性和复杂性，增加了企业海外经营的风险，影响了企业的国际化进程。

（9）重要生产资源等要素资源受到制约，规划用地资源紧张。资源制约和用地紧张问题，限制了企业的扩张和新项目的开展。

（10）国内外市场变化加剧了产品供需结构的矛盾。市场需求的不稳定和变化，导致产品供需结构失衡，影响企业的销售和利润。

（11）经济增长速度进入换挡期，结构调整和前期刺激政策消化期“三期叠加”带来的挑战。经济增长放缓、结构调整和前期政策消化期的叠加，使企业面临更大的发展压力和挑战。

（二）战略变革规划态势及分析

1. SO（优势—机会匹配）

西部国有资源型企业战略变革发展的第一大态势是充分利用外部机会，发挥自身优势，实现“扬长趋利”。具体措施包括：

（1）深化战略变革与资源整合：进一步深化战略变革，通过技术进步、产品升级改造和强化内部管理，巩固并拓展企业优势和业务领域。通过优化资源配置和提升管理效率，企业能够更好地应对市场变化，提升企业的综合竞争力。

（2）拓展国内外市场：积极面向国内外市场，尤其是东南亚和南亚，开拓新的发展空间。通过参与“一带一路”建设和“孟中印缅”经济走廊，企业能够拓展海外市场，提升国际影响力。同时，通过构建战略联盟，促进资源和技术的全球合作与利用，提升企业的资源整合能力。

（3）因企制宜的发展路径：根据企业实际情况，采取产业转移、布局调整、基地扩展、市场和服务体系延伸等方式，融入国内外产业体系，合理配置资金、人力和技术资源，实现内外并行发展。通过灵活调整发展战略，西部国有资源型企业能够更好地适应市场需求，提升企业的市场响应速度和适应能力。

（4）推动技术创新与管理优化：通过引入先进技术和管理理

念，提升企业的技术水平和管理效率。西部国有资源型企业注重在技术研发和管理模式创新上投入，推动企业向高端制造和智能制造转型，提升产品质量和附加值，增强市场竞争力。

（5）提升动态能力建设：结合组织惯例与动态能力理论，西部国有资源型企业在战略变革过程中，注重提升企业的动态能力，即企业在快速变化的市场环境中，能够灵活调整战略、优化资源配置、持续创新的能力。具体措施包括提升组织惯例的灵活性、加强战略规划与实施、强化学习与适应能力、优化资源配置与整合等，确保企业能够快速响应市场变化，保持持续竞争力。

（6）加强人才培养与引进：人才是推动企业战略变革和发展的重要动力。西部国有资源型企业在战略变革过程中，注重人才的培养与引进，通过建立完善的人才激励机制、加强专业人才的培养与引进、打造职业发展通道等措施，激发企业的创新活力。通过与高校、科研机构合作，开展人才培养项目，西部国有资源型企业能够吸引和留住高素质的专业人才，提升企业的管理水平和技术能力。

（7）加强企业文化建设：企业文化是企业发展的软实力。西部国有资源型企业在战略变革过程中，注重企业文化的建设，通过培育创新型企业文化、构建协同合作的团队文化、强化企业社会责任意识、打造品牌文化等措施，提升企业的凝聚力与竞争力。通过倡导创新精神、加强团队建设、积极履行社会责任、注重品牌建设，西部国有资源型企业树立了良好的企业形象，增强了市场竞争力。

2. ST（优势—威胁匹配）

西部国有资源型企业战略变革发展的第二大态势是依靠内部优

势回避外部威胁，做到“扬长避短”。面对重化工业比重过高、产能过剩、亏损严重等挑战，企业需：

（1）实施战略创新：根据云南省经济发展态势和国有经济布局，优化资源配置，扬长避短，转变发展理念，整合内外部资源。通过战略创新，西部国有资源型企业能够调整产业结构，提升产品附加值，增强市场竞争力。

（2）推动业务与管理创新：通过深化战略变革，实施战略变革，促进业务优化和重组。结合业务模式、管理和技术创新，培育核心竞争力，开发新产品，开拓新市场，拓宽服务领域，实现持续竞争优势。管理创新包括优化组织结构、提升管理效率、引入先进管理工具和方法，确保企业运营的高效性和灵活性。

（3）加强技术研发与合作：通过与科研机构和高校的合作，推动技术研发和创新，提升企业的技术水平和产品质量。西部国有资源型企业注重在高附加值领域进行技术创新，提升产品的市场竞争力和盈利能力。

（4）优化资源配置与利用：通过资源的优化配置和高效利用，提升企业的资源利用效率，降低运营成本。西部国有资源型企业注重在核心业务领域进行资源的集中和优化，避免资源的分散和浪费，提升企业的综合效益。

（5）强化风险管理与控制：在面对外部威胁时，西部国有资源型企业加强风险管理与控制，建立健全风险预警和应对机制，确保企业能够在复杂多变的市场环境中稳健发展。

3. WO（劣势—机会匹配指向）

西部国有资源型企业战略变革发展的第三大态势是利用外部机会克服内部劣势，做到“趋利避害”。面对高投入、高消耗、治理结构不合理等内部问题，企业应：

（1）深化战略变革释放红利：顺应战略变革发展要求，激发企业内部动力，深化国企战略变革，完善国资监管体制，探索以管资本为主的授权经营模式。通过战略变革，西部国有资源型企业能够优化资源配置，提升管理效率，释放战略变革红利，促进企业的快速发展。

（2）推进混合所有制战略变革：打破国有股“一股独大”局面，引入民间资本，实现股权多元化，促进市场和政府的双重作用，建立国有资本投资运营平台，确保国有资产保值增值。通过混合所有制战略变革，西部国有资源型企业能够引入更多元化的资本和管理经验，提升企业的市场竞争力和运营效率。

（3）优化治理结构：规范董事会、监事会、经理层等法人治理机构，构建科学合理、相互促进、相互制衡的现代企业制度，激发国有企业的活力和创造力。通过完善治理结构，西部国有资源型企业能够提升决策的科学性和合理性，增强企业的管理水平和运营效率。

（4）加强人才培养与引进：通过建立完善的人才激励机制、加强专业人才的培养与引进、打造职业发展通道等措施，激发企业的创新活力。通过与高校、科研机构合作，开展人才培养项目，西部国有资源型企业能够吸引和留住高素质的专业人才，提升企业的管理水平和技术能力。

（5）提升管理与运营效率：通过优化管理流程和提升运营效率，克服治理结构不合理带来的负面影响。西部国有资源型企业通过引入先进管理工具和方法，提升管理效率，降低运营成本，增强企业的市场竞争力。

4. WT（劣势—威胁匹配指向）

西部国有资源型企业战略变革发展的第四大态势是同时减少内部劣势和降低外部威胁，做到“避短避害”。面对产业链延伸困难、产能过剩、主营业务效益欠佳等问题，企业需：

（1）优化资源配置：通过战略变革，优化资源配置，提升资源利用效率。通过改革企业体制机制，优化治理结构，实施战略变革，提升内部资源配置能力和利用效率，推进产业融合和产业链延伸。通过优化资源配置，西部国有资源型企业能够提升资源的利用效率，降低运营成本，增强市场竞争力。

（2）发展战略新兴产业：积极发展战略性新兴产业，推动产业结构合理调整和优化升级，提升产品加工深度和附加值，实现发展方式由粗放转向集约。通过发展新兴产业，西部国有资源型企业能够提升产品的市场竞争力和盈利能力，实现可持续发展。

（3）提升管理效率：简化企业机构，降低管理成本，增强企业运营效率，提升市场竞争力。通过优化组织结构和管理流程，西部国有资源型企业能够提升管理效率，降低运营成本，增强企业的市场竞争力和适应能力。

（4）加强技术与管理创新：通过技术和管理的持续创新，提升企业的核心竞争力和市场适应能力。西部国有资源型企业注重在技术研发和管理模式创新上投入，推动企业向高端制造和智能制造转型，提升产品质量和附加值，增强市场竞争力。

（5）强化风险管理与环境治理：面对外部威胁，西部国有资源型企业需加强风险管理与环境治理，建立健全风险预警和应对机制，确保企业在复杂多变的市场环境中稳健发展。同时，通过提升环保技术和治理能力，降低环境污染，减少企业运营的环境压力。

（三）综合分析

通过对西部国有资源型企业 SO、ST、WO、WT 战略变革发展态势的综合分析，可以得出以下结论。

（1）战略变革、优化与创新是推动企业持续发展的关键：西部国有资源型企业在战略变革过程中，必须同时推进战略变革、优化资源配置和持续创新，实现企业的全面提升。战略变革是基础，优化资源配置是过程，创新是动力，三者相辅相成，共同推动企业的发展。

（2）系统工程的整体推进：国企战略变革是一个复杂的系统工程，必须统筹规划、总体设计、突出重点、协调推进。西部国有资源型企业在战略变革过程中，注重各项措施的协调实施，确保战略变革的系统性和有效性。

（3）动态能力的提升：企业在快速变化的市场环境中，必须具备灵活调整战略、优化资源配置和持续创新的能力。通过提升动态能力，西部国有资源型企业能够更好地应对市场变化，保持竞争优势。

（4）人才与文化建设的重要性：人才是企业发展的核心动力，企业文化是企业的软实力。西部国有资源型企业通过加强人才培养与引进、完善激励机制、打造创新型企业文化，提升了企业的凝聚力和创新能力。

（5）治理结构的优化：科学合理的治理结构是企业健康发展的保障。西部国有资源型企业通过优化董事会、监事会和经理层的治理结构，提升了企业的管理效率和决策科学性，确保了企业的稳健发展。

（6）资源优化与战略新兴产业发展：通过优化资源配置和发

展战略新兴产业，西部国有资源型企业能够提升资源利用效率，增强市场竞争力，实现可持续发展。

综上所述，加快西部资源型企业的战略变革发展，关键在于通过深化战略变革、优化资源配置和持续创新，实现国有企业的新发展。由于国有企业问题复杂多样，解决国企问题需统筹规划、总体设计、突出重点、协调推进，确保战略变革措施的系统性和有效性，推动企业实现质的提升和结构优化，最终实现国有企业的可持续发展。

第二节　西部资源型企业战略变革过程与模式分析

一、西部资源型企业战略变革的事件序贯

西部资源型企业战略与环境之间的匹配性体现在企业的运行状态之中，随着环境的变化执行人在实践中不断进行反思，组织惯例也在不断的更新变化。组织惯例的变异是在既定模式下新的生成子系统的变异或是本质、功能的变异。更新后的知识在组织内的信息网络中进行交流与共享，经过选择并予以复制和保存。西部资源型企业通过利用组织学习机制，在战略发生变化之后，知识的更新会在企业的网络中得以传播，促进其他人重新审视自身所处的组织惯例并加以更新。更新的知识体系改变了组织惯例同时也改变了企业战略，达到了新的均衡，见图 3－2。

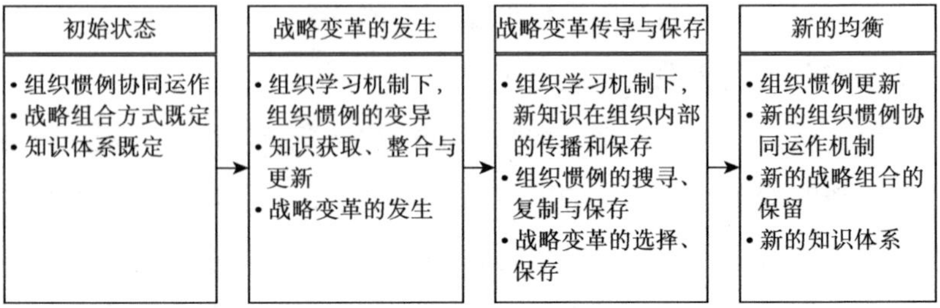

图3－2　西部资源型企业战略变革事件序贯

因此，本书将西部资源型企业战略变革过程的事件序贯总结为四个阶段：

（1）初始状态：西部资源型企业在既有构造的组织惯例基础上运作，战略组合方式处于初始稳定均衡状态，知识体系处于既定的稳定状态。

（2）战略变革的发生：在组织学习机制的作用下，执行人实践活动引发组织惯例的变异，随着变异发生引发知识获取、整合至更新，从而发生战略变革。

（3）战略变革的传导与保存：企业通过组织学习机制将搜寻、复制与保存组织惯例，战略变革所产生的新知识会沿着组织内部网络得以交流与共享，并在企业特定情景机制下进行内部选择与保存。

（4）新的均衡：组织惯例发生调整或更新，进入新的均衡运作阶段，战略变革的影响得以释放之后，企业战略发生了变化，企业内部产生了新的战略组合和知识体系，企业战略将达到新的均衡状态。

二、西部资源型企业战略变革的动力机制

组织惯例演化推动了战略变革，而惯例变异与组织学习对战略变革的传导过程有着重要的影响。因此，本书提出西部资源型企业战略变革动力机制包括战略变革的起源机制和传动机制两个机制，战略变革的起源机制主要是组织惯例的变异机制；战略变革的传动机制主要是组织学习机制，见图 3 –3。

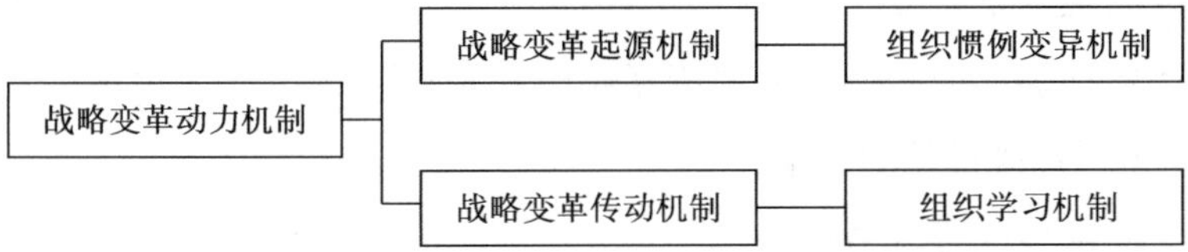

图 3 –3　西部资源型企业战略变革动力机制

（一）组织惯例变异机制

战略变革起源主要依赖于组织惯例变异。组织惯例变异的源泉在于组织情景的变革。组织情景的变革会引发对组织惯例功能、方式等新要求或新需求，甚至使某种组织惯例成为不必要，进而引发组织惯例的变异。组织惯例变异往往会引发战略变革，通常经过变异、搜寻、复制与保存四个阶段，知识体系发生了变化，战略组合要素发生了变化，战略变革也随之发生。

（二）组织学习机制

战略变革传导主要依赖于组织学习机制。为应对内外部环境的变化，企业通过组织学习机制，持续的开展创新，围绕企业内部各个层面进行新知识以及新惯例的变异，通过更新动态能力来进行战

略变革。组织学习机制决定了组织内知识传播与创造的速度，组织学习是惯例变异过程中知识传播的主要动力机制。

三、西部资源型企业战略变革的情景机制

西部资源型企业作为复杂系统依赖于内外部环境情景因素。组织惯例变异的起源就在于组织情景的变革，组织情景构成了战略变革生成的条件要素。西部资源型企业战略变革的情景机制包括：内部方面主要是企业文化与权力结构，外部方面主要是资源过度消耗与环境动荡。内外两个方面相互作用和相互影响。

（一）外部情景机制

西部地区资源过度消耗，企业对环境破坏严重，政府和民众对资源型企业环保压力加大，外部环境变化频率的加快，市场竞争的加剧，行业产能过剩严重及企业自身包袱沉重，严重制约西部资源型企业可持续发展。资源的过度消耗和外部环境的变化，导致西部资源型企业经营和管理出现困难，甚至出现亏损的情况，促使西部资源型企业转变方式推动战略变革，谋求生存与发展。

（二）内部情景机制

企业文化是在一定的条件下生产经营和管理活动中所创造的具有该企业特色的精神财富和物质形态，包括企业愿景、使命、价值观念等。西部资源型企业要强调公司理念、价值观与西部地域文化和资源型企业文化的融合，使公司拥有较强的凝聚力和向心力，形成了较强的企业文化，保持企业成员对企业文化的认同。在企业文化的引领下，推动自上而下的惯例变异和战略变革实现企业目标。

权力结构是指权力的组织体系，不同权力的配置和相互关系。

当惯例发生变异，在传导的过程中，会受到接收方权力的影响，进而决定了惯例变异和战略变革的可能方式、方法和方向。在西部资源型企业的母子关系体系中，子公司具有较大的自主权，加上母子公司的企业文化上的差异，将导致自上而下的战略变革在子公司实施具有困难，所以高层管理者要注意加强对惯例变异的控制和引导。

四、西部资源型企业战略变革的成长阶段

西部资源型企业战略变革是企业组织成长在整体运作上适应内外环境进行重大调整的过程，它是企业应对内外环境变化的一种主动的调整与适应，这种调整与适应能够顺应企业组织成长不同阶段的内在客观要求，因而能够使企业得到健康发展。西部资源型企业在制定发展战略或实施战略变革时，需要考虑到其所处发展阶段的不同要求，以便明确和获取所拥有的和今后所需要的资源、组织惯例与动态能力用来支撑企业成长。

（一）基于资源、能力互动演进的企业成长阶段

1. 西部资源型企业成长阶段划分

对于西部资源型企业而言，绝大多数企业依托当地丰富的自然生物资源进行深加工，这类企业属于资源型企业。资源型企业主要依赖特定自然资源，且这些资源在最终产品的价值中占据主导地位。西部资源产业中的传统农业加工企业，如“后谷咖啡”和“云南红”，正是此类资源型企业的典型代表。这些企业不仅在历史上高度依赖某些自然资源，而且计划通过深化这些资源的利用路径实现持续发展。企业资源包括自然资源、资产、生产或其他作业

程序、技能和知识等，是企业竞争优势的基础，涵盖了有形和无形资源。

对西部资源型企业而言，本书研究发现大部分是依靠当地自然资源进行延伸加工的企业。这样的资源型企业主要依赖于某些自然资源，且这些自然资源对最终产品价值贡献起主导作用。资源是西部资源型企业生存和发展的基础，依赖于资源的西部资源型企业具有成长路径特征。本书认为西部资源型企业的成长过程划分为四个阶段：初创期、成长期、成熟期及衰退/再成长期，见图 3 -4。

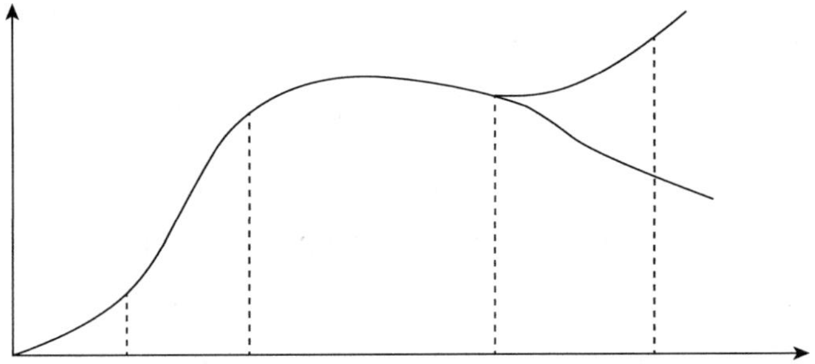

图 3 -4　西部资源型企业成长过程的四个阶段

初创期：在此阶段，西部资源型企业实力尚显薄弱，产品方向处于探索阶段，企业具有高度的灵活性和强烈的企业家创新精神。作为资源型企业，需要加大投资力度，通过控制自然资源并不断积累“战略性资源”，在市场竞争中稳固立足。同时，企业需结合外部环境评估内部资源，选择未来生存所需的战略性资源进行储备。典型案例如“后谷咖啡”和“云南红”通过控制资源和原料基地实现初步发展。战略选择在此阶段对企业未来发展至关重要。

成长期：西部资源型企业实力逐步增强，管理逐渐向规范化和制度化转变。西部资源产业资源型企业在此阶段需进一步控制战略性资源，塑造竞争能力，并迅速推出主导产品以赢得市场竞争。例如，“盘龙云海”专注于排毒养颜胶囊，力求打造主导产品和企业标志。

成熟期：西部资源型企业成长速度开始放缓，创新精神可能减弱，管理趋于平稳。资源型企业需考虑实施多元化战略以谋求更大规模的发展，避免竞争优势的丧失。例如，云南白药集团自 2005 年以来积极实施有限相关多元化战略，成功推出透皮剂和白药牙膏产品，实现了持续发展。

衰退/再成长期：从总体看西部资源型企业尚未进入这一阶段，但少数西部资源型企业如云南烟草行业“两大寡头”“瓮福集团”“云南白药”已进入这一时期。进入这一时期将走向衰退或新的发展。一方面，西部资源型企业的市场份额缩减、效益逐渐下降、创新能力逐渐减弱，意味着企业生命将走向尽头；另一方面，西部资源型企业也可以重生或进一步开拓发展，如云南白药集团股份有限公司的“新白药大健康”发展模式，实施拓展以核心能力为支撑的多元化战略，进入“健康产业”发展前景良好，企业获得新的成长空间；红塔集团实施的变革期国际化与归核化成长战略，取得良好经营业绩，拓展了发展空间。

2. 西部资源型企业成长的关键影响因素分析

（1）初创期：企业家及其活动是初创期最关键的因素，涵盖以下三个方面：内部资源评估：企业家需评估自身拥有的特殊自然资源，并决定其是否为战略性资源。行业理解：深入理解所在行业的外部特征和竞争优势，确定战略性资源的积累方向。创建企业：在明确内部资源和行业特征后，企业家推动企业的成立和资源的积累，集合所需资源实现企业的初步发展。

此外，战略性资源的确立与巩固也是初创期的关键。战略性资源需满足 VRIO 框架中的有价性、稀缺性、难以替代性和组织性，才能为企业带来持久竞争优势。

（2）成长期：核心能力的形成是成长期的主要影响因素，这意味着西部资源型企业已度过初创期的脆弱阶段，逐步在行业中站稳脚跟。核心能力的形成依赖于战略性资源的积累，体现了从资源的量变到核心能力的质变。核心能力是一种整合能力，通过综合运用内部有价值资源，提升战略性资源的“可用性”。在成长期，企业通常会推出主导产品，以巩固市场地位。

（3）成熟期：关键成长因素在于进一步发展和利用核心能力。随着增长速度放缓，西部资源型企业需实施多元化战略以谋求更大发展，避免竞争优势的丧失。以云南白药为例，通过多元化战略推出新产品，实现了持续发展。核心能力的演化使企业能够在市场中维持竞争优势，渗透到其他地区市场。

（4）衰退/再成长期：西部资源型企业尚未普遍进入此阶段，但部分企业已开始经历。企业可能走向衰退，市场份额和效益下降；或通过战略变革实现再成长。动态能力的形成是关键，企业需重构战略性资源，通过创新和调整实现持续成长。

（二）西部资源型企业战略变革与持续成长

企业战略是对企业长期发展的全面规划，战略变革则是企业在适应内外环境变化过程中进行的重大调整。战略变革是战略管理的重要组成部分，涉及对原有模式的根本性改变。企业在不同成长阶段进行战略变革，以明确和获取所需资源和能力，支持企业的持续成长。本书基于西部资源型企业的成长阶段划分，结合战略变革的要义，通过实证研究和案例分析，提出了西部资源型企业三个关键战略变革时期，见图3－5。

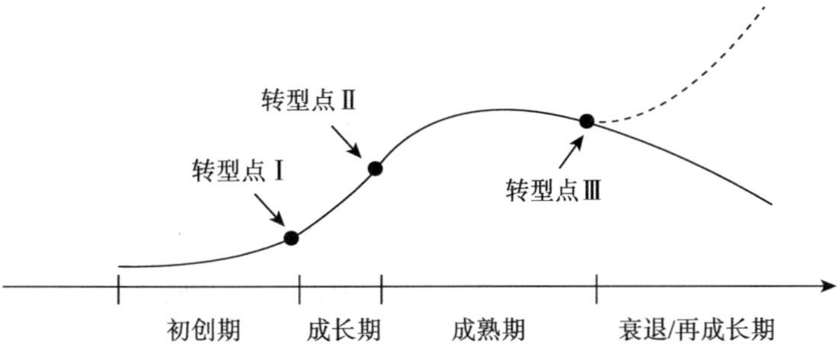

图3－5　西部资源型企业成长过程阶段划分及战略变革点的确定

三个战略变革点分别位于各成长期的交接处：变革期Ⅰ在初创期向成长期的过渡，变革期Ⅱ在成长期向成熟期的过渡，变革期Ⅲ在成熟期向衰退/再成长期的过渡。每次战略变革点将企业引入生命周期的下一个阶段。各成长阶段的区分不仅基于外部表现特征，更在于战略资源和核心能力的重大变化。每次变革都可能强化或重构战略资源和核心能力，因此，变革点Ⅰ、Ⅱ和Ⅲ分别对应企业从初创到成长、成长到成熟、成熟到衰退或再成长的三个变革时点。

1. 西部资源型企业从初创到成长变革期时点Ⅰ

变革期Ⅰ围绕战略变革点Ⅰ展开，标志着资源型企业由初创期向成长期的转变。在此之前，资源型企业尚未形成完整的实体经营模式，变革点Ⅰ后，企业开始依赖特定自然资源进行生产经营。本书认为，“利基市场”模式是资源型企业初创期的核心经营模式。利基市场战略指企业选择一个规模较小、竞争不激烈但蕴含丰富市场机会的细分市场作为起点。此模式允许资源型企业集中资源，形成局部优势，同时具备拓展至更广地域市场的潜力。

理想的利基市场应具备以下特征：狭小的产品市场，宽广的地域市场：通过集中资源在小规模市场形成局部优势，同时保持产品在广泛地域市场的适应性。持续发展的潜力：市场需求或目标客户呈现持续增长趋势，满足企业持续成长需求。低竞争压力：市场内现有竞争者较少，或对该市场不感兴趣，减少竞争压力。战略性资源支撑：企业拥有的战略性资源能够为进入该市场提供坚实基础。

在变革期Ⅰ，西部资源型企业通过利基市场模式稳固市场地位，随后因内部成长需求和外部竞争加剧，逐步转向成长期的专业化经营模式。

2. 西部资源型企业变革期Ⅱ模式转变分析

变革期Ⅱ围绕战略变革点Ⅱ展开，标志着企业从成长期向成熟期的过渡。在成长期，资源型企业通过专业化经营模式增强核心能力，推动规模扩张、新产品/新市场开发和纵向一体化，以实现持续成长。

专业化经营模式的表现形式包括：规模扩张：通过扩大生产规模实现规模经济，降低长期平均成本，提升经济效益。新产品/新市场开发：开发新产品或开拓新市场，增强市场占有率和竞争力。纵向一体化：向供应链上游或下游延伸，控制关键资源和渠道，降低交易成本，提高资源利用效率。在变革期Ⅱ，资源型企业通过专业化经营模式积累核心能力和主导产品，面对加剧的市场竞争，需实施多元化战略以进入成熟期。

3. 西部资源型企业变革期Ⅲ模式转变分析

变革期Ⅲ围绕战略变革点Ⅲ展开，标志着企业从成熟期向衰退或再成长阶段的过渡。在成熟期，资源型企业通过多元化经营模式进一步发展核心能力，实现更大规模的发展。多元化经营包括不相关多元化和相关多元化两种方式，以核心能力的协同效应为基础的相关多元化更适合资源型企业，能够实现资源整合和竞争优势的增强。

多元化经营模式的主要方式包括：

以资产组合为基础的不相关多元化：通过涉足多个不相关领域分散风险，如 BCG 矩阵中的明星、问号、金牛和瘦狗产品。然而，这种模式存在资源分散、管理复杂和缺乏协同效应的风险，不利于资源型企业形成持久竞争优势。

以核心能力的协同效应为基础的相关多元化：基于企业现有核心能力进行相关领域的扩展，实现资源整合和协同效应。云南白药集团通过“新白药、大健康”模式，成功实现了基于核心能力的相关多元化，增强了企业竞争力和持续发展能力。

此外，西部资源型企业在多元化过程中可能面临过度多元化的问题，此时可通过“归核化”战略进行调整，聚焦核心能力，剥离或分立非核心业务，以恢复和强化核心竞争力。归核化战略包括剥离和分立两种方式，通过优化资源配置，实现企业价值的最大化。

在变革期Ⅲ，西部资源型企业还可通过动态能力的战略变革，重构顾客价值，形成新的核心能力和主导产品，实现再成长。动态能力指企业整合、重组内部外部资源以适应环境变化的能力，推动企业持续创新和竞争优势的形成。具备很强动态能力的企业，可以使它们的资源和能力随着时间变化而变化，并且能利用新的市场机会来创造竞争优势的新源泉，以此真正获得持久竞争优势。因此，处在战略变革期Ⅲ的资源型企业，除了通过归核化战略回归和强化核心能力避免走向衰退外，在外部环境受到剧烈冲击导致企业原有核心能力不能继续成为企业竞争优势来源时，还可以选择利用动态能力来改变原有核心能力，实现企业的再成长。对于资源型企业而言，改变原有核心能力意味着改变了原有战略性资源的组合方式，有时甚至需要对其进行彻底舍弃。因此，要实现基于动态能力的战略变革，必须满足两个重要条件：一是具备动态能力——即改变能力的能力；二是拥有或能够形成新的战略性资源。

五、西部资源型企业战略变革的模式机制

（一）战略变革基本模式

1. 西部资源型企业变革期Ⅰ模式转变分析

变革期Ⅰ是指以战略变革点Ⅰ为中心的邻域时期区间。从图3－2可以看出，通过此次战略变革，资源型企业完成了由初创期向成长期的转变。在战略变革点Ⅰ之前，资源型企业经历了初创期。由于企业的实体尚未真正形成或正在形成当中，因此该时期也不存在任何实际的成熟经营模式，所有的一切都还只是存在于创始人头脑中的一些零散概念。逐步地，资源型企业的实体正式形成，企业开始依赖于某一特殊自然资源进行生产经营。

本书认为，“利基市场”模式是资源型企业初创期的核心经营模式。“利基”（Niche）的英文原意是指“生态位”，即生物在漫长的进化过程中形成的，在一定时间和空间拥有稳定的生存资源（食物、栖息地等），进而获得最大生存优势的特定生态定位。而“利基市场”模式则指企业选择一块规模不大、竞争不激烈但蕴含丰富市场机会的市场作为生产经营的起点。对于资源型企业而言，其初创期也是较为脆弱的时期，因此选择利基市场模式，可以使企

业免遭激烈竞争和外部挑战。本书认为，理想的利基市场应具备以下几个特征。

（1）狭小的产品市场，宽广的地域市场：利基市场模式意味着企业选取的是一个相对较小的产品或服务市场，这样可以使资源集中，形成局部优势；但同时，该模式需具备产品或服务在广泛地域市场的适应性，为未来大规模生产和规模经济的实现做好准备。

（2）持续发展的潜力：市场对企业产品的需求或目标客户呈现持续增长的趋势，能够满足企业持续成长的需求。

（3）低竞争压力：市场内现有竞争者较少，或对该市场不感兴趣，从而减少竞争压力。

（4）战略性资源支撑：企业拥有的战略性资源能够为进入该市场提供坚实基础。

以上四个特征中的前三个具有普遍适用性，适用于所有类型的企业，第四个则是资源型企业需要特别关注的。对于资源型企业来说，无论采取哪种经营模式，都必须牢牢把握与自身战略性资源相匹配这一关键原则。反过来，只有符合这一要求，资源型企业才能体现出比一般企业更强的竞争力。

当西部资源型企业在选定的利基市场上站稳脚跟后，其内部做大做强的冲动以及外部竞争的逐渐加剧，使企业不得不做出战略变革的选择。西部资源型企业会进一步强化路径，开始实施专业化主导下的成长战略，这也标志着资源型企业成长期的开始。

2. 西部资源型企业变革期Ⅱ模式转变分析

变革期Ⅱ是指以战略变革点Ⅱ为中心的邻域时期区间。在成长期，专业化经营模式成为西部资源型企业的核心经营模式。所谓专业化经营，是指企业确定优势的专业化任务或活动，并选择恰当的协调方式来协调所选择的专业化任务或活动，从而获得企业最佳持续生存的经营方式。企业进行专业化的主要目的是获得更低的生产成本，反映到微观经济学上就是一种对规模经济的追求。亚当·斯密在《国富论》中曾指出，社会分工可以使企业在有限范围内集中自己的优势资源，通过内部改进与效率提高来使社会财富得到更快增长。这说明专业化经营模式，更多的是对效率的一种追求。随着专业化程度的加深，企业的长期平均成本将得到显著改善，企业将通过规模的扩大，获得规模经济效益。

对于西部资源型企业而言，专业化经营模式主要是指依靠并围绕某种战略性资源所进行的经营活动。从表现形式上来看，主要包括：规模扩张、新产品或新市场开发以及纵向一体化。

规模扩张：指资源型企业在成长期基于核心产品的一种扩张战略。从某种程度上来说，规模扩张是一种最简单易行的成长方式，其理论依据是微观经济学中的规模经济理论。该理论认为，生产规模的扩张，会导致企业长期平均费用的递减，因此会给企业带来比规模小时更好的经济效果。但这种最优状态通常只是一个点或相对有限的一段区间，因此规模经济理论的核心，在于计算所谓的“最优生产规模点”。然而，企业界更多将规模经济理解为“越大越好”，因此在进入成长期后，大部分企业都一味地通过“数量”增长寻求竞争优势的获得。对于资源型企业而言，当牢牢占据一个利基市场后，必然需要通过产量规模的扩大，获取更多的经济效益，实现更快的成长速度。但在进行规模扩张战略时，必须始终把握两个基本原则：

（1）紧紧围绕战略性资源和主导产品进行扩张；

（2）做好市场调查，摸清尚未满足的潜在需求，确定最优生产规模点。

总而言之，西部资源型企业在成长期的规模扩张，是一个类似市场渗透的过程，即以其目前的主导产品为发展焦点，力求增大产品市场占有率的过程。

新产品/新市场开发：也属于企业的一种密集型成长战略。其中前者是指创造新产品以补充和替代公司现有的产品，在企业现有的市场上进行竞争；后者是指依靠企业现有产品，开拓新的市场进行竞争。对于拥有特定利基市场、综合性不强的产品或服务范围较小的资源型企业而言，可能会采取新产品开发这一战略。产品开发战略是通过改进或改变产品服务以增加产量的战略，有利于资源型企业利用现有产品的声誉和商标，吸引顾客购买企业推出的新产品。由于这种战略是对现有产品进行改进，对现有市场较为了解，新产品开发的针对性较强，因此较为容易取得成功。但同时，资源型企业在进行产品开发时，如果没有仅仅围绕战略性资源以及核心产品的话，将很可能导致该战略的失败。尽管该战略明显带有风险，资源型企业在其成长期，仍有以下合理原因采用该战略。

（1）充分利用资源型企业对某种特殊自然资源以及所在利基市场的了解；

（2）从现有产品组合的不足中寻找新的机会。

需要指出的是，资源型企业所采用的新产品开发战略，不仅仅是对全新产品的开发，也可以包括对现有产品的小幅改变（如产品的外包装等）。而所谓市场开发，则是指将现有的产品和服务打入新的市场之中。实施市场开发战略的途径主要有开辟其他地域市场和细分市场。对于处于成长期的资源型企业，采用市场开发战略主要源于以下几点原因。

（1）由于对某种特殊自然资源的过度依赖，资源型企业难以推出其他全新产品，因此转而开发其他市场；

（2）现有市场已出现过度竞争和饱和，为维持企业持续成长，必须将战场转移到其他区域；

（3）资源型企业存在过剩的生产力，并且在本地区的经营取得显著成功。

总之，新产品/新市场开发战略的成功实施，有助于西部资源型企业继续保持较快的成长速度。与规模扩张经营模式类似，新产品/新市场开发战略仍然是一种基于“数量”的成长。

纵向一体化：指企业沿着产品或业务链条，向上游或下游延伸和扩展企业现有业务的战略。从理论上讲，纵向一体化战略有利于节约上下游企业在市场上进行销售和购买的交易成本，控制稀缺资源，保证关键投入的质量并获得新的客户。但同时，纵向一体化也会增加企业的内部管理和协调成本。对于处于成长期的资源型企业而言，其可以采用前向一体化或后向一体化战略来获得竞争优势，实现持续成长。通过前向一体化，资源型企业可以控制销售过程和渠道，增强对消费者需求变化的敏感性，提高企业产品对市场的适应性和竞争力；而后向一体化则有利于资源型企业更有效地控制战略性资源，确保企业生产经营的稳定性。然而，资源型企业采用纵向一体化仍然存在某些风险。

（1）由于不熟悉新业务领域而带来的经营风险；

（2）由于纵向一体化特别是后向一体化，所涉及的投资数额较大且资产专用性较强，占用企业较多的资金并增加了进入该行业的成本。

总之，纵向一体化战略适用于有志于在某一资源领域长期发展的某些处于成长期的资源型企业，其好处需要经过较长时间才能体现，但一旦成功实施一体化战略，资源型企业将获得源自产业链整合的竞争优势。

综上所述，在企业的成长期，西部资源型企业主导经营模式主要是以规模扩张、新产品/新市场开发以及纵向一体化为表现形式的专业化经营模式。在此期间，资源型企业的战略性资源不断积累，逐渐形成了核心能力和主导产品。当资源型企业通过专业化经营模式得到快速成长后，外部竞争的进一步加剧，迫使企业不得不再次做出战略变革的选择。而多元化经营模式的出现，则标志着资源型企业成熟期的开始。

3. 西部资源型企业变革期Ⅲ模式转变分析

变革期Ⅲ是指以战略变革点Ⅲ为中心的邻域时期区间。在成熟期，随着资源型企业核心能力的逐渐形成，企业倾向于开始进行多元化经营。所谓多元化，是指企业进入与现有产品和市场不同的领域。虽然企业从擅长的市场领域退出可能要经历激烈的思想斗争，但在任何经营环境中，没有任何一家企业能够保证不受产品过时和需求枯竭的影响，资源型企业亦不例外。企业采取多元化战略可能基于以下几点考虑。

（1）在现有产品和市场中持续经营并不能达到战略决策者的目标：资源型企业或许一直保持着不错的增长率，但在某些具有企业家精神的战略决策者看来，这种成长速度与他们的预期之间尚存在不小的差距；

（2）资源型企业在现有产品或市场上留下的资金，超过在现有产品或市场上财务扩张所需的资金；

（3）与在现有产品或市场中的扩张相比，多元化意味着更高的利润。

对于处在成熟期的资源型企业而言，其多元化经营主要有以下两种方式：一是以资产组合为基础的不相关多元化；二是以核心能力的协同效应为基础的相关多元化。

以资产组合为基础的不相关多元化：其主要目的是通过将企业的业务分散到多个不相关的经营领域，以消除现金流的不稳定性。其中最经典的资产组合模型是 BCG 矩阵。通过市场增长率与市场份额两个维度，可以将不同的业务划分为明星产品、问号产品、金牛产品和瘦狗产品。明星产品和问号产品需要大量的现金投入，而金牛产品可以产生大量现金且投入较少。资源型企业可以通过多元化经营，选择合适的业务组合来实现现金的平衡与协调。

（1）明星产品：高市场增长率、高市场份额的产品，代表着企业的未来潜力。

（2）问号产品：高市场增长率、低市场份额的产品，需进一步投资以转化为明星产品。

（3）金牛产品：低市场增长率、高市场份额的产品，持续产生现金流。

（4）瘦狗产品：低市场增长率、低市场份额的产品，通常应考虑剥离或退出。

虽然以资产组合为基础的不相关多元化可以减少企业在现金流上的风险，但这种模式依然存在诸多问题：首先，对于上市公司而言，企业股东可以通过选择不同企业的股票来进行风险规避，而并不需要某一家特定企业的管理者通过多元化业务来达到这一目的；其次，这种经营模式隐含着一个假设，即采用此模式的资源型企业具备足够的资源、能力和知识来对不同的业务单元进行有效管理，显然这一假设并不总是成立；最后，也是最重要的一点，以资产组合为基础的不相关多元化模式将资源型企业宝贵的“战略性资源”分散到了多个不关联的领域，从而使得任何一个领域都得不到足够的资源支持，结果与坚持专业化的竞争对手相比，多元化企业不具备竞争优势。因此，以资产组合为基础的不相关多元化存在着极大的风险敞口，初衷虽好，可能会导致“处处受挫”的尴尬境地。

以核心能力的协同效应为基础的相关多元化：基于企业现有核心能力进行相关领域的扩展，实现资源整合和协同效应。云南白药集团通过“新白药、大健康”模式，成功实现了基于核心能力的相关多元化，增强了企业竞争力和持续发展能力。

由于核心能力是企业内部积累的知识，特别是关于如何协调不同生产技能和有机协调多种技术流的知识，因此核心能力的一个本质特征就是能够产生“协同效应”。对于成熟期的资源型企业而言，通过初创期和成长期对“战略性资源”的积累，其核心能力已逐步形成。而此时，正是利用业已形成的核心能力进行多元化战略的大好时机。这种形式的多元化之所以能为资源型企业带来竞争优势，主要是因为这种模式可以使资源型企业集中其“战略性资源”来发展核心能力和核心业务，避免了资源分配过于分散的问题。基于核心能力的协同效应，资源型企业既可以享受到多元化经营所带来的种种好处，又可以进一步对其核心能力进行强化和提高。

由于多元化可以充分利用企业尚未完全利用的资源，为企业创造新的利润来源，在市场结构学派 SCP 范式的影响下，众多企业将其视作实现快速成长的关键环节而予以施行。然而，多元化并未从根本上解决企业走向衰退的现实，而只是推迟了企业衰退期的到来。进入 20 世纪 80 年代后，以美国企业为代表的多元化成长战略逐渐退潮，许多大公司在注意到逐渐走向衰退这一残酷现实后，开始将多元化业务进行收缩，并逐渐回归和强化原有核心业务，这一现象被称为“归核化”。所谓归核化，是指企业根据自身的核心资源与能力水平，对处于过度多元化经营中的弱势业务或损害企业价值的单元进行剥离和分立，以降低企业多元化经营的程度，同时强化、重构以及整合核心业务的企业经营模式与过程。企业归核化源于其多元化战略发展到一定程度后的过度多元化，它不仅未能分散和规避企业的经营风险，反而加大了企业的经营风险。对于资源型企业而言，过度多元化的危害可能是致命的：一方面，它削弱了企业的核心能力；另一方面，各种业务对战略性资源的争夺也降低了战略性资源的效能，不利于资源的聚集和整合。在这种情况下，资源型企业的价值将会受到严重破坏。因此，资源型企业进行归核化的最终目的是在缩小规模的同时，增加企业的价值。

一般情况下，西部资源型企业通过以下三种途径实施归核化战略。

（1）剥离：指企业将所拥有的子公司、产品线、业务单元或某个部门出售给其他企业，以获取现金或股票的一种商业行为。剥离的主要作用是降低企业无关多元化的程度，使其主业更加清晰，并获得“4 − 2 = 2”的效果。

（2）分立：指企业将其子公司、产品线、业务单元或某个部门独立出来，成立一个新公司，且在此过程中，股权和控制权并不发生转移。分立除了使企业核心业务更加清晰外，还可以通过消除内部冲突、降低代理成本的方式，消除“负协同效应”，使被抑制的资源与能力得到释放。

需要特别指出的是，归核化并不等同于“专业化”，归核化也不是一种纯粹的“反多元化”，它只是对企业过度多元化的一种调整、修改与补充。从本质上来说，归核化属于一种“适度相关多元化”。因此，如果将资源型企业成熟期的多元化与衰退期的归核化看作一个整体，可以发现多元化与归核化并不是两种对立的经营模式，而只是企业调整、修改其相关多元化的程度，以期实现与内部核心资源与能力的最优匹配的同一种战略手段。

在西部资源型企业的战略变革期Ⅲ，可能还存在一种变革模式，本书将其称作基于动态能力的战略变革。通过这种变革，企业将重构顾客价值，形成新的主导产品与核心能力的经营模式。具备强大动态能力的企业，能够使其资源和能力随着时间变化而变化，并利用新的市场机会创造竞争优势的新源泉，从而真正获得持久竞争优势。因此，处在战略变革期Ⅲ的资源型企业，除了通过归核化战略回归和强化核心能力以避免走向衰退外，当外部环境受到剧烈冲击，导致企业原有核心能力无法继续成为竞争优势来源时，还可以选择利用动态能力改变原有核心能力，实现企业的再成长。对于资源型企业而言，改变原有核心能力意味着改变原有战略性资源的组合方式，有时甚至需要对其进行彻底舍弃。因此，要实现基于动态能力的战略变革，必须满足两个重要条件：一是具备动态能力，即改变能力的能力；二是拥有或能够形成新的战略性资源。

（二）战略变革基本机制

前面我们对西部资源型企业战略变革机理进行了分析，这里进一步结合战略变革期模式变革阐述其基本机制。芮明杰（2005）将战略变革视为“企业为避免其所具有的特异性知识与外部环境不匹配引起的生存危机，而进行的特异性知识创新过程；其中，组织学习作为获取特异性知识的主要途径，对战略变革的成功与否起到关键作用”。而 Argyris（1978）则将组织学习定义为“组织发现错误并通过使用新的应用理论（Theories - in - use）进行改造的过程”。结合这两种观点，并基于本书对西部资源型企业各个战略变革期模式转变的分析，本书认为：如果资源型企业战略变革的实质是组织学习，那么，可以用组织学习过程机制来解释其战略变革基本机制，即西部资源型企业通过对某种战略性资源的积累、摒弃与重构，可以用组织学习的方式在各种经营模式间进行转换，最终实现企业持续成长的目标。

结合西部资源型企业的成长过程可以发现，战略变革期Ⅰ、战略变革期Ⅱ以及战略变革期Ⅲ中的每一种模式转变，都属于对前期模式的纠错与改良。在错误得到纠正后，资源型企业依旧沿着初始确定的使命与目标前进。其隐含的基本假设是：这些战略变革并不改变企业原有的战略性资源和核心能力，或者说变革的过程在某种程度上还形成并加强了企业的核心能力。Argyris（1978）将这种不质疑和改变组织系统的本质目标与核心价值观，对组织存在的问题和错误进行纠正与检查的组织学习，称为“单环学习”过程，见图3-6。

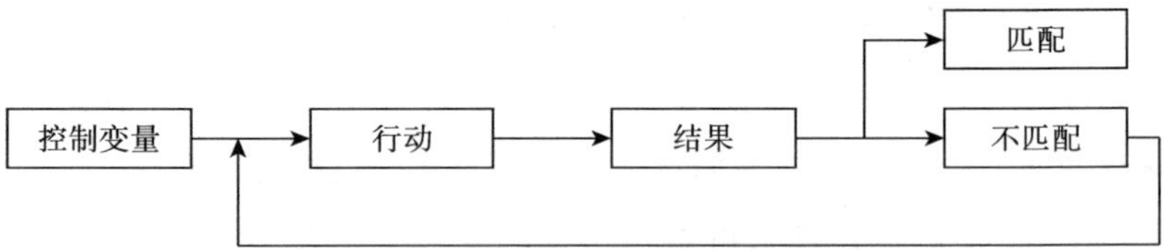

图 3-6　Argyris 的单环学习模型

对于西部资源型企业而言，其特有的某种战略性资源以及随之形成的核心能力，就是图 3-6 中的“控制变量”。显然，从初创期的“利基市场”模式，过渡到成长期的“专业化模式”，再进一步转变到成熟期的“多元化”模式，直至到衰退期的“归核化”模式，西部资源型企业都没有改变其“控制变量”。每次变革都只是对当前经营战略的一种调适性“行动”。当调适的结果“匹配”了内外环境变化的要求时，资源型企业就可以获得较好较快的成长，同时这种“调适”也使得资源型企业的经营模式发生了相应的改变；反之，如果调适的结果仍然“不匹配”内外环境变化的要求，企业就可以通过“单环学习”将经营战略转变为另一种模式，以实现企业的成长。此外，资源型企业战略变革期Ⅲ的第二种模式转变，不仅改变了企业的经营模式，而且重构了企业赖以生存的“战略性资源”与核心能力。Argyris（1978）将这种不仅检测和改正错误，而且还进一步对现存的规范、程序、政策和目标进行质疑与调整的“变革性”的组织学习，称为“双环学习”过程，见图3－7。

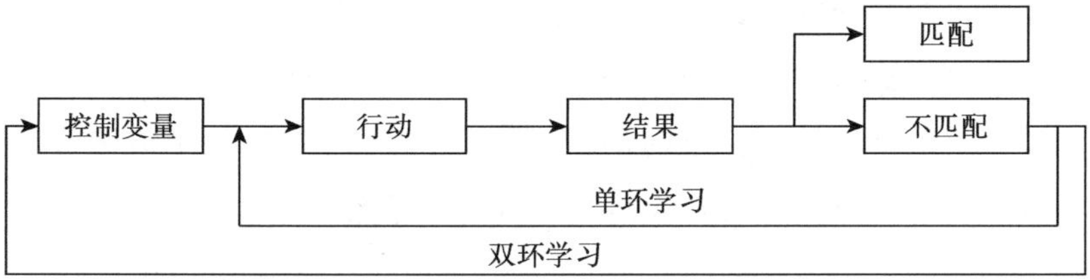

图3－7　Argyris的双环学习模型

对于西部资源型企业而言，当其进行“基于动态能力”的战略变革，并形成基于新核心资源的经营模式时，企业不仅发生了单环学习，而且进行了改变其“控制变量”的双环学习。这种双环学习，对于原有核心能力已经转变为“核心刚性”，且深陷衰退期的资源型企业而言，是一种重要甚至可以说唯一的战略变革方法。换句话说，双环学习是一种使资源型企业摆脱衰亡命运的战略变革过程中的关键机制。在这种战略变革机制的作用下，资源型企业通过重新审视内部资源与外部环境，选择形成并发展新的“战略性资源”与核心能力，以最终实现“再成长”。

综上所述，西部资源型企业在不同的成长阶段或变革期，会采取不同的组织学习方法：

战略变革期Ⅰ和Ⅱ：企业倾向于采用“单环学习”，通过这种学习，西部资源型企业可以专注于对“战略性资源”的积累，达到形成和发展能使企业获得竞争优势并持续成长的“核心能力”的目的。

战略变革期Ⅲ：分为两种情况：

如果导致西部资源型企业陷入衰退期泥潭的原因是“过度多元化”，则企业可以通过“单环学习”将经营模式转变为“有限相关多元化”，从而实现企业的复兴；如果西部资源型企业走向衰亡的原因是外部环境发生剧烈变化，导致原有核心能力无法继续成为企业竞争优势来源，且原有核心能力有向“核心刚性”发展的趋势时，“单环学习”已无法拯救企业，而“双环学习”则成为资源型企业实现再成长的重要战略变革机制，见图3－8。

图3－8　资源型企业战略变革机制

值得注意的是，单环学习和双环学习还可以另外一种综合方式，即：通过融合感知与监测环境变化、将获取的信息与企业规范及目标进行对比、对行动进行调整和改进，以及对企业规范与目标的正确性进行反思与评估来进行。通过这种综合方式，我们可以得出一个关键结论：对于西部资源型企业而言，在战略变革期Ⅰ、Ⅱ以及Ⅲ中的首次模式转变过程中所进行的“单环学习”，其核心在于强化企业对既有战略资源和核心能力的依赖，形成一种“路径依赖”；而在战略变革期Ⅲ中的第二种模式转变所进行的“双环学习”，则旨在打破先前形成的这种“路径依赖”，通过重构战略资源来开发新的核心能力。这一过程最终将推动企业形成新的“路径依赖”。因此，本书认为，西部资源型企业的战略变革实质上是一个不断形成、打破、再形成、再打破“路径依赖”的动态组织学习过程，体现了企业在不同发展阶段通过学习机制实现持续成长和适应环境变化的能力。

六、基于组织惯例与动态能力作用的西部资源型企业战略变革模式

基于西部资源型企业的成长阶段，本书提出基于组织惯例与动态能力作用的西部资源型企业战略变革基本模式，见图3－9。假设动态能力为X轴，组织惯例为Y轴，第一象限代表具有较多的组织惯例和较强的动态能力；第二象限代表具有较多的组织惯例和较弱的动态能力；第三象限代表具有的较少组织惯例和较弱的动态能力；第四象限代表具有较少的组织惯例和较强的动态能力。

（一）第一象限

第一象限对应西部资源型企业成熟阶段，这一阶段代表较多的组织惯例和较强的动态能力，西部资源型企业随着环境的变化动态能力较强，积极开展相关多元化和非相关多元化探索，增加业务部

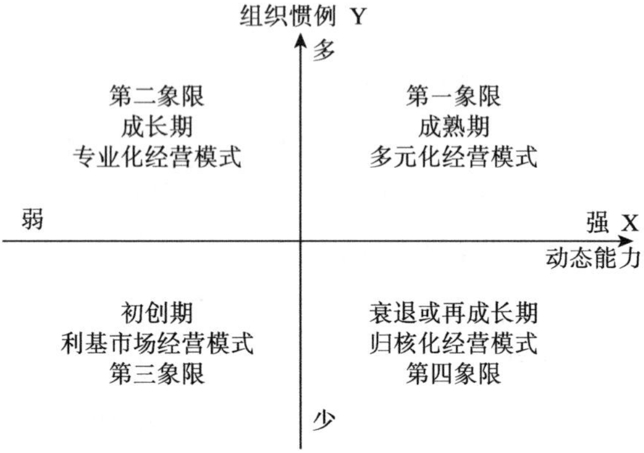

图3-9　基于组织惯例与动态能力作用的西部资源型企业战略变革模式

门，组建大量子（分）公司，实现企业的目标和行为的调整。

第一象限组织惯例管理重点是内隐规范—知识传承。这一时期企业文化和价值观形成，企业战略是多元化，以企业发展为目标提高企业核心竞争力。需要将组织惯例让成员在日常工作中学习和掌握，成员可以根据经验调整自己的行为。西部资源型企业根据企业的特点，通过学习培训，集体活动等形式加强企业成员交流和沟通将企业积累的内隐规范在企业内外扩散，提高向心力，为应对环境变化的战略变革奠定基础。这一阶段西部资源型企业整合了大量资源，形成更多的组织惯例。应该着重发展吸收利用与整合重构能力，致力于整合现有资源超越竞争对手提升企业价值。

（二）第二象限

第二象限对应西部资源型企业成长阶段，这一阶段代表较多的组织惯例和较弱的动态能力。此时市场需求旺盛，西部资源型企业处于迅猛发展时期，积极推进专业化战略，但随着环境的变化调整能力较弱。

第二象限组织惯例管理的重点是行动逻辑—知识传承—交互共识。这一时期西部资源型企业管理的规范化和标准化，需要用培训、会议等方式传播企业知识和组织惯例。根据组织惯例的特点和公司的战略规划，制定和完善企业规章制度，加强信息和知识的收集、整理和传播。

这一阶段动态能力的形成是西部资源型企业的关键成长因素。此时西部资源型企业已经度过了最为脆弱的初创期，对成长的需要提上日程。在初创期西部资源型企业内部资源的审视、识别和积累决定了成长期动态能力的形成，从资源的积累到动态能力的形成将是一个量变到质变的过程。动态能力是一种整合重构能力，对企业内部各种有价值资源和能力的综合运用，表现在市场上就是拥有一个依赖的特殊自然资源，可以为西部资源型企业赢得一定市场份额的主导产品。

（三）第三象限

第三象限对应西部资源型企业初创期，这一阶段代表较少的组织惯例和较弱的动态能力。西部资源型企业开展利基市场经营，行为也不稳定，外部环境对企业行为的影响相对较大，随着环境的变化动态能力较弱。

第三象限组织惯例管理的重点是行动逻辑—知识传承。这一时期西部资源型企业要构建行为体系，制定企业制度规范，传播企业知识和记忆。这一阶段企业家精神是最为重要的因素，企业家着手创建企业，确定自身具备哪种独特自然资源、行业的外部特征和本质，要勇于承担风险并能控制风险，全力创建企业。西部资源型企业要投资能为企业带来持久竞争优势的资源，该资源具有价性、稀缺性与难以替代性等方面的特性，充分积累、利用和挖掘这种资源来实现企业的快速成长，实现持久的竞争优势。

（四）第四象限

第四象限对应西部资源型企业衰退或再成长期，这一阶段代表较少的组织惯例和较强的动态能力。由于自然资源的过度消耗，市场萎缩，行业过剩，西部资源型企业难以通过低成本或差异化战略取得竞争优势，只能采取归核化战略或基于动态能力的战略变革，降低自身对组织惯例的依赖。

第四象限组织惯例管理的重点是内隐规范的积累、知识传播和外部知识的获取。这一时期西部资源型企业对环境的依赖程度高，应采取与环境匹配的组织惯例和增强动态能力策略。改进企业制度和机制，为组织惯例更新提供机制动力；培育创新型的企业文化，增强危机意识，加强组织学习，吸收外部知识，提高企业动态能力。西部资源型企业应该将“再成长期”视作是对“衰退期”的一种代替，把注意力从供给转到需求上，把重点从竞争转到企业价值创造上，重构自身内部的资源，勇于打破历史陈规，主动对原有动态能力进行变革，形成较强的动态能力最终打破“路径依赖”。

第三节　西部资源型企业战略变革机理研究

一、影响西部资源型企业组织惯例更新的关键因素与重要机制

经过对西部资源型企业研究，本书认为对西部资源型企业的组织惯例起到关键影响作用的因素是核心价值观、理念、治理结构、

制度与流程等，而企业管理的主线正是企业运作或做事方式及其行为背后的那些关键因素。西部资源型企业在从事生产经营活动中逐步形成的相对稳定的核心价值观、理念、治理结构、制度与流程，它们是决定和构成西部资源型企业组织惯例的关键因素。西部资源型企业战略变革就是要改变或重塑关键因素，就是要让组织惯例改变“基因”以产生新的方式、功能和作用，并且在内外部环境影响和刺激下发生惯例变异，促使企业构建新的动态能力，推动战略变革达到“换骨脱胎”。

（一）核心价值观和理念

企业的核心价值观与理念是抽象的，但它可具体表现在愿景使命、战略规划、竞争策略等企业运作或做事方式及其行为上。根据前文组织惯例三个维度界定，核心价值观、理念属于内隐规范范畴。西部资源型企业要通过战略变革重塑核心价值观与理念，适应内外部环境的变化和企业管理发展形势的最新要求。

（二）治理结构

治理结构是规制结构核心要素，它以明晰的形式如法律法规、公司章程、规章制度、程序规定等或隐性的形式如无形规则、团队默契、累积经验等表现。它是企业组织运作或做事方式中规范和约束企业员工行为的机制安排、主要架构及其运行要求和准则，尤其是对管理者、生产者、监督者、出资人、股东等利益攸关者。根据前文组织惯例三个维度界定，治理结构可以属于内隐规范、交互共识或行动逻辑范畴。

（三）制度与流程

企业制度表现为企业的制度规定、治理结构安排、领导体制及其具体规定等。它是关系重大的因素或要素，对形成企业组织运作或做事方式及其行为具有全局性的影响。根据前文组织惯例三个维度界定，制度与流程属于行动逻辑范畴。

对于企业的法人治理结构及其运作机制，它是一种相互依存、相互制约的企业有序运作的基础和机制，它是对管理者、生产者、监督者、出资人、股东等相互关系的一种制度和机制安排。企业流程是企业固有的运作或做事程序，是企业相对稳定的生产经营、管理控制的环节与过程。企业运作要遵循的流程是员工自觉或不自觉形成的一种约束，与管理规制一样包含企业的内外部环节，围绕产品生产管理的全过程，它的背后有着深刻的隐形的文化理念支撑，这也是改变和重塑组织惯例的主要方面。

西部资源型企业要战略变革，抓住契机实现与原有运作模式相伴的组织惯例的演化。部分西部资源型企业变革的成功，并不是偶然地完成了一两次组织惯例的演化，而是在演化的过程中形成了一套多层次、多方式学习以及以创新变革为导向的组织惯例，加之公司领导者主动引领，推动了战略变革的成功。

西部资源型企业战略变革就是要在内外部环境影响和刺激下强化内生动力，要改变或重塑组织惯例的关键因素，促使企业惯例变异，“打破”组织惯例，要让企业组织“基因”重组以产生新的方式、功能和作用，推进企业战略变革并构建企业新的动态能力，以实现“换骨脱胎”。西部资源型企业领导者要锐意进取，坚持改革进取的理念，带领全体员工勇于学习与探索，构建多层次与多方式的组织学习机制，塑造公司创新与变革为导向的惯例机制，为变革创造深层动力与文化支撑。组织惯例的不断演化将进一步巩固整个公司层面学习创新的组织文化，成为持续战略变革的动力。本书认为影响西部资源型企业组织惯例更新的三个重要机制如下：

（一）组织学习机制

西部资源型企业每一个人必须在个体、群体和组织三个层面不断的学习应对环境的挑战，学习国内外大型资源型企业的先进经验与做法，学习自己以往的成功做法，塑造西部资源型企业一种整体学习的氛围，让所有人员都明白公司对于此次变革的决心与战略考量。无论高层管理者、中层管理者还是基层员工，均应该采取的积极主动的态度去接受变革，建立组织学习机制，一是采取员工培训、国内外合作等方式学习。二是采取“干中学”、师傅带徒弟等方式学习。三是采取轮岗、建立团队等方式学习。四是采取建立数据管理系统方式学习。面对模式和机制的变化，西部资源型企业所有人员要调整心态接受工作模式的变化，以比、学、赶、超、帮的精神积极地投入到公司变革理念之中。西部资源型企业要以学习的行动打破原有的组织惯例，铸就一套新组织惯例，促使战略变革的成功。

（二）创新机制

资源行业是一个竞争激烈的行业，在这个行业的游戏规则中，必须不断的求新求变，塑造自身的竞争优势。西部资源型企业要坚持深化改革求生存，以创新驱动加快培育发展新动能。一是把创新列在战略层面，在公司战略层面设立创新中心。二是推进组织结构创新。按照现代企业制度要求完善公司法人治理结构，调整内部运行机制，重塑业务流程。精简部门，以市场为导向推行组织扁平化。三是推进体制机制创新，持续加大混改力度，加快企业上市，推进资产证券化，优化薪酬制度，吸引留住人才。

西部资源型企业要通过各种层次与形式的学习促使每一个员工会主动求变，寻求各种机会将公司创新转化为实际行动。广泛发动员工对标对岗，对标国内外先进企业寻找差距，学习先进经验取长补短，从基础做起不断创新。西部资源型企业要主动突破与变革，不断循环往复加深记忆，使创新成为公司的主要基因指导下一阶段的创新与突破，最终实现跨越式发展。

（三）企业家精神机制

企业家精神机制是西部资源型企业战略变革过程中的重要驱动力之一。优秀的领导者将引领企业发展的方向，对战略变革起举足轻重的作用。为了保障组织惯例的不断循环，西部资源型领导者要深化改革求生存，强化管理求发展，自我超越求创新，调动发挥每一个员工的能力更好地与市场相适应，发挥组织灵活性，保持组织动态性，积极应对复杂变化的市场环境。西部资源型企业领导要发挥变革创新的企业家精神，大力支持和高度容错战略变革，鼓舞全体员工对于企业未来发展的积极性，身体力行地推动各项新惯例和新能力在企业内部的产生、选择、传播和保留，提高变革的效率，推动变革在企业的顺利开展，为战略变革提供不竭的动力。

综上所述，西部资源型企业要在企业家带领下，主动学习、创新与变革，构建多层次与多方式的组织学习机制。组织学习机制将孕育创新，而创新基因融入了企业文化将对组织惯例的演化产生推动作用，基于学习与创新的组织惯例为组织惯例演化与战略变革提供动力与支撑，润滑变革行动，推动企业不断前行，通过惯例、机制、基因等多重要素相互促进、交相更新，最终重塑企业层面的整体组织惯例。

二、组织惯例与动态能力机理分析

组织惯例和能力都是有层次和层级之分的，而且不同层次层级之间会发生作用。本书认同 Nelson 和 Winter 的观点，企业中主要有 3 种惯例，即操作惯例、投资惯例和搜寻惯例，而搜寻惯例就是更高阶的惯例。高层次的能力更加抽象和概括，低层次的能力更加具体和多样，高层次能力是可以改变低层次能力的能力，决定着低层次能力变化的速度与频率。假设企业中存在一种“均衡状态”，低层次能力主要是企业的运营管理功能，是企业基础的管理功能，包括订单处理、广告、采购、存货管理等。高层次能力主要是开发新产品、进入新市场、改变顾客群体与推进战略变革等的能力。高层次能力可以改变既有的操作惯例，产生投资与搜寻惯例。

动态能力和常规能力是不同的能力，如果从变化的角度来认识动态能力与操作惯例之间的关系，认为常规能力就是操作能力，也就是操作惯例，动态能力就是改变或重构操作能力的能力。一方面常规能力发生了变化是动态能力作用的结果，另一方面环境发生变化，组织惯例也会发生变化，否则不需要变化组织惯例也能够适应环境，因此说动态能力是组织惯例变化的原因。

本书认为企业的资源是企业的“零阶”能力，操作能力是企业的“一阶”能力，动态能力是企业的“二阶”能力，动态能力通过改变“一阶”与“零阶”能力而提升企业绩效。操作能力是企业执行一般职能，解决一般问题的根植于静态过程与常规中的能力。动态能力是调整资源和操作能力，改变解决问题方式的根植于动态的过程与常规中的能力。

为了与内外部环境变化相匹配，企业的搜寻惯例即动态能力被激活，企业感知响应能力对环境刺激的敏感度决定动态能力是否被激活。当敏感度较高时，会诱发或激活企业既有的操作惯例发生变化。当敏感度较低时，第一种可能是没有诱发或激活操作惯例发生变化，陷入组织惯例“惯性”；第二种可能是投资或搜寻出新的操作惯例，打破组织惯例“惯性”。不同的动态能力会产生不同水平主观能动性，对特定主体的操作能力产生影响，进而产生不同的效果和组织惯例。不同的动态能力强度的变化决定着组织惯例的演化和战略变革的发生，较强动态能力有利于组织惯例演化与战略变革发生，较弱的动态能力不利于组织惯例的演化与战略变革发生。

本书认为动态能力是基于一阶能力而存在的二阶能力，是为了适应环境变化企业调整相对应的操作惯例的能力。动态能力通过对低层的操作惯例产生影响使之变化产生战略变革，改变操作能力从而提升企业绩效。基于以上组织惯例与动态能力的关系分析，本书提出以下关系，如图 3－10 所示。

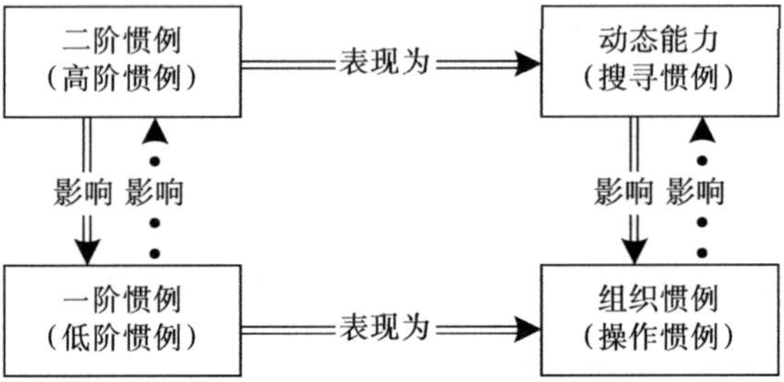

图 3－10　企业组织惯例与动态能力关系

三、西部资源型企业组织惯例演化形成动态能力机理分析

依据前面分析与研究，本书提出西部资源型企业组织惯例演化形成动态能力的机理。西部资源型企业组织惯例演化形成动态能力过程也是知识积累与演化过程。组织惯例的演化使员工的知识创新

行为有章可循，推动着知识的演化。知识演化与组织惯例演化两者相互作用影响共同提升动态能力。因此，西部资源型企业知识获取、整合、搜寻和创新的过程和组织惯例演化共同构成了动态能力的微观基础，西部资源型企业知识演化与组织惯例演化共同促进了动态能力的提升。

在知识获取整合阶段，西部资源型企业通过技术学习，经过知识获取、知识内在化、知识扩散、知识整合，形成有利于获取整合的操作惯例。在知识搜寻创新阶段，西部资源型企业不断搜寻内外部知识，逐步形成了较完善的企业架构、机制、规范与流程。不断创新形成一系列新产品发布、新技术开发、新市场开拓和新管理应用等的搜寻惯例（即动态能力），并将这种惯例固化成新组织惯例，在激烈的市场竞争中站稳脚跟，逐步实现对领先企业的追赶甚至反超。

在知识获取整合阶段，西部资源型企业的知识演化和组织惯例演化的结果是形成低阶的操作能力。在知识搜寻创新阶段，西部资源型企业的知识演化和组织惯例演化的结果是形成高阶的动态能力。通过创新实现新产品发布、新技术开发、新市场开拓和新管理应用等，动态能力进入到更新、复制、再配置、重组的新阶段，企业将进入新一轮的循环，知识与惯例演化实现螺旋式上升，推动了动态能力实现螺旋式上升。西部资源型企业要抓住契机，依赖技术、管理等不断创新，推动组织惯例与动态能力循环演化，全力推进战略变革，形成相互支撑的良性格局和不断上升的成长空间，获得可持续的竞争优势。西部资源型企业组织惯例演化形成动态能力机理见图 3－11。

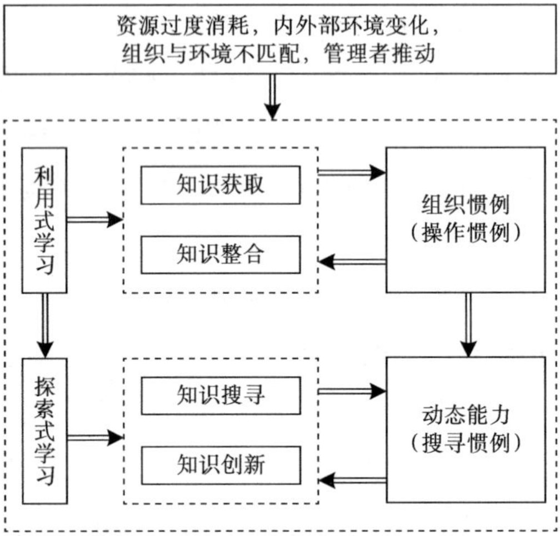

图 3－11　西部资源型企业的组织惯例演化形成动态能力机理

四、组织惯例与动态能力及战略变革关系分析

（一）组织惯例与战略变革的关系

目前学者们关于组织惯例与战略变革关系的研究未形成统一的意见，学者们的研究如下。

1. 组织惯例会阻碍战略变革发生

许多学者认为组织惯例具有一定的稳定性，其是组织长时间的经营活动与实践活动累积形成的约定组成的习惯和行为规范，具有惰性、僵化性和无知的性质。组织行政化越严重，其组织惯例对组织层级的影响就越大。该观点的研究，属于组织惯例的静态研究。实际上限制了个人能动性的角色，因为在这些传统的比喻中，缺少了人这一行为主体，从而丧失了对组织惯例中能动性维度的考察。

2. 组织惯例会促进战略变革发生

组织惯例具有创造变革的内生能力，是战略变革的源泉。这属于组织惯例的动态研究，主要关注组织惯例的变异性、创新性与选择性。在这种动态的视角下，组织惯例对战略变革的影响与传统的研究相反。Feldman 和 Pentland（2003）指出组织惯例具有内生性地发生改变的能力，而主观性与能动性等对组织惯例的灵活性和变革性产生重要影响。芮明杰等（2005）指出行为人在实践活动中的反思性行为会引发惯例变异，这种变异通过组织学习、企业文化与权利结构的作用，会进一步引发战略变革。王永伟（2017）基于企业高层管理人员的数据分析研究了变革型领导行为与组织惯例更新的关系，发现组织领导者的变革型领导行为能够显著影响组织惯例更新的进程，从而促进组织战略变革。

本书认为组织惯例具有创造变革的内生能力，是组织柔性和战略变革的源泉。企业已有的行事方式或组织惯例会形成"影响路径"，而战略变革就是基于在此基础上所形成的系统而进行的。组织惯例是构成组织行为的基础要素，是组织完成工作的首要引擎。战略变革要想取得成功，必须改变已形成的组织惯例，形成新的组织惯例。

3. 组织惯例变异是战略变革的关键因素

企业是一个基于分工的惯例集合体，战略变革是知识积累、能力形成和完善的过程，组织惯例的形成和演变本身就是企业战略变革的重要内容。组织惯例是战略稳定的核心要素，而组织惯例变异是战略变革的内生关键因素。有限理性与知识特性是组织惯例产生的源泉，组织惯例在行为人与组织情景互动的过程中得以产生与发展。行为人本身具有组织能动性，组织情景对行为人行为具有使动性与制约性。组织惯例本身具有变异的能力。学者们认为创造变革是惯例的内生能力（Teece & Pisano，1994；Tranfield & Smith，

1998)。当企业内外环境与组织惯例发挥作用的环境不匹配时，企业降低了组织惯例的工作效率甚至不匹配时，将引发以组织惯例变异为关键因素的战略变革。本书认为组织惯例变异是战略变革的关键因素，组织情景等的变革会引发对惯例功能新的需求或使某种惯例成为不必要，进而引发惯例变异，导致战略变革。

（二）动态能力与战略变革的关系

变化的环境使企业现有的资源和能力优势逐渐消散，现实要求企业具备快速响应环境的能力。面临变革需求时，具备较强动态能力的企业才能实施战略变革，使企业与环境变化保持一致，并获得竞争优势。

Zott（2003）认为动态能力是存在于企业的经营流程中，从实质上来说它体现了战略变革的导向和企业进化的导向，能够帮助企业重新构建以及拓展其资源和能力，从而应对不断变化的环境。吴小节等（2016）在研究中指出，动态能力会影响企业的战略变革等战略行为，即战略变革可以看作是动态能力的一个结果产物。因此可以看出，动态能力对于企业战略变革起到了重要的作用这一点得到了很多学者的认可。企业通过自身资源和能力的积累和更新从而实现企业战略的变革，进而实现与外界环境的一致性。Teece（1997）在研究中将动态能力划分为三个维度：感知响应能力、整合利用能力和重构更新能力。本书从三个维度分析动态能力对战略变革的影响。

一是感知响应能力与战略变革的关系。企业识别能力越强，其对变化环境的观测力、对市场机会的发现力和对消费者需求变化的识别力就越强，企业也就越能通过识别能力来理解竞争市场的发展趋势和消费者需求，进而整合相关资源进行战略变革。本书认为动态能力首先表现在它对内、外部环境中机会与威胁的识别，预测趋势、捕获机遇以及对内部和外部挑战的应变能力，识别机会和威胁能力在很大程度上影响到企业对战略变革方向与时机的把握、变革战略的制定及变革的推进，进而也影响到企业战略变革的成功。

二是整合利用能力与战略变革的关系。整合利用能力是一种持续更新力，注重对现有资源重置的效果和效率，它可以帮助企业根据瞬息万变的市场需求重新识别、整合、转换乃至创造资源，使资源和环境保持一致性，帮助企业实施适合的战略变革。本书认为资源有利于企业实施战略变革，提高战略变革的速度。企业从外部获取的资源需要经过吸收、整合、利用和开发才能够发挥出应有的作用，因此整合利用能力发挥着重要的作用。原有的资源需要经过重新组合才能实现新的功能和价值，要降低资源过剩提高企业响应环境和战略变革的速度。

三是重构更新能力与战略变革的关系。组织学习通过作用于知识积累和分享方式、组织目标的一致性、团队合作模式等在战略变革的方向识别和成功实施中起到关键的积极作用，帮助企业响应环境变化。本书认为资源和能力是影响企业战略变革的重要因素，企业要通过组织学习，重构更新资源和能力，加快企业战略变革的决策速度和执行速度，及时形成新的资源和能力，摆脱“路径依赖”。

（三）组织学习与组织惯例、动态能力及战略变革的关系

近些年来逐渐形成、丰富和发展起来的组织学习理论，正是用于帮助解决企业在其所处环境发生剧烈变化，原本所依赖的资源优势逐渐散失的情况下，如何通过战略变革并维持竞争优势的一种战略管理思想。组织学习是推动组织惯例变异和动态能力提升的重要机制，进而促进战略变革的实现。组织学习通过知识的获取、整合和应用，提升企业的动态能力，增强企业应对环境变化的能力，推

动战略变革。

1. 组织学习与组织惯例及动态能力的关系

本书使用多层次学习与变化模型分析组织学习与组织惯例的关系。组织学习的不同层次决定了组织惯例的变异和更新，见表3－1。

表3－1　多层次学习与变化模型

层级	运动	学习	变化
0	静止	没有学习	没有或随机变化
1	匀速	学习	以固定的规则变化
2	匀加速	为学习而学习	规则的变化
3	变加速	为学习而学习如何学习	规则体系的变化

学习层次0可以被视为某项活动（惯例）的初始条件；在学习层次1中，参与该活动的行为人不断在事件中对惯例中的行为逻辑进行反思并修正；在学习层次2中，行为人开始修正该惯例的行为逻辑并与相关活动参与者进行交流，形成交互共识；如果发生层次3的学习，组织惯例中最抽象、最高层面的表现形式内隐规范发生变化，组织惯例变异即将发生，见图3－12。

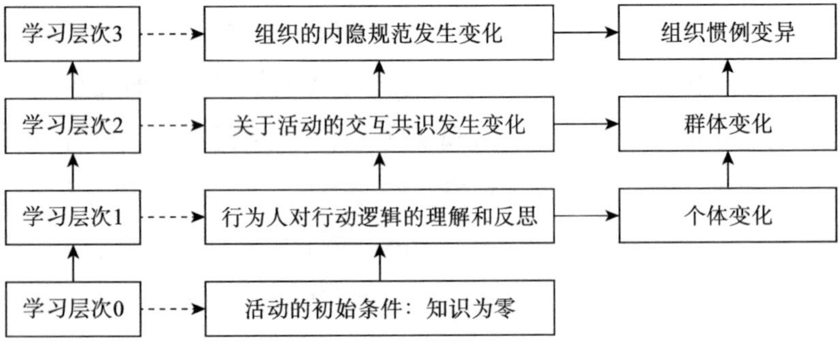

图3－12　企业组织学习层次与组织惯例的关系

Teece（1997）在定义动态能力框架时指出，公司的竞争优势是由过程，位置和路径决定的。通过组织学习过程，企业可以发现新的机会，解决复杂的问题，并形成高效的组织。

本书认为在变化的市场中，动态能力是公司保持竞争优势的核心力量，组织学习和获取知识在这种情况下尤为重要。组织学习能够提升企业的动态能力，而动态能力能够提升企业应对复杂动态环境的能力，从而促使成功实施战略变革。

组织学习从惯例的变异角度来看，涉及变异的生成框架、摩擦力因素与范式搜寻等方面，因此，组织学习不可能是最优的。从惯例的连贯性维度上看，体现了涉及陈述性知识、程序性知识、规制因素等方面的复杂性。由于学习和惯例是“嵌套的”，通过组织学习形成新的组织惯例，学习过程和内容是混合的，因此，惯例的复杂性就必然传导至组织学习。通过组织学习形成动态能力，动态能力功能的发挥必然会引起静态惯例的变异。而新产生的惯例，既作为组织学习的结果，又自然成为下一轮组织学习的起点，从而形成组织学习的循环上升。具体见图 3－13。

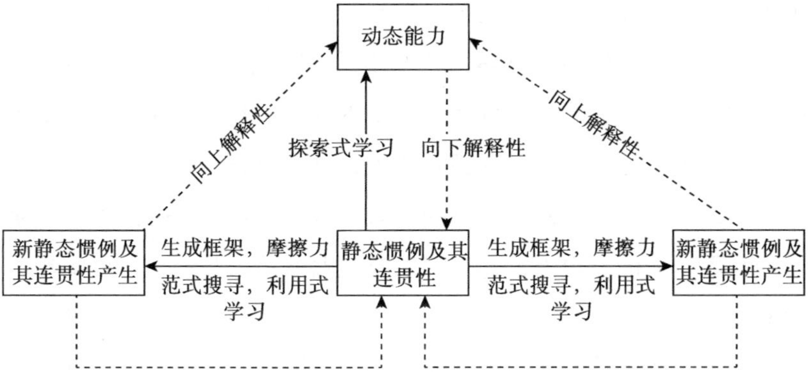

图 3－13　组织学习与组织惯例及动态能力的关系

2. 组织学习与战略变革的关系

有关组织学习促进战略变革的研究，研究者们从不同角度展开。Zollo 和 Winter（2002）提出探索式学习和利用式学习是一个循环的演化过程。在战略变革过程中，二者共同作用，不断演化，对组织惯例、组织结构、管理者心智模式和企业文化产生影响，并使组织的知识积累与共享能力得到提高，改变战略定位和观念的幅度和模式，最终对战略变革产生影响。组织通过利用式学习，对组织已有的知识技能和产品设计进行提炼和实施，以此为基础，调整组织内部资源配置和组织观念，改进和提高既有的产品和服务，并对市场进行再定位。当组织进入新的市场环境以及组织所处的行业发生重大变革，组织已有的知识和技术日益陈旧，利用式学习不足以支持组织的战略变革时，组织需要采用探索式学习帮助组织识别环境变化中的机会和威胁，增强组织的灵活性和创新性。探索式学习通过重新调整和整合组织知识、管理者心智模式以及组织观念等，吸收新知识，对原有的产品与服务等进行变革。

本书认为探索式学习和利用式学习对于战略变革有着不同的影响机理，协调和平衡探索式学习和利用式学习更有助于促进战略变革，企业需要构建兼顾探索式学习和利用式学习的“双元能力”，以成功推动战略变革（韵江和陈丽，2014）。组织学习是战略变革的一个动因，是企业持续的创新过程，这个过程会围绕企业内部各个层面进行新知识以及新信息的获取与分享，这个过程的本质就是通过更新企业的能力来进行创新以及战略变革，从而应对外部环境的变化。组织学习能够提高企业对战略变革的统一认识，有利于企业内部较为高效的契合，使战略变化处于既稳定又有一定柔性的状态中（陈国权等，2017）。

五、组织惯例与动态能力及战略变革机理分析

近年来，国外学者对组织惯例与动态能力及战略变革机理进行了研究。Senge（1989）提出组织学习是企业提高动态能力、推进战略变革及保持竞争优势的重要方法；组织学习一方面有助于企业突破组织惯例，推动企业成长与创新；另一方面可以提高企业全体员工积极性，推动企业不断在动态能力改进中推进根本性或渐进式变革。Collis（1994）认为动态能力调整、变更资源与能力是有价值的，企业需要通过变更流程、方式以及组织惯例等的创新来不断提高动态能力，进而推动企业战略变革。但国内学者研究组织惯例、动态能力与战略变革三者关系较少，本书拟在此方面做出有益的尝试。

本书认为战略变革不是以确定性的自然选择或战略选择为特征，而是以创造性的演化过程为特征，在这种过程中，组织惯例与动态能相互作用，对公司产生积极或消极的作用。战略失败不仅源于战略选择或环境选择，而且在更大程度上源于过程本身的可能结果或环境，而这些结果或环境是由组织惯例和动态能力决定的。战略成功要先从衰退的、旧的东西着手，避免企业中的遗传和惯性强势现象，将不切实际的、不成熟的想法转化为具体的行动和项目，推动组织惯例变异，并且在企业中营造组织学习的氛围，推进战略变革、战略评估与战略控制，将新的企业战略成功实施。因此，通过“组织惯例——动态能力——战略变革——组织惯例——动态能力——战略变革”循环反复过程，企业才能实现组织惯例“变异——选择——复制——保存”过程。

在当今复杂多变的内外环境下，企业应始终保持高度的敏感和

灵活以保证生存和发展。内外部环境是企业战略变革的情景维度，企业战略变革主要诱因是组织情景发生了变化。内外部环境的变化是战略变革动力源，当内外部环境情景发生变化，降低组织惯例效率时，就可能引发企业战略变革。当企业内外环境发生变化后，执行人将检查内外部环境与现有的组织惯例的兼容性，如果内外部环境变化与现有的组织惯例相容，则依据已有的组织惯例行事。如果现有的组织惯例与内外部环境变化不匹配，执行人则分析哪种要素具体的变化，即内外部环境变化是直接引起组织惯例组成中行动逻辑、交互共识或内隐规范三个维度具体哪个维度的变化，或者是执行人的搜索倾向、决策制定或认知变化三种行动哪种行动的变化。组织惯例要素的变化最终将通过搜索、决策与行动作用于组织惯例的变异、搜寻、复制和保存上，改变原有的组织情景、执行人规定等。资源、组织惯例与动态能力是影响企业战略变革的重要因素，企业要监测和评估所处内外部环境，通过识别和传递信息来对环境变化做出反应，通过组织学习对现有资源、组织惯例与动态能力进行持续整合、更新、创造和重构，提高企业对环境的适应力和战略柔性，加快企业战略变革的决策速度和执行速度，及时形成新的资源和持续改变低阶能力的能力，摆脱“路径依赖”，从而形成企业的竞争优势。所以新的组织情景、组织惯例、动态能力与执行人相互结合形成了新的均衡，最终形成新的惯例体系，提升了动态能力，实现了战略变革。

战略变革的本质是组织惯例演化和动态能力提升的变化过程，外部显性的企业成功的战略变革需要有内部隐性的组织惯例演化和动态能力提升来支撑。组织惯例与动态能力是组织体系运作的内在依托和支撑。企业战略变革是在相应的环境情景下，特定的执行人推动，以组织惯例变异为起点，通过组织惯例的变异、选择、复制和保留过程驱动的动态能力提升的演进过程。企业要加强学习与创新，对组织结构进行改造，促使组织结构柔性化。企业的行动逻辑、交互共识和内隐规范逐渐转化为对组织的新认识，产生新的知识，实现组织惯例的变异、搜寻、复制和保存，进而有能力对原来的组织惯例进行更新，促进感知响应能力、整合利用能力和重构更新能力的提升，从而促使企业完成战略变革。所以，企业战略变革是依据组织情景、执行人、组织惯例、动态能力四个维度相互作用产生的系统的复杂的变化，四个维度必须相互配合、相互影响与相互依存，共同推进演化才能促进战略变革的成功。如果仅仅是其中一个维度或几个维度的单一改变，没有共同演化，战略变革则很难成功，见图 3－14。

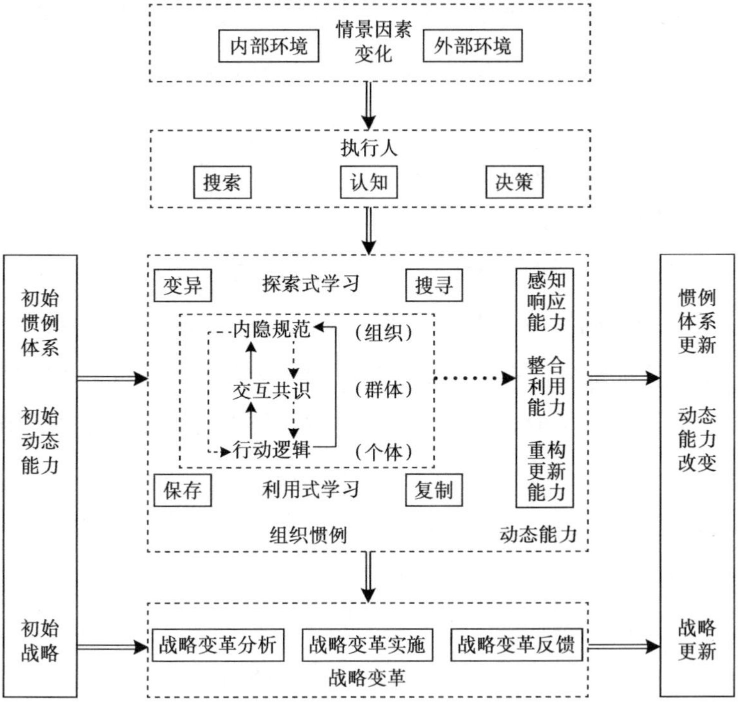

图 3－14　组织惯例与动态能力及战略变革机理

六、基于组织惯例与动态能力作用的西部资源型企业战略变革机理分析

西部资源型长期依靠资源生存发展，面对外部环境变迁，往往未能及时搜寻信息和知识，预判所处资源行业所处环境巨大变化，反映出西部资源型企业感知能力较弱的劣势，这也是整个西部资源型企业整体通病。西部资源型企业主要是依靠中高层管理者对外部认知能力来搜寻外部市场需求变化，没有感知到存在的威胁，对自身资源与能力评估不准确，未能识别变革的正确方向，把握时机应对的能力较差。西部资源型企业利用感知到的外部产业、市场、技术、竞争对手等的威胁和机会，主要是依靠高管集中式的决策，对现有的资源和能力进行整合、重组和利用，制定出对应的政策、方案等。西部资源型企业通过沟通渠道的畅通、知识共享等形式，对知识进行转换和探索产生新知识，并对新知识加工利用。

许多西部资源型企业依照过去的运作或做事方式，“不合时宜”的组织惯例阻碍了西部资源型企业前进导致战略失败甚至亏损。由于长期地处西部，许多西部资源型企业未严格按照市场导向做事，人员多、包袱重、结构失衡、核心技术有待提升等多重困难因素叠加。西部资源型企业行动逻辑主要以章程办事，来指导组织成员进行工作，当遇到相似问题时，常常采用以前的处理方式，考虑其他业务少，考虑客户和市场需求少。职工的交互共识主要是我自己工作很忙，做好自己的事情，依照要求办事，规定和现实就是如此，变革风险比较大。西部资源型企业的内隐规范主要包括企业文化、核心价值观、企业愿景等，由于内隐规范属于组织惯例中的

最抽象、最高层面，需要组织学习第三个层次才能形成，具有较大的稳定型和连续性，从而内隐规范发生变异或更新较为困难。

为了适应深刻变化的内外部环境，西部资源型企业的运作或做事方式发生根本改变的方法是且只能是组织惯例的尤其是内隐规范的改变或重塑，才能遵循市场经济发展的客观规律。由于组织惯例固有的复杂性和稳定型，战略变革的时间不可避免延长一些，导致在较长的时期内都充斥着新旧组织惯例的摩擦和冲突。因此西部资源型企业的战略变革是一个逐步推进、不断深化、攻艰克难的过程，是由量变的积累到质变的飞跃的过程，是组织惯例演化与动态能力提升的过程。

由于自然资源过度消耗、政策市场技术变化和管理者推动等内外部环境变化的刺激，西部资源型企业生存和发展遇到了困境，甚至发生亏损后，回应刺激对现有的资源、组织惯例体系与动态能力进行全面扫描和深刻反思，解决面临的新问题，产生对新知识的需求，看是否能以现有资源、组织惯例和动态能力解决新问题。如果答案是否定的，那么组织惯例变异就有了发酵的器皿，现有的组织惯例体系内因此而产生变异推动组织惯例演化。因此西部资源型企业感知和回应内外部环境变化，产生组织惯例变异引导组织惯例循环的发生节奏和发展走势。西部资源型企业要探究惯例变异不同方向、不同层次与不同程度的能力，做出选择和判断。西部资源型企业要加强惯例搜寻，由同一刺激产生的惯例变异优胜劣汰，适者生存，有的惯例依赖现有资源脱颖而出，茁壮成长，展现出顽强的动态能力，成长为新的惯例，充实到现有惯例体系中。经历了搜寻阶段，新的资源、组织惯例与动态能力通过不同层次的渠道与网络在企业内传播开来。新的资源、组织惯例与动态能力通过集体性、多层次及多方式的组织学习，在不同公司、部门与员工中反复复制、重复使用，在“干中学”、各种工作实践中逐步加深了企业的记忆。在保存过程中，新的组织惯例就渐渐的成为了企业稳固的重要的组成部分，在西部资源型企业的资源、组织惯例与动态能力体系当中融入了新的基因序列，并不断地复制循环演化，推动企业螺旋式发展与前进。

根据以上分析，本书提出基于组织惯例与动态能力作用的西部资源型企业战略变革机理如图 3－15 所示。西部资源型企业战略变革是按照惯例变异、惯例搜寻、惯例复制和惯例保存四个程序推动组织惯例与动态能力的演化，并由探索式学习、知识外显化、利用式学习和知识内隐化四种方式来推动完成。

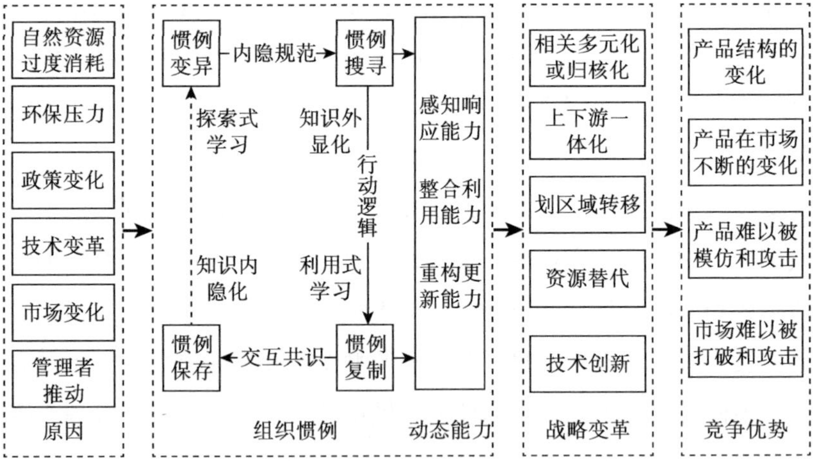

图 3－15 基于组织惯例与动态能力作用的西部资源型企业战略变革机理

（一）惯例变异

首先，外部环境的刺激导致西部资源型企业与环境情景不再匹配，于是西部资源型企业内部惯例体系产生新的问题、新的知识和新的方式等，即惯例“变异”，企业结合环境刺激与企业内外信息开展探索性学习，可能产生各方面的创新。由组织学习所产生的任何新的组织惯例，对于原有的组织惯例而言都是一种“变异”。它是对原有组织惯例进行重新解构与整合，或是通过外部渠道而采取相应补充之后所形成的。

对于整个战略变革过程来说，组织惯例变异是整个惯例体系动态往复循环的启动和开始。内外部环境的变化是对西部资源型企业重要的刺激，也是西部资源型企业新组织惯例的来源。西部资源型企业对内外部刺激积极感知和理解，在原有的组织惯例与动态能力无法对新的刺激做出正确合理的回应时，新的想法、方法和知识乃至新的组织惯例就有了萌芽。西部资源型企业作为一个基于资源、组织惯例与动态能力的系统，惯例的变异需要有一系列的运动过程来完成。西部资源型企业要激活全体人员主动吸收、贡献知识的主动性，保持对外部刺激的敏感度，提高精准识别用户、市场、技术等新的信息的概率，新的信息和需求作为一种新的刺激会从员工到小组再到整个企业传导，促进惯例发生变异。

但需要注意的是，西部资源型企业所产生的新的组织惯例，并非全都适用于企业的运行和发展，只有那些基于原有自有核心资源所形成的组织惯例，才是企业所应追寻的。生成变异惯例是组织惯例进化形成动态能力的逻辑起点，而该阶段主要由探索式学习来完成。

（二）惯例搜寻

“搜寻”的含义，是指由于企业通过第一阶段“变异”所获取的新组织惯例往往是内隐规范——即这些惯例零散模糊的存在于企业内部成员之中。因此，必须通过惯例的外显化将其转化为整个企业的共享性行动逻辑，而这一阶段可以视作企业不断对变异性惯例进行“搜寻”的过程。

搜寻机制是战略变革过程中组织惯例和动态能力演化的重要环节。由于西部资源型企业的各项资源有限，尤其是面临资源枯竭的境地，西部资源型企业经过组织惯例的变异阶段所产生的新问题、新知识、新方式等并不会全部生存下去，产生的新问题、新知识、新方式等必须要经过内部选择与淘汰机制的筛选决定并进入到搜寻阶段，没有被认同被选中，新的组织惯例就会无生存空间而自行解体。由于资源短缺，西部资源型企业搜寻的过程也是资源争夺的过程，所以有一个公开、公平、公正、目标明晰、标准统一、程序规范的搜寻机制尤为关键。搜寻的核心任务就是考核这些新问题、新知识、新方式等与现有组织惯例的重合度与匹配度以及融入企业组织惯例或是形成新的组织惯例的效率与效果及成本与收益。

（三）惯例复制

西部资源型企业在“搜寻”之后，新的组织惯例必须要在组织内复制或者传播，以充分发挥企业内部各组成部分间的协同效应，因此第三阶段的“复制”就是对基于“变异、搜寻和保存”的传统演化模型的一个补充，实质上是一种利用式学习。它通过新的组织惯例在企业内碰撞使其与原有组织惯例融合，企业成员在实践行动中相互学习形成集体性的默契、共识和观念，对实践中企业运作规则总结，最终形成交互共识，使新的组织惯例得到整个企业层面上的认同。

由于惯例的稳定性，此时的交互共识的使用范围和频率都是较小的。惯例的复制效果和效率受到诸多因素的影响，西部资源型企业要多措并举，多方面建立主动创新积极复制知识的公开、公正、透明的方式和渠道，让员工的利益与惯例复制成果相挂钩，让与他人分享惯例所带来的收益大于成本，并尽可能地引导全体员工参与，从而有效地推动惯例复制。

（四）惯例保存

为了将组织惯例“保存”，西部资源型企业必须致力于将交互共识内化为内隐规范。在此阶段，新的组织惯例最终被视为一种制度或文化而稳固下来，潜移默化的影响着企业的战略决策与发展方向。通过组织惯例演化的这四个阶段，企业的感知响应、整合利用与重构更新能力也随之构建和发展起来，并反向影响着组织学习与新的组织惯例转化过程。当形成新的组织惯例体系，企业就完成了战略变革。西部资源型企业组织惯例的保存受到企业原有资源、组织惯例和动态能力的影响，对新问题、新知识、新方式等惯例在原有基础上有意识的重复使用，新问题、新知识、新方式等在经过了变异、搜寻、复制这一个过程后，从内隐到逐步显性化，经过多次反复实践和使用，新的组织惯例就会成为企业的惯例体系中的组成部分了。

西部资源型企业需要在自然资源利用、组织惯例演化、动态能力提升与战略变革相互作用与影响的交替进行式的过程中，逐渐攻坚克难、浴火重生形成新的资源依赖、组织惯例、动态能力与公司战略，据此就可以摆脱导致困境的“路径依赖”，实现西部资源型企业的长久的竞争优势，甚至实现对先进企业的赶超。

第四章 组织惯例与动态能力及战略变革关系的实证研究

第一节 研究假设

一、组织惯例与动态能力

当前关于组织惯例与动态能力关系的研究，很多学者都从不同的角度进行了研究。Weissetal（1985）、Gersick 和 Hackman（1990）研究发现企业动态能力会受到组织惯例的影响。Vogel 和 Guttle（2013）、Wilhelm 等（2015）通过研究动态能力的影响因素，发现组织惯例对动态能力有较大影响。林海芬、于泽川和王涛（2017）研究了组织惯例与企业动态能力的关系，结果发现，企业的组织惯例能够促进企业的创新，提高企业的动态能力。本书认为动态能力是基于一阶操作惯例而存在二阶高级能力，组织惯例可以演化形成动态能力，组织惯例的变异可以提升企业的动态能力。基于上述分析，本书提出如下假设：

H1：组织惯例与资源型企业的动态能力正相关。

H1－1：内隐规范与资源型企业的动态能力正相关。

H1－2：交互共识与资源型企业的动态能力正相关。

H1－3：行动逻辑与资源型企业的动态能力正相关。

二、组织惯例与战略变革

组织惯例与战略变革之间的关系，也是学者们研究的热点话题。Feldman（2000）提出了组织惯例与战略变革的关系模型，并对其进行验证，结果表明组织惯例是影响企业战略变革的重要因素，两者呈正相关关系。芮明杰等（2005）研究发现反思性的行为会使组织惯例发生变异，而这种变异会影响企业文化和权利结构，进而引起战略变革。王永伟（2017）以上海、新疆和山东三省（市）企业高层惯例人员的组织惯例与战略变革的相关数据为样本，对组织惯例与战略变革关系进行实证，研究发现组织惯例对战略变革具有显著正向影响。

基于上述分析，本书提出如下假设：

H2：组织惯例与资源型企业的战略变革正相关。

H2－1：内隐规范与资源型企业的战略变革正相关。

H2－2：交互共识与资源型企业的战略变革正相关。

H2－3：行动逻辑与资源型企业的战略变革正相关。

三、动态能力与战略变革

当前关于动态能力与战略变革关系的研究，学术界已有很多成果。Zott（2003）认为动态能力能够为企业战略变革提供指导作用，并能够帮助企业进行资源整合和应对环境的变化，动态能力在企业整个经营流程中都存在。邓少军等（2011）研究发现，企业对外部环境变化的洞察能力，以及应对环境变化所采取的资源整合利用甚至变革等措施，都是影响企业战略变革的重要因素。吴小节等（2016）对企业的动态能力与战略变革的关系进行了实证研究，结果发现企业动态能力对战略变革具有显著的正向影响。卢启程等（2018）将企业动态能力概况为企业适应外部环境变化而采取的一系列措施的集合，包括应对环境变化的感知响应能力、资源整合利用能力、运用模式更新、提升甚至重构能力等。王国顺和唐健雄（2018）将企业的动态能力分成了四大类——环境变化的识别能力、资源的整合利用能力、管理控制能力和持续创业能力，并分析了动态能力与企业战略变革的关系，研究表明动态能力是企业战略变革成功的重要原因。

基于上述分析，本书提出如下假设：

H3：动态能力与资源型企业战略变革正相关。

H3－1：感知响应能力与资源型企业战略变革正相关。

H3－2：整合利用能力与资源型企业战略变革正相关。

H3－3：重构更新能力与资源型企业战略变革正相关。

四、动态能力的中介作用

部分研究发现组织惯例对战略变革的影响路径是通过动态能力等中介变量的中介作用来实现的。Rerup 和 Feldman（2011）发现，动态能力是有效连接组织惯例和战略变革的路径。组织通过动态能力来促进企业战略变革，即通过动态能力影响战略变革。卢启程、梁琳琳和贾非（2018）认为动态能力在组织学习与组织创新的关系中具有显著的完全中介作用，动态能力的三个维度在组织惯例和战略变革关系中呈现出显著的中介作用，但不同维度所呈现的中介效应存在差异。本书认为组织惯例具有的内在变异属性促使行动者之间不断地进行交互学习，提高动态能力，进而有助于推动战略变革。基于上述分析，本书提出如下假设：

H4：动态能力在西部资源型企业组织惯例与战略变革之间起着中介作用。

H4－1：感知响应能力在资源型企业组织惯例与战略变革之间起着中介作用。

H4－2：整合利用能力在资源型企业组织惯例与战略变革之间起着中介作用。

H4－3：重构更新能力在资源型企业组织惯例与战略变革之间起着中介作用。

五、环境动态性的调节作用

党兴华和李全升（2017）以200余家创业企业为研究样本，以环境不确定性和环境包容性为调节变量，对资源柔性和能力柔性与企业组织惯例的关系展开了研究。结果发现，资源柔性与组织惯例呈“U”形关系，并且环境不确定性对其关系具有正向调节作用，环境包容性对其关系具有负向调节作用；而能力柔性对组织惯例具有显著的正向影响，且环境不确定性和环境包容性对两者关系都表现为正向调节作用。高洋、葛宝山和蒋大可（2017）通过研究组织惯例与战略变革的关系发现，在不同的环境条件下，组织惯例对动态能力的影响不同，在环境变化程度不高时，组织惯例对战略变革产生消极的影响，在环境变化程度较高时，组织惯例会对战略变革产生积极影响。

Díazfernández 等（2016）研究了环境的变化对企业战略变革的影响，其通过研究发现，当环境变化较快时，大部分企业倾向于采用比较保守的策略，不进行战略变革。Driver 等认为环境的变化对企业战略变革的影响除了具有直接影响以外，还会影响高管的管理自主权对战略变革的影响，从而对企业的战略变革造成影响，具体来说就是当环境变化很快时，会对高管的管理自主权造成影响，从而不利于高管做出正确的判断并进行战略变革，使得企业不倾向于进行战略变革。基于上述分析，本书提出如下假设：

H5：环境动态性与资源型企业战略变革正相关。

H6：环境动态性在资源型企业组织惯例与战略变革之间存在正向调节作用。

六、管理自主权的调节作用

管理自主权是指企业的高层管理者管理的权力的大小，也有学者从战略管理的角度指出管理自主权是管理者在做决策和行使权力的时候的自由度。很多学者都对管理自主权的调节效应展开了研究：Hambrick 和 Finkelstein（1987）认为企业战略的制定和实施会受到企业管理者的管理自主权大小的限制，这表明管理自主权是影响企业战略的重要因素。Parry 等（2017）通过研究发现，企业战略变革实施与企业管理层的自主权有很大的关系，管理层的权力越大，越有助于推动企业战略变革的制定和实施。连燕玲等（2015）通过研究发现，管理自主权正向调节企业的经营期望与企业的战略变革之间的关系，企业的管理自主权有利于推进企业的战略变革。基于上述分析，本书提出如下假设：

H7：管理自主权与资源型企业战略变革正相关。

H8：管理自主权在资源型企业组织惯例与战略变革之间存在正向调节作用。

根据以上假设，提出假设模型如图 4－1 所示。

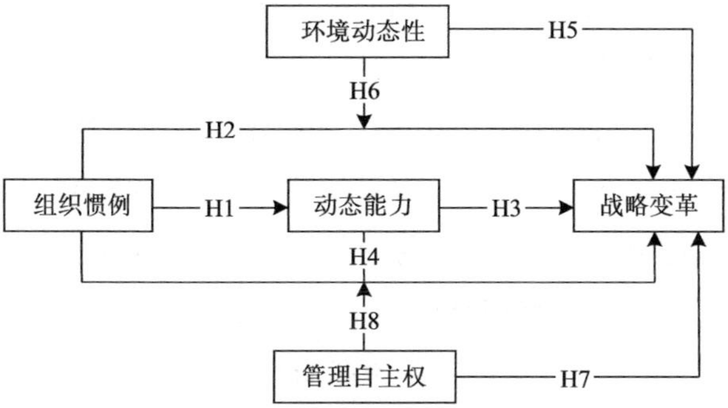

图 4－1　本书的假设模型

第二节　变量测度

本书采用问卷调查法对组织惯例、动态能力、管理自主权、环境动态性和战略变革进行测度。

一、组织惯例的测度

组织惯例是影响企业战略变革的重要因素，成为分析战略变革的核心（Nelson & Winter，1982），但关于组织惯例的测度，学术界还没有形成统一的观点（Becker，2005）。很多学者都从不同的角度对其进行了测量，本书在借鉴 Pentland（2015）、Sarah（2015）、Marlena（2017）、高展军等（2007）、徐建平（2009）、朱伟民（2011）在对组织惯例的分类的基础上，将组织惯例划分为内隐规范、交互共识与行动逻辑三个方面来对组织惯例进行测度。

（一）内隐规范的测度

关于内隐规范的测度，不同的学者从不同的角度对其进行了测度，本书在借鉴 Knott（2003）、Felin（2009）、徐建平（2009）、王永伟（2012）、高闯等（2012）等人对内隐规范测度的基础上，通过“我们可以通过学习领悟到新工作的方法和技能”“我对组织新的‘游戏规则’的理解和掌握是在与其他员工的交往和合作中逐渐深刻起来的”“我们企业新的企业文化包含着企业的运营哲学”“企业新的工作任务并不是都是有操作手册的，也需要一些隐形的游戏规则才能完成”“企业有新的不成文的规范约束我的行为”五个题项来进行测度，具体如表 4－1 所示。

表 4－1　内隐规范的测度

内隐规范	我们可以通过学习领悟到新工作的方法和技能
	我对组织新的“游戏规则”的理解和掌握是在与其他员工的交往和合作中逐渐深刻起来的
	我们企业新的企业文化包含着企业的运营哲学
	企业新的工作任务并不是都是有操作手册的，也需要一些隐形的游戏规则才能完成
	企业有新的不成文的规范约束我的行为

（二）交互共识的测度

关于交互共识的测度，不同的学者从不同的角度对其进行了测度，本书在借鉴 Stańczyk（1988）、Peruta（2013）、徐建平（2009）、陈彦亮等（2014）、姜涛等（2014）等人对交互共识测度的基础上，通过“由于和同事之间合作很久，您和同事对新的工作任务程序非常了解”“在做新的工作的时候，您和同事之间能很好地了解彼此的意图”“您和同事之间能够相互学习对方的工作方式”“您和同事之间能够相互学习对方的观念”“您和同事能够集体学习掌握新知识”五个题项来进行测度，具体如表 4－2 所示。

表 4－2　　交互共识的测度

交互共识	由于和同事之间合作很久，您和同事对新的工作任务程序非常了解
	在做新的工作的时候，您和同事之间能很好地了解彼此的意图
	您和同事之间能够相互学习对方的工作方式
	您和同事之间能够相互学习对方的观念
	您和同事能够集体学习掌握新知识

（三）行动逻辑的测度

关于行动逻辑的测度，不同的学者从不同的角度对其进行了测度，本书在借鉴徐建平（2009）、Bullock（2010）、Kozica（2013）、郭斌等（2013）、徐小琴等（2014）等人对行动逻辑测度的基础上，通过“我承担的工作按照新制定的程序和规范完成”“我和同事之间的关系很默契和融洽”“我工作的时候会仿照优秀员工的做事方式做”“我承担的工作的操作步骤已经变化”“我做决策的时候会考虑到组织对以往相似问题的处理”五个题项来进行测度，具体如表 4－3 所示。

表 4-3 行动逻辑的测度

行动逻辑	我承担的工作按照新制定的程序和规范完成
	我和同事之间的关系很默契和融洽
	我工作的时候会仿照优秀员工的做事方式做
	我承担的工作的操作步骤已经变化
	我做决策的时候会考虑到组织对以往相似问题的处理

二、动态能力的测度

随着对动态能力研究的不断深入，现阶段关于动态能力的测量，由以往的从商业视角入手转化为从定义出发，这源于学术界对动态能力定义达成了一致观点。关于动态能力的测度问题，常用的测量方法包括案例分析、问卷调查和仿真等方法，其中前两种方法是主流方法。由于动态能力存在于企业发展的整个过程中，是一个长期的过程，运用案例分析方法有助于对整个过程进行深入了解和持续跟踪，但其普适性较差；而问卷测量恰恰能够弥补案例分析法的不足。鉴于此，本书将采用问卷调查法对动态能力进行测度，并借鉴 Makadok（2001）、Helfat（1997）、董俊武（2004）、罗珉等（2009）的动态能力的研究资料，最终从感知响应能力、整合利用能力与重构更新能力三个方面来测度动态能力。

（一）感知响应能力测度

关于感知响应能力的测度，本书在借鉴 Menguc（2006）、Wu（2010）、王核成等（2005）、卢启程等（2018）等人研究的基础上，对感知响应能力具体用如下题项来测度："贵企业能够及时通过各种渠道获取顾客需求变化信息""贵企业能够及时获取竞争者的优势和劣势演变的实时信息”“贵企业可以准确地判断市场环境的变化”“贵企业可以准确地判断政策、产业和技术的变化”“贵企业能够快速发现识别新的市场机遇或可能面临的威胁”5 个题项来测度，具体如表 4 -4 所示。

表 4 -4　　感知响应能力的测度

感知响应	贵企业能够通过多种渠道获取顾客的需求变化信息
	贵企业能够及时获取竞争者的优势和劣势演变的信息
	贵企业可以准确地判断市场环境的变化
	贵企业可以准确地判断政策、产业和技术的变化
	贵企业可以快速发现识别新的市场机遇或可能面临的威胁

（二）整合利用能力测度

关于整合利用能力的测度，本书在借鉴 Menguc（2006）、Wu、邢璐倩（2015）、卢启程（2018）等人研究的基础上，对整合利用能力具体用如下题项来测度：“贵企业能够成功整合现有资源以产生新资源组合”“贵企业能够有效协调内部各部门及其成员之间的合作”“贵企业能够确保资源在各个部门之间配置得当”“贵企业可以确保资源在企业员工之间能够平等地共享”“贵企业能够确保分配给成员的任务其有能力完成”5 个题项来测度，具体如表 4 -5 所示。

表 4 -5　　整合利用能力的测度

整合利用	贵企业能够成功整合现有资源以产生新资源组合
	贵企业可以有效协调内部各部门及其成员之间的合作
	贵企业能够确保资源在各个部门之间配置得当
	贵企业可以确保资源在企业员工之间能够平等地共享
	贵企业能够确保分配给成员的任务其有能力完成

（三）重构更新能力测度

关于整合利用能力的测度，本书在借鉴 Menguc（2006）、Wu（2010）、章威（2009）、焦豪（2010）等人研究的基础上，对重构更新能力具体用如下题项来测度："贵企业能够根据环境变动的需要调整内部运营流程""贵企业与外部企业或机构建立了良好的关系网络""贵企业能够有效地整合属于不同技术或应用领域的知识""贵企业能够有效地整合内部创造和外部获取的知识""贵企业能够有效地整合企业内不同部门、团队或个人的知识"5 个题项来测度，具体如表 4－6 所示。

表 4－6　重构更新能力的测度

重构更新	贵企业能够根据环境变动的需要调整内部运营流程
	贵企业与外部企业或机构建立了良好的关系网络
	贵企业能够有效地整合属于不同技术或应用领域的知识
	贵企业能够有效地整合内部创造或外部获取的知识
	贵企业能够有效地整合企业内不同部门、团队或个人的知识

三、环境动态性的测度

对于环境动态性的测度，主要从本书对象所处的市场变化、技术变化和政策变化等环境的动态性来测度，本书主要借鉴 Duncan（1972）、Miller（1987）、Zahra 和 Neubaum（1998）、Gioia（2012）等、席酉民（2001）、王建军（2008）、项凯标（2014）等人对环境动态性的界定，具体用以下 15 个题项进行测度，具体如表 4－7 所示。

表 4-7　　环境动态性的测度

政策变化	贵企业所处行业的相关政策变动程度较大
	贵企业受国家经济政策的变化影响较大
	贵企业受国家政治政策的变化影响较大
	贵企业受国家产业政策的变化影响较大
	贵企业受国家文化政策的变化影响较大
市场变化	客户对我们提供的产品和服务需求变化速度很快
	老客户总是趋向于新的产品或服务
	新客户总是逼着我们开发新的产品或服务
	客户有了越来越多的个性化需求
	与贵企业市场上类似程度较高的产品非常多
技术变化	贵企业业务领域的核心技术变化很快
	市场信息技术的变化，对贵企业冲击很大
	产品技术的变化，对贵企业冲击很大
	贵企业产品的技术不如竞争者
	贵企业信息技术人员不能满足市场的需求

四、管理自主权的测度

关于管理自主权的测度，本书在借鉴 Hambrick 和 Mason (1984)、郭思颖（2018）、钟熙等（2019）、杨娜等（2019）等人在管理自主权的研究的基础上，设计了如下题项对管理自主权进行测度："贵企业管理层决策和执行受到政府、社会等的影响很小""贵企业管理层持股比例较大""贵企业管理层可以任免中层干部和决定薪酬福利""贵企业管理层可以决定投资方向和投资规模""贵企业管理层可以决定产品定价和营销渠道"5 个题项来测度，具体如表 4-8 所示。

表 4－8　　管理自主权的测度

管理自主权	贵企业管理层决策和执行受到政府、社会等的影响很小
	贵企业管理层持股比例比较大
	贵企业管理层可以任免中层干部和决定薪酬福利
	贵企业管理层可以决定投资方向和投资规模
	贵企业管理层可以决定产品定价和营销渠道

五、战略变革的测度

本书结合西部资源型企业实际战略变革情况，借鉴 Miles 和 Snow（1987）、冯海龙（2010）、韩晨等（2017）、Kopmann 等（2017）等人对战略变革测度。设计如下题项对战略变革进行测度："贵企业能够根据环境的变化迅速做出战略调整""贵企业能够根据客户的需求变化迅速做出战略反应""贵企业善于自我否定，将创新机制的形成作为重要战略""贵企业善于自我否定，推动组织和管理变革""贵企业在不断地开拓新市场"5 个题项来测度，具体如表 4－9 所示。

表 4－9　　战略变革的测度

战略变革	贵企业能够根据环境的变化迅速做出战略调整
	贵企业能够根据客户的需求变化迅速做出战略反应
	贵企业善于自我否定，将创新机制的形成作为重要战略
	贵企业善于自我否定，推动组织和管理变革
	贵企业在不断地开拓新市场

第三节 问卷设计和数据收集及处理

一、问卷的设计

（一）问卷的修订程序

首先，根据本书的研究目标确定研究要使用的量表。关于量表的确定，以西方成熟的量表为基础，通过翻译与回译相结合，对其中不符合国情表述的题项进行修改，并将本书的研究目标与现有相关方面的研究相结合，形成符合本书的量表。然后，根据量表对其相关内容进行调研，并进行修正，最终形成正式采样的量表。具体来说，通过与调研对象及专家进行详细交流和讨论，并对原有的量表进行修改，重复两次，在此基础上形成正式采样的量表，具体过程如下：

1. 问卷的选取与确定

由于西方关于量表的研究比较成熟，因此，本书的量表是在西方成熟的量表的基础上结合实际进行了修订，然后形成与本书相符合的量表。由于中西方语言文化的差异，如果直译过来，有些可能不太符合中国的表达方式，甚至造成歧义，因此，在西方量表的基础上，对其采用翻译和回译相结合（Brislin，1970），对其进行相应的情景化处理。具体来说，首先是将量表英文翻译成中文；其次是将量表中文翻译成英文，比较两者的差异；最后是向本领域的专家进行请教，经过反复讨论修改，形成预调研的中文量表。

2. 第一次预调研及修订

根据本书的研究目的，本书以西部资源型企业为研究样本。基于首次预调研的目的——考察量表中的表述是否能够被企业所理解，结合数据样本取样的现实情况，这里以不同行业和不同规模的25家企业的80份数据为样本进行第一次预调研。

第一次预调研的时间安排是在2018年3月至4月。由专门的问卷调查人员对上述样本企业中的中高层管理者和对样本企业战略改革和企业内外部环境熟悉的人员进行问卷调查。首先，要求被调研者填写问卷；其次，对被调研者进行访问，访问内容包括是否清楚问卷中各个题项的表达、各个题项的表达是否符合逻辑、问卷的内容是否过多等；最后，根据反馈的意见对问卷进行修改。根据调研问卷反馈结果来看，本次调查问卷设计中存在题项过多、内容太长的问题，在一定程度上降低了问卷填写的质量。基于此，这里对初步收集的数据量表进行信度系数检验和因子分析，得到的结果尽量简化的题项内容和数量的量表，并在此基础上进行第二次预调研。

3. 第二次预调研及修订

根据第一次预调研之后修正的量表问卷，于2018年6月至7月发放的80个样本中进行第二轮预调研，调研程序与第一次预调研的相同。根据第二次预调研的反馈结果来看，此次调研使用的问卷较第一次预调研问卷有很大的改进，其中的题项也表述得较为清晰，内容长度也比较合适，使得总体的问卷调研质量得到提升。利用本次调研得到的数据，对其进行信度系数和因子载荷，结果也比第一次预调研的结果要好。

4. 量表定型

结合两次样本数据分析的结果，依据两轮预调研中被调研者的反馈与专业团队的建议，对量表和问卷进行不断的修正和更改，确定量表最终的形式，并将其运用到大规模样本中。

（二）问卷测量设计

本书采用李克特5级量表，其中1级表示“非常不符合”，中间的2~4级分别为“比较不符合”“一般符合”和“比较符合”，5级表示“非常符合”。被调研者根据实际情况，在对应题项中选择对应程度的等级。为了提高调研结果的精确度，在采样过程中需要遵循两个原则：其一，对行业、规模、成立时间等不同的企业抽取样本，这样能够使样本涉及的范围更为广泛；其二，尽量选择西部资源型企业中的中高层管理者为调研对象，因为他们对于企业的发展及战略变革较为了解，有利于提高调研结果的准确性。

（三）采样程序和采样时间

由于本书是对西部地区资源型企业战略变革进行研究，因此，本书所需样本必然来源于西部资源型企业，这表明问卷调研的对象为西部资源型企业。同时，由于资源特殊的性质（受条件限制），这就说明不能采取随机抽样的方法来采样，基于此，这里采用方便抽样，并尽可能地使样本涉及不同行业和地域，即样本多样化。

样本质量会影响实证结果，进而影响研究结论，甚至会对今后的政策导向产生影响。为了确保样本质量，这里我们采用以下程序和方法来进行采样。

首先，在两轮预调研的基础上，对量表及问卷中相关内容进行修正，尽可能减少问卷者的工作量和反感度，以使得调研对象能够更认真的填写问卷。

其次，问卷发放前的培训。为了保障样本的数量和质量，这里主要通过专业的研究团队等渠道来发放问卷。所以在发放问卷以前，需要对问卷发放者进行培训，对其详细讲解问卷发放时的注意事项、问卷内容以及研究用途等，并要求问卷发放者签订保密协议，不泄露问卷调研信息。

再次，问卷发放。由经过培训合格的问卷发放者对符合要求的目标调研企业的被调研者发放问卷。被调研者需要任职一年以上，担任管理者岗位最好是中高层以上管理者。问卷发放可以采用纸质或者电子版等形式。在问卷发放过程中，需要对被调研者详细讲解本问卷填写时的注意事项、问卷内容和研究用途，并向被调研者做出承诺，保证不会将调研的资料用于除本书以外的其他用途。

最后，问卷的回收。对于纸质问卷，到约定时间由问卷发放者到被调研者处进行回收；对于电子版，被调研者可以直接将填好的电子版问卷发送到指定邮箱。

根据上述流程，在 2018 年 10 月至 12 月期间完成样本的采集。

二、问卷的基本分析

（一）问卷的描述性统计

本书的样本为西部各类型的资源型企业中工作一年以上的各类管理人员，主要以中高层管理者为主。涉及的地域范围包括内蒙古、广西、重庆、四川、云南、贵州、西藏、陕西、甘肃、青海、宁夏、新疆 12 个省份；包括采矿业、酒业、烟草制品业、木材加工业、石油加工业、化学制造业、化学纤维制造业、医药制造业、橡胶制品业、黑色金属加工业、有色金属节加工业、非金属矿物制品业、金属制品业等。关于各个样本企业的成立时间可以分成五大时间段：5 年及以下、6 ~ 10 年、11 ~ 15 年、16 ~ 20 年和 21 年及以上。此外，还对样本企业的性质、企业规模、企业员工数、填写问卷者的年龄、学历、性别、工作时间和职位等进行了描述性分析。

此外，对样本质量进行了分析。在大规模正式采样中，共发放问卷600份，回收473份，回收率为78.83%。然后，将回收的问卷中的空白问卷、回复有明显规律性问卷、题项大量缺失问卷和连续10个以上题项评分相同问卷去除，最终得到453份有效问卷，有效率为95.77%。

（二）有效样本特征

1. 样本地区分布

样本453个全部取自西部资源型企业，主要是对我国西部地区包括内蒙古、广西、重庆、四川、云南、贵州、西藏、陕西、甘肃、青海、宁夏、新疆等12个省份的资源型企业进行调研。453个样本分布在12个省份，其中云南有45个样本，占总样本的9.93%；贵州有39个样本，占总样本的8.61%；四川有41个样本，占总样本的9.05%；内蒙古有39个样本，占总样本的8.61%；广西有42个样本，占总样本的9.27%；重庆有45个样本，占总样本的9.93%；西藏有25个样本，占总样本的5.52%；陕西有42个样本，占总样本的9.27%；甘肃有39个样本，占总样本的8.61%；青海有30个样本，占总样本的6.62%；宁夏有31个样本，占总样本的6.84%；新疆有35个样本，占总样本的7.73%。具体如表4－10所示。

2. 样本企业性质

通过对回收样本的企业性质进行分析，发现国有企业的样本有297个，占总样本的65.56%，民营企业的样本有102个，占总样

表 4－10　　样本地区分布

地区	样本数量（个）	百分比（%）	地区	样本数量（个）	百分比（%）
云南	45	9. 93	西藏	25	5. 52
贵州	39	8. 61	陕西	42	9. 27
四川	41	9. 05	甘肃	39	8. 61
内蒙古	39	8. 61	青海	30	6. 62
广西	42	9. 27	宁夏	31	6. 84
重庆	45	9. 93	新疆	35	7. 73

本的 22. 52%，中外合资企业的样本有 37 个，占总样本的 8. 16%，外商独资企业的样本有 17 个，占总样本的 3. 75%，通过上述分析可以发现，国有企业占比最高，这也符合当前我国资源型企业的分布实际情况，具体如表 4－11 所示。

表 4－11　　样本企业性质

企业性质	样本量（个）	百分比（%）	企业性质	样本量（个）	百分比（%）
国有企业	297	65. 56	中外合资企业	37	8. 16
民营企业	102	22. 52	外商独资企业	17	3. 75

3. 样本所属行业

通过对回收的样本所属的行业进行分析发现，在回收的有效样本中采矿业的样本有 105 个，占总的样本的 23. 18%；酒业的样本有 67 个，占总样本的 14. 79%；烟草制品业有 52 个，占总样本的 11. 48%；木材加工业有 79 个，占总样本的 17. 44%；石油加工业有 16 个，占总样本的 3. 53%；化学制造业有 25 个，占总样本的 5. 52%；化学纤维制造业有 18 个，占总样本的 3. 97%；医药制造业有 29 个，占总样本的 6. 40%；橡胶制造业有 19 个，占总样本的 4.19%；黑色金属加工业有 11 个，占总样本的 2.43%；有色金属加工业有 17 个，占总样本的 3.75%；非金属矿物制品业有 6 个，占总样本的 1.32%；金属制品业有 9 个，占总样本的 1.99%。通过上述分析可以发现，在所有的有效样本中采矿业、酒业、烟草制品业与木材加工业占比是最高的，具体如表 4-12 所示。

表 4-12　样本企业所属行业分析

行业	数量（个）	百分比（%）
采矿业	105	23.18
酒业	67	14.79
烟草制品业	52	11.48
木材加工业	79	17.44
石油加工业	16	3.53
化学制造业	25	5.52
化学纤维制造业	18	3.97
医药制造业	29	6.40
橡胶制品业	19	4.19
黑色金属加工业	11	2.43
有色金属加工业	17	3.75
非金属矿物制品业	6	1.32
金属制品业	9	1.99

4. 样本企业成立年限

通过对样本企业成立的年限进行分析发现，在所有的样本企业中成立年限少于 5 年的企业有 95 家，占总样本的 20.97%；成立年限在 5~10 年的企业有 113 家；占总样本的 24.94%；成立年限在 11~15 年的企业有 110 家，占总样本的 24.28%；成立年限在

16～20 年的企业有 57 家，占总样本的 12.58%；成立年限在 21 年及以上的企业有 78 家，占总样本的 17.22%，具体如表 4－13 所示。

表 4－13　样本企业成立年限

成立年限	样本企业量（家）	百分比（%）
少于 5 年	95	20.97
5～10 年	113	24.94
11～15 年	110	24.28
16～20 年	57	12.58
21 年及以上	78	17.22

5. 样本企业规模

通过对有效样本企业的规模进行分析发现，在所有的有效样本中，企业规模在 100 万元以下的有 15 家，占总样本的 3.31%；企业规模在 100 万～500 万元的有 23 家，占总样本的 5.08%；企业规模在 500 万～1000 万元的有 83 家，占总样本的 18.32%；企业规模在 1000 万～5000 万元之间的有 126 家，占总样本的 27.81%；企业规模在 5000 万～1 亿元的有 86 家，占总样本的 18.98%；企业规模在 1 亿～5 亿元的有 85 家，占总样本的 18.76%；企业规模在 5 亿元以上的有 35 家，占总样本的 7.73%。具体如表 4－14 所示。

表 4－14　样本企业规模

企业规模	样本量（家）	百分比（%）
100 万元以下	15	3.31
100 万～500 万元	23	5.08
500 万～1000 万元	83	18.32
1000 万～5000 万元	126	27.81
5000 万～1 亿元	86	18.98

续表

企业规模	样本量（家）	百分比（%）
1 亿～5 亿元	85	18.76
5 亿元以上	35	7.73

6. 样本企业员工数

通过对样本企业的员工数进行分析，结果发现在回收的有效样本中，100 人以下的样本有 77 个，占总样本的 17.00%；100～500 人的有 120 个，占总样本的 26.49%；500～1000 人的有 127 个，占总样本的 28.04%；1000～5000 人的有 79 个，占总样本的 17.44%；5000 人以上的有 50 个，占总样本的 11.04%。具体如表 4-15 所示。

表 4-15　　　　样本企业员工数

企业员工数	样本量（个）	百分比
100 人以下	77	17.00
100～500 人	120	26.49
500～1000 人	127	28.04
1000～5000 人	79	17.44
5000 人以上	50	11.04

7. 调查对象个体特征

通过对调查对象的个体特征进行分析，结果发现性别为男的有 283 人，占总样本的 62.47%；性别为女的有 170 人，占总样本的 37.53%。年龄在 25 岁以下的有 55 人，占总样本的 12.14%；年龄在 25～35 岁之间的有 56 人，占总样本的 12.36%；年龄在 36～45 岁之间的有 185 人，占总样本的 40.84%；年龄在 46～60 岁之间的有 157 人，占总样本的 34.66%。学历为高中及以下的有 37 人，占总样本的12.14%；学历为大专的有79人，占总样本的12.36%；学历为本科的有213人，占总样本的40.84%；学历为研究生及以上的有124人，占总样本的34.66%。工作年限1~2年的有46人，占总样本的10.15%；工作年限3~5年的有34人，占总样本的7.51%；工作年限6~10年的有89人，占总样本的19.65%；工作年限10年以上的有284人，占总样本的62.69%。职位为基层管理者的有49人，占总样本的10.82%；职位为中层管理者的有296人，占总样本的65.34%；职位为高层管理者的有108人，占总样本的23.84%，具体如表4-16所示。

表4-16　调查对象个体特征

个体特征	统计变量内容	人数	百分比（%）	个体特征	统计变量内容	人数	百分比（%）
性别	男	283	62.47	工作年限	1~2年	46	10.15
	女	170	37.53		3~5年	34	7.51
年龄	25岁以下	55	12.14		6~10年	89	19.65
	25~35岁	56	12.36		10年以上	284	62.69
	36~45岁	185	40.84	职位	基层管理者	49	10.82
	46~60岁	157	34.66		中层管理者	296	65.34
学历	高中及以下	37	12.14		高层管理者	108	23.84
	大专	79	12.36				
	本科	213	40.84				
	研究生及以上	124	34.66				

8. 研究变量的描述性统计

本书测量了内隐规范、交互共识、行动逻辑、感知响应能力、整合利用能力、重构更新能力、技术变化、市场变化、政策变化、管理自主权、战略变革共11个潜变量，并对这些变量进行描述性统计，内隐规范的均值为4.01，标准差为0.56；交互共识的均值为3.52，标准差为0.60；行动逻辑的均值为3.67，标准差为0.68；感知响应的均值为3.56，标准差为0.59；整合利用的均值为4.62，标准差为0.68；重构更新的均值为3.78，标准差为0.76；技术变化的均值为4.16，标准差为0.83；市场变化的均值为3.87，标准差为1.03；管理自主权的均值为4.29，标准差为0.16；战略变革的均值为4.56，标准差为0.24，见表4－17。

表4－17　　本书变量的描述统计结果

变量	测量维度	均值	标准差	样本量
组织惯例	内隐规范	4.01	0.56	453
	交互共识	3.52	0.60	453
	行动逻辑	3.67	0.68	453
动态能力	感知响应能力	3.56	0.59	453
	整合利用能力	4.62	0.68	453
	重构更新能力	3.78	0.76	453
环境动态性	技术变化	4.16	0.83	453
	市场变化	3.87	1.03	453
	政策变化	4.52	0.39	453
管理自主权		4.29	0.16	453
战略变革		4.56	0.24	453

三、数据处理与分析方法

（一）数据处理过程

1. 样本的筛选

首先，对已经回收的问卷逐一阅览，剔除空白问卷、题项大量缺失问卷。其次，将剩下的问卷对其数据进行录入。在数据录入过程中，对以下两类问卷进行剔除：一是连续 10 个及以上题项的分值相同的问卷；二是分值为 1 和 5 的题项数的总和占整个题项数量的比例在 40% 以上的问卷。这样做的目的是确保样本数据的质量，使得研究结果具有可信度。

2. 缺失值处理

虽然有些样本是有效的，但其数据并不全，存在缺失值，本书将题项空白在 5 个及以下的问卷界定为有效的。对于这类存在缺失值的问卷，在对其进行分析之前，需要对缺失值进行处理，即补缺失值。这里将借助 SPSS 软件运用替代法对缺失数据进行填补，具体来说用均值填补缺失值。

3. 信效度分析

学术界常用信度和效度来对样本进行评价。其中，信度主要用于测量量表的稳定、可靠和一致程度。信度的取值范围为 0 ~ 1，信度值越大，说明量表的稳定性、可靠性和一致性越强。根据 Nunnally（1978）的标准要求该系数值达到 0.7 以上，但对于自行开发的量表可以放宽到 0.6。这里将利用 SPSS 软件对量表进行信度检验，然后根据信度值的大小来对量表的稳定、可靠和一致程度进行判断。

（二）数据分析方法

为了检验上文提到的假设，结合样本数据采集的程序和原则，这里将使用结构方程模型和多层回归模型相结合的方法来对数据进行分析，以验证假设。具体来讲，首先，通过结构方程模型来测量模型分析并对量表的聚合效度和区分效度进行检验；然后，利用多层回归模型来验证前面所提出的假设。本书使用的统计软件为 SPSS20.0 和 AMOS24.0。

第四节　数据分析与结论

一、信度和效度分析

（一）信度分析

信度（Reliablity）主要用于测量结果稳定、可靠和一致性的程度，信度系数取值越大，说明测量结果的稳定、可靠和一致性程度越高。这里运用 SPSS20.0 对 11 个潜变量的量表进行信度分析，信度系数结果见表 4－18。

表 4－18　　本书变量的信度

	测量维度	题项数量	Cronbach's α 值
组织惯例	内隐规范	5	0.91
	交互共识	5	0.86
	行动逻辑	5	0.85
动态能力	感知响应能力	5	0.82
	整合利用能力	5	0.80
	重构更新能力	5	0.86
环境动态性	技术变化	5	0.94
	市场变化	5	0.93
	政策变化	5	0.92
管理自主权		5	0.91
战略变革		5	0.93

根据表 4－18 的结果可知，11 个潜变量中有 6 个变量的信度系数值在 0.9 以上，剩下的 5 个变量的信度系数值也大于等于

0.8，根据 Nunnally（1978）提出信度系数大于0.7的标准，11个潜变量的信度系数值都在0.7以上，这表明这些潜变量量表的测量结果具有较好的稳定、可靠和一致性，即量表设计是可靠的，能够用于问卷调研。

（二）效度分析

效度（Validity）是用来检验问卷测量的有效程度，即问卷是否有效，能够反映出研究所想要结果。效度值越大说明问卷越有效，越能反映所测对象的真实水平。基于此，这里分别对组织惯例、动态能力、环境动态性、管理自主权和战略变革中的各个题项进行效度检验。

1. 组织惯例的效度检验

本书中最终采样的组织惯例量表包含内隐规范、交互共识、行动逻辑三个维度，通过对组织惯例进行效度分析，结果发现内隐规范维度的 CR 值为 0.714，AVE 值为 0.926；交互共识的 CR 值为 0.940，AVE 值为 0.842；行动逻辑的 CR 值为 0.779，AVE 值为 0.934，均大于0.7，说明问卷具有较好效度，并给出组织惯例的验证性因子分析模型拟合指标，结果见表4－19和表4－20。内隐规范的 NFI＝0.951＞0.9，CFI＝0.934＞0.9，GFI＝0.956＞0.8，RMSEA＝0.003＜0.01，AGFI＝0.913＞0.9，TLI＝0.926＞0.9，RMR＝0.003＜0.01，交互共识的 NFI＝0.894＞0.8，CFI＝0.934＞0.9，GFI＝0.917＞0.8，RMSEA＝0.002＜0.01，AGFI＝0.952＞0.9，TLI＝0.967＞0.9，RMR＝0.002＜0.01，行动逻辑的 NFI＝0.907＞0.8，CFI＝0.917＞0.9，GFI＝0.895＞0.8，RMSEA＝0.008＜0.01，AGFI＝0.919＞0.9，TLI＝0.938＞0.9，RMR＝0.006＜0.01，通过上述分析发现各个维度的拟合度均比较好，具有较好的结构效度和内容效度。

表 4－19　　　　　　组织惯例的效度分析

变量	维度	测试题项	标准载荷	SMC	CR	AVE
组织惯例	内隐规范	Q1	0.85	0.723	0.714	0.926
		Q2	0.84	0.706		
		Q3	0.79	0.624		
		Q4	0.92	0.846		
		Q5	0.82	0.672		
	交互共识	Q6	0.86	0.740	0.940	0.842
		Q7	0.89	0.792		
		Q8	0.91	0.828		
		Q9	0.83	0.689		
		Q10	0.86	0.740		
	行动逻辑	Q11	0.85	0.723	0.779	0.934
		Q12	0.89	0.792		
		Q13	0.91	0.828		
		Q14	0.90	0.810		
		Q15	0.87	0.757		

表 4－20　　组织惯例的验证性因子分析模型拟合指数

验证性因子分析模型	GFI	CFI	TLI	RMR	AGFI	NFI	RMSEA
内隐规范	0.956	0.934	0.926	0.003	0.913	0.951	0.003
交互共识	0.917	0.934	0.967	0.002	0.952	0.894	0.002
行动逻辑	0.895	0.917	0.938	0.006	0.919	0.907	0.008

2. 动态能力的效度检验

本书最终采样的动态能力量表包含感知响应能力、整合利用能力与重构更新能力三个维度，通过对动态能力进行效度分析，结果发现感知响应能力维度的 CR 值为 0.911，AVE 值为 0.673；整合利用能力的 CR 值为 0.917，AVE 值为 0.688；重构更新能力的 CR

值为0.923，AVE值为0.707，均大于0.7，说明问卷具有较好效度，并给出其动态能力的验证性因子分析模型拟合指标，见表4-21和表4-22。感知响应能力的NFI=0.964>0.9，CFI=0.947>0.9，GFI=0.969>0.8，RMSEA=0.006<0.01，AGFI=0.926>0.9，TLI=0.939>0.9，RMR=0.006<0.01；整合利用能力的NFI=0.964>0.9，CFI=0.908>0.9，GFI=0.93>0.8，RMSEA=0.004<0.01，AGFI=0.965>0.9，TLI=0.98>0.9，RMR=0.005<0.01；重构更新能力的NFI=0.907>0.8，CFI=0.908>0.9，GFI=0.908>0.8，RMSEA=0.001<0.01，AGFI=0.932>0.9，TLI=0.951>0.9，RMR=0.009<0.01。通过上述分析可以发现各个维度的拟合度均比较好，具有较好的结构效度和内容效度。

表4-21　　动态能力的效度分析

变量	维度	测试题项	标准载荷	SMC	CR	AVE
动态能力	感知响应能力	Q16	0.783	0.613	0.911	0.673
		Q17	0.815	0.664		
		Q18	0.792	0.627		
		Q19	0.874	0.764		
		Q20	0.835	0.697		
	整合利用能力	Q21	0.796	0.634	0.917	0.688
		Q22	0.841	0.707		
		Q23	0.802	0.643		
		Q24	0.860	0.740		
		Q25	0.846	0.716		
	重构更新能力	Q26	0.816	0.666	0.923	0.707
		Q27	0.821	0.674		
		Q28	0.861	0.741		
		Q29	0.838	0.702		
		Q30	0.867	0.752		

表 4-22 动态能力的验证性因子分析模型拟合指数

验证性因子分析模型	GFI	CFI	TLI	RMR	AGFI	NFI	RMSEA
感知响应能力	0.969	0.947	0.939	0.006	0.926	0.964	0.006
整合利用能力	0.93	0.908	0.98	0.005	0.965	0.964	0.004
重构更新能力	0.908	0.93	0.951	0.009	0.932	0.907	0.001

3. 环境动态性的效度检验

本书最终采样的环境动态性量表包含政策变化、市场变化与技术变化三个维度，通过对环境动态性进行效度分析，结果发现政策变化维度的 CR 值为 0.923，AVE 值为 0.707；市场变化的 CR 值为 0.926，AVE 值为 0.714；技术变化的 CR 值为 0.929，AVE 值为 0.724，均大于 0.7，说明问卷具有较好效度，并给出环境动态性的验证性因子分析模型拟合指标，见表 4-23 和表 4-24。政策变化的 NFI = 0.97 > 0.9，CFI = 0.953 > 0.9，GFI = 0.975 > 0.8，RMSEA = 0.002 < 0.01，AGFI = 0.926 > 0.9，TLI = 0.953 > 0.9，RMR = 0.003 < 0.01；市场变化的 NFI = 0.97 > 0.9，CFI = 0.914 > 0.9，GFI = 0.936 > 0.8，RMSEA = 0.004 < 0.01，AGFI = 0.965 > 0.9，TLI = 0.986 > 0.9，RMR = 0.001 < 0.01；技术变化的 NFI = 0.926 > 0.8，CFI = 0.936 > 0.9，GFI = 0.914 > 0.8，RMSEA = 0.005 < 0.01，AGFI = 0.932 > 0.9，TLI = 0.957 > 0.9，RMR = 0.003 < 0.01。通过上述分析可以发现各个维度的拟合度均比较好，具有较好的结构效度和内容效度。

4. 管理自主权的效度检验

通过对管理自主权进行效度分析，结果发现管理自主权的 CR 值为 0.927，AVE 值为 0.717；管理自主权的 NFI = 0.967 > 0.9，CFI = 0.953 > 0.9，GFI = 0.975 > 0.8，RMSEA = 0.002 < 0.01，

AGFI =0.926 >0.9，TLI =0.953 >0.9，RMR =0.003 <0.01，通过上述分析可以发现各个维度的拟合度均比较好，具有较好的结构效度和内容效度，见表4 -25 和表4 -26。

表4 -23　　环境动态性的效度分析

变量	维度	测试题项	标准载荷	SMC	CR	AVE
环境动态性	政策变化	Q31	0.806	0.650	0.923	0.707
		Q32	0.831	0.691		
		Q33	0.866	0.750		
		Q34	0.847	0.717		
		Q35	0.853	0.728		
	市场变化	Q36	0.818	0.669	0.926	0.714
		Q37	0.845	0.714		
		Q38	0.863	0.745		
		Q39	0.831	0.691		
		Q40	0.867	0.752		
	技术变化	Q41	0.852	0.726	0.929	0.724
		Q42	0.864	0.746		
		Q43	0.875	0.766		
		Q44	0.816	0.666		
		Q45	0.846	0.716		

表4 -24　　环境动态性的验证性因子分析模型拟合指数

验证性因子分析模型	GFI	CFI	TLI	RMR	AGFI	NFI	RMSEA
政策变化	0.975	0.953	0.953	0.003	0.926	0.97	0.002
市场变化	0.936	0.914	0.986	0.001	0.965	0.97	0.004
技术变化	0.914	0.936	0.957	0.003	0.932	0.926	0.005

表 4-25　　管理自主权的效度分析

维度	变量	测试题项	标准载荷	SMC	CR	AVE
管理自主权		Q46	0.882	0.778	0.927	0.717
		Q47	0.844	0.712		
		Q48	0.865	0.748		
		Q49	0.816	0.666		
		Q50	0.826	0.682		

表 4-26　　管理自主权的验证性因子分析模型拟合指数

验证性因子分析模型	GFI	CFI	TLI	RMR	AGFI	NFI	RMSEA
管理自主权	0.975	0.953	0.953	0.003	0.926	0.967	0.002

5. 战略变革的效度检验

通过对战略变革进行效度分析，结果发现战略变革的 CR 值为 0.932，AVE 值为 0.734；战略变革的 NFI = 0.971 > 0.9，CFI = 0.954 > 0.9，GFI = 0.976 > 0.8，RMSEA = 0.001 < 0.01，AGFI = 0.933 > 0.9，TLI = 0.946 > 0.9，RMR = 0.002 < 0.01。通过上述分析可以发现各个维度的拟合度均比较好，较好的结构效度和内容效度，见表 4-27 和表 4-28。

表 4-27　　战略变革的效度分析

维度	变量	测试题项	标准载荷	SMC	CR	AVE
战略变革		Q31	0.876	0.767	0.932	0.734
		Q32	0.859	0.738		
		Q33	0.879	0.773		
		Q34	0.813	0.661		
		Q35	0.855	0.731		

表 4－28　战略变革的验证性因子分析模型拟合指数

验证性因子分析模型	GFI	CFI	TLI	RMR	AGFI	NFI	RMSEA
战略变革	0.976	0.954	0.946	0.002	0.933	0.971	0.001

二、相关性分析

相关性分析的目的是了解变量间的相关关系，也是进行假设检验的基础，为假设检验中变量间关系提供初步的支持，但其并不能反映出变量间的因果关系。相关系数的绝对值越大，说明变量间的相关程度越强，关系越密切。相关系数的取值范围为［－1，1］。其中，相关系数的绝对值为1，说明变量完全相关；相关系数为0，说明变量完全不相关；当相关系数的绝对值大于0.9，说明变量间呈非常高度相关关系；当相关系数的绝对值在0.7～0.9，说明变量间高度相关；当相关系数的绝对值在0.5～0.7，说明变量间呈中度相关关系；当相关系数的绝对值在0.3～0.5，说明变量间呈低相关关系；当相关系数的绝对值在0.3以下，说明变量间呈弱相关关系。

根据前面提出的假设，这里一共需要对11个变量之间的相关关系进行分析，这些变量分别是组织惯例、内隐规范、交互共识、行动逻辑、动态能力、感知响应能力、整合利用能力、重构更新能力、环境动态性、管理自主权与战略变革。各变量之间的相关系数如表4－29所示。

组织惯例与动态能力之间正相关（$r=0.51$，$p<0.001$），内隐规范与动态能力正相关（$r=0.16$，$p>0.1$），由于p值大于0.1，

表 4 – 29　　主要变量的相关性分析

变量	1	2	3	4	5	6	7	8	9	13	14
组织惯例	1.00										
内隐规范	0.37***	1.00									
交互共识	0.05	0.44***	1.00								
行动逻辑	0.56***	0.21***	0.10	1.00							
动态能力	0.51***	0.16	0.51**	0.65**	1.00						
感知响应能力	0.30***	0.40***	0.45***	0.33***	0.28***	1.00					
整合利用能力	0.55***	0.31***	0.29***	0.60***	0.53***	−0.53***	1.00				
重构更新能力	0.23***	−0.09*	−0.14**	0.34***	0.26***	−0.22***	0.48***	1.00			
环境动态性	0.230**	0.325*	0.224**	0.226**	0.275**	0.136	0.427	0.376**	1.00		
管理自主权	0.128*	0.256**	0.283**	0.26*	0.307**	0.229**	0.277**	0.227**	0.276	1.00	
战略变革	0.206**	0.213	0.355**	0.425**	0.438**	0.239	0.374**	0.218**	0.271**	0.239**	1.00

注：* $p<0.05$；** $p<0.01$；*** $p<0.001$

没有通过显著性检验，因此，假设 H1 - 1 不成立，交互共识与动态能力正相关（$r = 0.51$，$p < 0.01$），行动逻辑与动态能力正相关（$r = 0.65$，$p < 0.01$），假设 H1、H1 - 2、H1 - 3 得到验证，H1 - 1 没有得到验证。

组织惯例与战略变革正相关（$r = 0.206$，$p < 0.01$），内隐规范与战略变革正相关（$r = 0.213$，$p > 0.1$），由于 P 值大于 0.1，没有通过显著性检验，因此，假设 H2 - 1 不成立，交互共识与战略变革正相关（$r = 0.355$，$p < 0.01$），行动逻辑与战略变革正相关（$r = 0.425$，$p < 0.01$），假设 H2、H2 - 2、H2 - 3 得到验证，假设 H2 - 1 没有通过验证。

动态能力与战略变革正相关（$r = 0.438$，$p < 0.01$），感知响应能力与战略变革正相关（$r = 0.239$，$p > 0.1$），由于 P 值大于 0.1，没有通过显著性检验，因此，假设 H3 - 1 不成立，整合利用能力与战略变革正相关（$r = 0.374$，$p < 0.01$），重构更新能力与战略变革正相关（$r = 0.218$，$p < 0.01$），假设 H3、H3 - 2、H3 - 3 得到验证，假设 H3 - 1 没有通过验证。

环境动态性与战略变革正相关（$r = 0.271$，$p < 0.01$），假设 H5 得到验证。

管理自主权与战略变革正相关（$r = 0.239$，$p < 0.01$），假设 H7 得到验证。

三、直接效应分析

（一）组织惯例对动态能力的直接效应

本书采用层级逐步回归的方法对假设 H1、H1 - 1、H1 - 2、

H1－3 进行验证。首先，将控制变量企业性质、所属行业、成立年限、企业规模、学历、年龄、职位放到回归模型 1 里面进行分析，然后将控制变量和内隐规范放到模型 2 里面进行分析，结果发现模型 2 的解释力（$\Delta R^2=0.187$）比模型 1 的解释力（$\Delta R^2=0.068$）明显增强。内隐规范与动态能力正相关，相关系数为 0.314，P 值大于 0.1，没有通过显著性检验，因此，假设 H1－1 没有得到验证。模型 3 是放入控制变量和交互共识进行回归分析，结果发现模型 3 的解释力（$\Delta R^2=0.148$）比模型 1 的解释力（$\Delta R^2=0.068$）明显增强，交互共识与动态能力正相关，相关系数为 0.287，P 值小于 0.05，通过了显著性检验，因此，假设 H1－2 得到了验证。模型 4 是放入控制变量和行动逻辑进行回归分析，结果发现模型 4 的解释力（$\Delta R^2=0.165$）比模型 1 的解释力（$\Delta R^2=0.068$）明显增强，行动逻辑与动态能力正相关，相关系数为 0.393，P 值小于 0.05，通过了显著性检验，因此，假设 H1－3 得到了验证。模型 5 是将控制变量、内隐规范、交互共识、行动逻辑和组织惯例放入模型进行回归分析，结果发现组织惯例与动态能力呈正相关关系，相关系数为 0.285，P 值小于 0.01，通过了显著性检验，因此，假设 H1 得到了验证，具体如表 4－30 和图 4－2 所示。

表 4－30　组织惯例对动态能力的直接效应

变量	模型 1	模型 2	模型 3	模型 4	模型 5
企业性质	0.238**	0.164	0.120*	0.081	0.601
所属行业	－0.346**	－0.171**	－0.122*	－0.117*	－0.187*
成立年限	0.006	0.065	0.037	0.002	0.012
企业规模	0.214***	0.203***	0.205**	0.187**	0.165**
学历	0.318**	0.206**	0.174*	0.178**	0.139**

续表

变量	模型 1	模型 2	模型 3	模型 4	模型 5
年龄	0.109	0.207 *	0.602 *	0.104 **	0.116 **
职位	0.183 *	0.106 *	0.172 *	0.106 *	0.106 *
性别	0.301 *	0.104 **	0.129 **	0.107 **	0.107 **
内隐规范		0.314			0.302
交互共识			0.287 *		0.181 **
行动逻辑				0.393 *	0.296 **
组织惯例					0.285 **
R^2	0.078	0.355	0.167	0.584	0.538
ΔR^2	0.068 ***	0.187 ***	0.148 **	0.165 ***	0.381 ***
F	10.285 ***	48.297 ***	51.918 ***	50.062 ***	53.907 ***

注：* $p<0.05$；** $p<0.01$；*** $p<0.001$

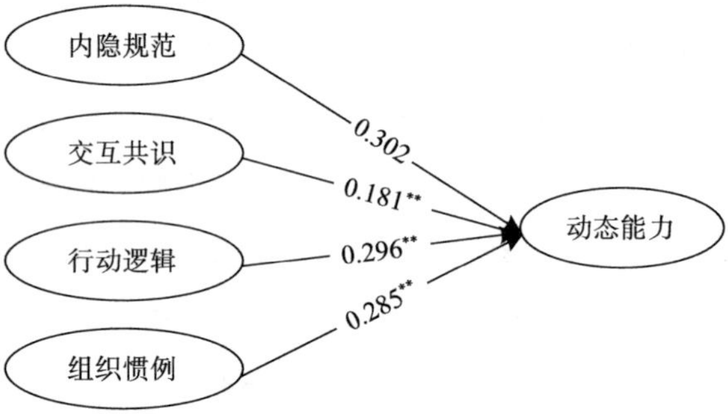

图 4-2　组织惯例对动态能力的直接效应

（二）组织惯例、动态能力、环境动态性与管理自主权对战略变革的直接效应

本书采用层级逐步回归的方法对假设 H2、H2-1、H2-2、H2-3 进行验证。首先将控制变量企业性质、所属行业、成立年限、企业规模、学历、年龄、职位放到回归模型 1 里面进行分析，

然后将控制变量和组织惯例的三个维度内隐规范、行动逻辑与交互共识放到模型2进行回归分析，结果发现模型2的解释力（ΔR^2 = 0.277）比模型1的解释力（ΔR^2 = 0.068）明显增强，内隐规范与战略变革正相关，相关系数为0.352，P值大于0.05，没有通过显著性检验，假设H2-1没有得到验证。交互共识与战略变革正相关，相关系数为0.186，P值小于0.05，通过了显著性检验，假设H2-2得到验证。行动逻辑与战略变革正相关，相关系数为0.298，P值小于0.05，通过了显著性检验，假设H2-3得到验证。

模型3是放入控制变量和动态能力的三个维度感知响应能力、整合利用能力与重构更新能力进行回归分析，结果发现模型3的解释力（ΔR^2 = 0.178）比模型1的解释力（ΔR^2 = 0.068）明显增强，感知响应能力与动态能力正相关，相关系数为0.187，P值大于0.1，没有通过显著性检验，因此，假设H3-1没有得到验证。整合利用能力与战略变革正相关，相关系数为0.498，P值小于0.01，通过了显著性检验，假设H3-2得到验证。重构更新能力与战略变革正相关，相关系数为0.306，P值小于0.05，通过了显著性检验，假设H3-3得到验证。

模型4是将控制变量和环境动态性同时放到回归模型里面，结果发现模型4的解释力（ΔR^2 = 0.416）比模型1的解释力（ΔR^2 = 0.068）明显增强，环境动态性与战略变革正相关，相关系数为0.501，P值小于0.001，通过了显著性检验，因此假设H5得到验证。

模型5是放入控制变量、管理自主权与战略变革进行回归分析，结果发现模型5的解释力（ΔR^2 = 0.349）比模型1的解释力

($\Delta R^2 = 0.068$) 明显增强，管理自主权与战略变革正相关，相关系数为0.284，P值小于0.01，通过了显著性检验，因此假设H7得到了验证。

模型6是将控制变量、组织惯例、动态能力与战略变革放入回归模型进行回归分析，结果发现组织惯例与战略变革呈正相关关系，相关系数为0.195，P值小于0.01，通过了显著性检验，因此假设H2得到验证。动态能力与战略变革呈正相关关系，相关系数为0.275，P值小于0.01，通过了显著性检验，因此假设H3也得到验证。具体如表4-31和图4-3所示。

表4-31　组织惯例、动态能力、环境动态性、管理自主权对战略变革的直接效应

变量	模型1	模型2	模型3	模型4	模型5	模型6
企业性质	0.784**	0.171*	0.120*	0.061	0.081	0.051
所属行业	0.238**	-0.183**	-0.122*	-0.109*	-0.117*	-0.107*
成立年限	0.346**	0.109	0.337	0.042	0.152	0.182
企业规模	0.006	0.310***	0.245**	0.203***	0.145**	0.195**
学历	0.214***	0.134**	0.174*	0.139**	0.192**	0.182**
年龄	0.318**	0.207*	0.602*	0.116	0.104**	0.154**
职位	0.109	0.106*	0.172*	0.183**	0.106*	0.146*
性别	0.183*	0.104**	0.129**	0.178*	0.107**	0.137**
内隐规范		0.352				
交互共识		0.186*				
行动逻辑		0.298*				
感知响应能力			0.187			
整合利用能力			0.498**			
重构更新能力			0.306*			

续表

变量	模型1	模型2	模型3	模型4	模型5	模型6
组织惯例						0.195**
动态能力						0.275**
环境动态性				0.501***		
管理自主权					0.284**	
R^2	0.078	0.316	0.167	0.425	0.363	0.541
ΔR^2	0.068***	0.277***	0.178***	0.416***	0.349***	0.139***
F	10.285***	39.01***	76.18***	37.96***	56.83***	57.93***

注：* $p<0.05$；** $p<0.01$；*** $p<0.001$

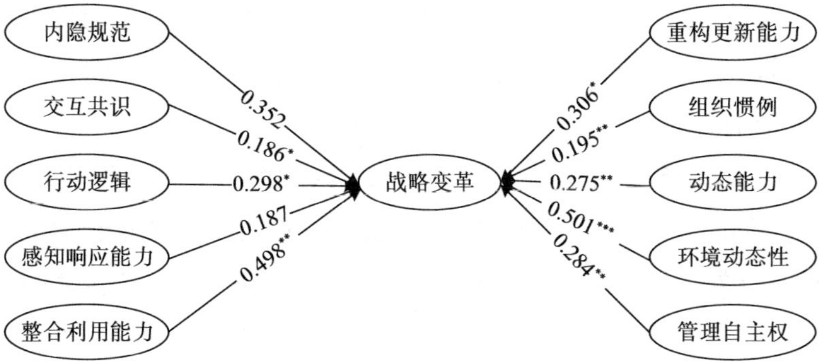

图4-3 组织惯例、动态能力、环境动态性、管理自主权对战略变革的直接效应

四、中介效应分析

本书运用逐步回归分析检验企业动态能力在组织惯例与战略变革之间的中介作用。具体步骤如下：首先，分析在控制变量条件下，自变量对因变量的影响，要求自变量对因变量具有显著的影响；其次，分析控制变量条件下，自变量对中介变量的影响，要求两者之间的影响也是显著的；最后，在控制变量条件下，将中介变量引入到自变量与因变量的模型中，并对自变量与因变量、中介变量与因变量的关系进行分析，要求中介变量对因变量的影响是显著的，且自变量对因变量的影响呈减小趋势甚至消失。

本书根据上述步骤，分别检验感知响应能力、整合利用能力、重构更新能力以及动态能力在组织惯例与战略变革之间的中介作用，结果见表4-32和图4-4。

模型1~模型3是检验感知响应能力对组织惯例与战略变革的中介效应。其中，模型2为控制变量（企业性质、所属行业、成立年限、企业规模、学历、年龄、职位）条件下，组织惯例对战略变革的影响，根据结果可知，组织惯例对战略变革具有显著正向影响（$\beta=0.572$，$p<0.01$）。模型1为控制变量条件下，组织惯例为对感知响应能力的影响，结果表明，两者呈显著正相关关系（$\beta=0.674$，$p<0.01$）。模型3是在模型2的基础上，引入中介变量（感知响应能力）的模型，该模型是为了检验感知响应能力是否对组织惯例与战略变革具有中介效应。根据结果可知，组织惯例与战略变革的影响在减弱且不显著（$\beta=0.392$，$p>0.1$），中介变量感知响应能力对战略变革的影响为正但不显著（$\beta=0.402$，$p>0.1$），这表明感知响应能力在组织惯例与战略变革之间没有起到中介作用，因此，假设H4-1没有得到验证。

模型4~模型6是检验整合利用能力对组织惯例与战略变革的中介效应。其中，模型5与模型2一样，这里就不再重述。模型4为控制变量条件下，组织惯例对整合利用能力的影响，结果表明，两者呈显著正相关关系（$\beta=0.582$，$p<0.01$）。模型6是在模型5

表 4-32 动态能力在不同维度上对组织惯例与战略变革的中介效应

变量	感知响应能力	战略变革		整合利用能力	战略变革		重构更新能力	战略变革		动态能力	战略变革	
	模型 1	模型 2	模型 3	模型 4	模型 5	模型 6	模型 7	模型 8	模型 9	模型 10	模型 11	模型 12
企业性质	0.075	0.084	0.052	-0.003	0.084	0.245**	0.145**	0.084	0.213***	0.115**	0.084	0.173***
所属行业	-0.061	-0.131**	-0.105*	-0.046	-0.131**	0.174*	0.192**	-0.131**	0.119**	0.138**	-0.131**	0.325**
成立年限	-0.084	-0.015	0.021	0.016	-0.015	0.402*	0.104**	-0.015	0.216	0.225**	-0.015	0.317
企业规模	0.245**	0.145**	0.203***	0.245**	0.145**	0.245**	0.145**	0.145**	0.243***	0.145**	0.145**	0.412***
学历	0.114*	0.192**	0.139**	0.153*	0.192**	0.134*	0.262**	0.192**	0.519**	0.172**	0.192**	0.414**
年龄	0.245**	0.145**	0.203***	0.245**	0.145**	0.203***	0.245**	0.145**	0.615**	0.245**	0.145**	0.615**
职位	0.174*	0.192**	0.139**	0.144*	0.192**	0.133**	0.174*	0.192**	0.352**	0.174*	0.192**	0.353**
性别	0.612*	0.194**	0.116	0.602*	0.194**	0.116	0.602*	0.194**	0.404**	0.512*	0.194**	0.434**
组织惯例	0.674**	0.572**	0.392	0.582**	0.572**	0.312**	0.492**	0.572**	0.216**	0.352**	0.572**	0.336**
感知响应能力			0.402									
整合利用能力						0.383**						
重构更新能力									0.327**			
动态能力												0.458**
R^2	0.239	0.469	0.204	0.268	0.355	0.443	0.355	0.443	0.682*	0.655	0.469	0.672*
ΔR^2	0.295***	0.257***	0.036***	0.257***	0.257***	0.388***	0.257***	0.188***	0.481**	0.457***	0.257***	0.491**
F	24.617**	31.218**	13.347**	31.778**	48.258***	19.652**	37.258**	42.642**	0.291**	38.258**	31.218**	0.281**

注：$^{*}p<0.05$；$^{**}p<0.01$；$^{***}p<0.001$

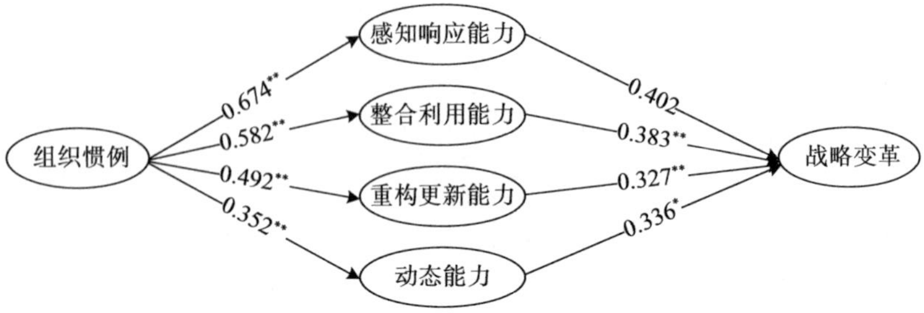

图 4-4 动态能力在不同维度上对组织惯例与战略变革的中介效应

的基础上，引入中介变量（整合利用能力）的模型，该模型是为了检验整合利用能力是否对组织惯例与战略变革具有中介效应。根据结果可知，组织惯例与战略变革的影响在减弱且显著（$\beta = 0.312$，$p < 0.01$），中介变量整合利用能力对战略变革的影响为正且显著（$\beta = 0.383$，$p < 0.01$），这表明整合利用能力在组织惯例与战略变革之间起到部分中介作用。因此，假设 H4-2 得到验证。

模型 7 ~ 模型 9 是检验重构更新能力对组织惯例与战略变革的中介效应。其中，模型 8 与模型 2 一样，这里就不再重述。模型 7 为控制变量条件下，组织惯例对重构更新能力的影响，结果表明，两者呈显著正相关关系（$\beta = 0.492$，$p < 0.01$）。模型 9 是在模型 8 的基础上，引入中介变量（重构更新能力）的模型，该模型是为了检验重构更新能力是否对组织惯例与战略变革具有中介效应。根据结果可知，组织惯例对战略变革的影响在减弱且显著（$\beta = 0.216$，$p < 0.01$），中介变量重构更新能力对战略变革的影响为正且显著（$\beta = 0.327$，$p < 0.01$），这表明重构更新能力在组织惯例与战略变革之间起到部分中介作用。因此，假设 H4-3 得到验证。

模型 10 ~ 模型 12 是检验动态能力对组织惯例与战略变革的中介效应。其中，模型 11 与模型 2 一样，这里就不再重述。模型 10

为控制变量条件下，组织惯例为对动态能力的影响，结果表明，两者呈显著正相关关系（$\beta=0.352$，$p<0.01$）。模型12是在模型11的基础上，引入中介变量（动态能力）的模型，该模型是为了检验动态能力是否对组织惯例与战略变革具有中介效应。根据结果可知，组织惯例对战略变革的影响在减弱且显著（$\beta=0.336$，$p<0.01$），中介变量动态能力对战略变革的影响为正且显著（$\beta=0.458$，$p<0.01$），这表明动态能力在组织惯例与战略变革之间起到部分中介作用。因此，假设H4得到验证。

五、环境动态性的调节作用分析

本书通过分析环境动态性对组织惯例与战略变革的调节作用发现，模型1表明组织惯例对战略变革正相关，并且通过了显著性检验（$\beta=0.572$，$p<0.001$），模型2将组织惯例与环境动态性放进回归模型，结果发现组织惯例与战略变革呈正相关关系，并且通过显著性检验（$\beta=0.164$，$p<0.001$），环境动态性与战略变革呈正相关关系，并且通过了显著性检验（$\beta=0.186$，$p<0.001$），假设H6得到了验证，模型3是将组织惯例、环境动态性、组织惯例与环境动态性的交乘项放入回归模型进行回归发现，结果发现组织惯例与环境动态性的交乘项与战略变革呈正相关关系，并且通过了显著性检验（$\beta=0.185$，$p<0.001$），组织惯例与战略变革的相关系数为0.687，并且通过了显著性检验，而且比模型1和模型2中的组织惯例与战略变革的相关系数得到了显著提升，说明环境动态性在组织惯例与战略变革之间具有正向调节作用，因此，假设H7得到了验证，具体如表4-33所示。

表 4-33 环境动态性对组织惯例与战略变革调节作用分析

变量	模型 1	模型 2	模型 3
企业性质	0.084	-0.005	0.004
所属行业	-0.131**	-0.043	-0.037
成立年限	-0.015	-0.002	-0.012
企业规模	0.145**	-0.061	-0.054
学历	0.192**	0.509***	0.539***
年龄	0.145**	0.173**	
职位	0.192**		
性别	0.194**		
组织惯例	0.572**	0.164**	0.687**
环境动态性		0.186**	0.146**
环境动态性×组织惯例			0.185***
R^2	0.469	0.270	0.303
ΔR^2	0.257**	0.281**	0.033***
F	37.278**	20.752***	20.863***

注：* $p<0.05$；** $p<0.01$；*** $p<0.001$

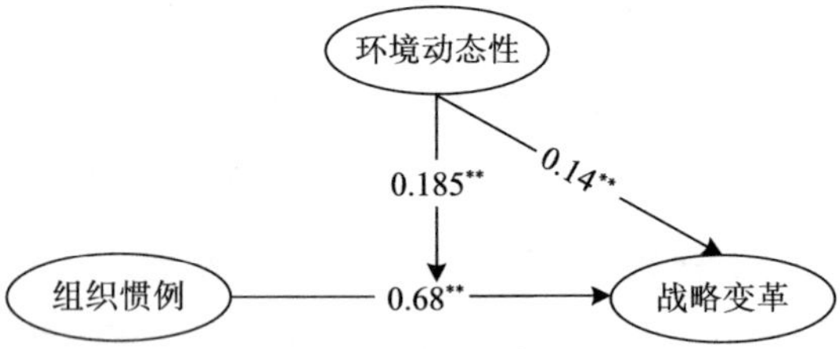

图 4-5 环境动态性对组织惯例与战略变革调节作用分析

六、管理自主权的调节作用分析

本书通过分析管理自主权对组织惯例与战略变革的调节作用发

现，模型 1 表明组织惯例对战略变革正相关，并且通过了显著性检验（$\beta=0.572$，$p<0.001$），模型 2 将组织惯例与管理主权放进回归模型，结果发现组织惯例与战略变革呈正相关关系，并且通过显著性检验（$\beta=0.174$，$p<0.001$），管理自主权与战略变革呈正相关关系，并且通过了显著性检验（$\beta=0.289$，$p<0.001$），假设 H7 得到了验证，模型 3 是将组织惯例、管理自主权、组织惯例与管理自主权的交乘项放入回归模型进行回归发现，结果发现组织惯例与管理自主权的交乘项与战略变革呈正相关关系，并且通过了显著性检验（$\beta=0.257$，$p<0.001$），组织惯例与战略变革的相关系数为 0.687，并且通过了显著性检验，而且比模型 1 和模型 2 中的组织惯例与战略变革的相关系数得到了显著提升，说明管理自主权在组织惯例与战略变革之间具有正向调节作用，因此假设 8 得到了验证，具体如表 4－34 和图 4－6 所示。

表 4－34 管理自主权对组织惯例与战略变革调节作用分析

变量	模型 1	模型 2	模型 3
企业性质	0.084	−0.015	0.314
所属行业	−0.131**	−0.143	−0.737
成立年限	−0.015	−0.022	−0.512
企业规模	0.145**	−0.261	−0.354
学历	0.192**	0.279***	0.329***
年龄	0.145**	0.863**	
职位	0.192**		
性别	0.194**		
组织惯例	0.572**	0.174**	0.237**
管理自主权		0.289**	0.175**
管理自主权×组织惯例			0.257***

续表

变量	模型 1	模型 2	模型 3
R^2	0. 469	0. 372	0. 417
ΔR^2	0. 257 **	0. 581 **	0. 133 ***
F	37. 278 **	21. 752 ***	20. 863 ***

注：* $p<0.05$；** $p<0.01$；*** $p<0.001$

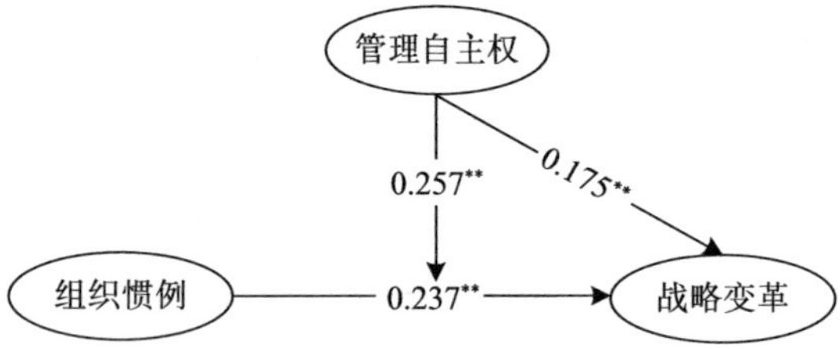

图 4-6　管理自主权对组织惯例与战略变革调节作用分析

七、结论

（一）研究假设的检验结果

通过对组织惯例、动态能力与战略变革三者之间的关系进行实证分析发现：

假设 H1 组织惯例与动态能力的正相关关系得到了验证，假设 H1-1 内隐规范与动态能力的正相关关系没有得到验证，假设 H1-2 交互共识与动态能力的正相关关系得到了验证，假设 H1-3 行动逻辑与动态能力的正相关关系得到了验证。

假设 H2 组织惯例与战略变革的正相关关系得到了验证，假设 H2-1 内隐规范与战略变革的正相关关系没有得到验证，假设 H2-2 交互共识与战略变革的正相关关系通过了显著性检验，假设 H2-3

行动逻辑与战略变革的正相关关系通过了显著性检验。

假设 H3 动态能力与战略变革的正相关关系得到了验证，假设 H3 -1 感知响应能力与战略变革的正相关关系没有得到验证，假设 H3 -2 整合利用能力与战略变革的正相关关系得到了验证，假设 H3 -3 重构更新能力与战略变革的正相关关系得到了验证。

假设 H4 动态能力在组织惯例与战略变革之间的部分中介作用得到了验证。假设 H4 -1 感知响应能力在资源型企业组织惯例与战略变革之间起着中介作用没有得到验证，假设 H4 -2 整合利用能力在资源型企业组织惯例与战略变革之间起着中介作用得到了验证。假设 H4 -3 重构更新能力在资源型企业组织惯例与战略变革之间起着中介作用得到了验证。

假设 H5 环境动态性与资源型企业战略变革正相关得到了验证。假设 H6 环境动态性在资源型企业组织惯例与战略变革之间存在正向调节作用得到了验证。

假设 H7 管理自主权与资源型企业战略变革正相关得到了验证。假设 H8 管理自主权在资源型企业组织惯例与战略变革之间存在正向调节作用。得到了验证，具体如表 4 -35 所示。

表 4 -35　研究假设的检验结果汇总

序号	假设内容	是否支持
H1	组织惯例与资源型企业的动态能力正相关	是
H1 -1	内隐规范与资源型企业的动态能力正相关	否
H1 -2	交互共识与资源型企业的动态能力正相关	是
H1 -3	行动逻辑与资源型企业的动态能力正相关	是
H2	组织惯例与资源型企业的战略变革正相关	是

续表

序号	假设内容	是否支持
H2－1	内隐规范与资源型企业的战略变革正相关	否
H2－2	交互共识与资源型企业的战略变革正相关	是
H2－3	行动逻辑与资源型企业的战略变革正相关	是
H3	动态能力与资源型企业战略变革正相关	是
H3－1	感知响应能力与资源型企业战略变革正相关	否
H3－2	整合利用能力与资源型企业战略变革正相关	是
H3－3	重构更新能力与资源型企业战略变革正相关	是
H4	动态能力在西部资源型企业组织惯例与战略变革之间起着中介作用	是
H4－1	感知响应能力在资源型企业组织惯例与战略变革之间起着中介作用	否
H4－2	整合利用能力在资源型企业组织惯例与战略变革之间起着中介作用	是
H4－3	重构更新能力在资源型企业组织惯例与战略变革之间起着中介作用	是
H5	环境动态性与资源型企业战略变革正相关	是
H6	环境动态性在资源型企业组织惯例与战略变革之间存在正向调节作用	是
H7	管理自主权与资源型企业战略变革正相关	是
H8	管理自主权在资源型企业组织惯例与战略变革之间存在正向调节作用	是

（二）结论分析

本书提出的大部分假设得到了验证，只有部分假设影响不显著，没有得到验证，与西部资源型企业实际情况基本相符。

（1）假设 H1 组织惯例与动态能力的正相关关系得到了验证，说明组织惯例有助于动态能力的形成。西部资源型企业通过组织惯例更新，由知识获取和整合向知识搜寻和创新演化，形成新的动态能力。

内隐规范与资源型企业的动态能力正相关假设未通过检验，说明组织成员所接受的组织不成文的规范以及内隐知识，包括企业文化、核心价值观、企业愿景等，由于内隐规范属于组织惯例中的最抽象、最高层面，需要组织学习第三个层次才能形成，具有较大的稳定型和连续性，导致内隐规范发生变异或更新较为困难，不易促进形成新的动态能力，与动态能力相关性并不显著。

（2）假设H2组织惯例与资源型企业的战略变革正相关得到了验证。说明战略变革是组织惯例以新代旧的不断更新的动态过程。在西部资源型企业是一个惯例集的假设下，惯例变异是战略变革的关键因素，对战略变革有正向影响。战略变革是围绕惯例变异、搜寻、复制和保留4个阶段循环进行的动态能力与组织惯例的协同演化过程，侧面验证了基于组织惯例与动态能力的西部资源型企业战略变革机理。

内隐规范与西部资源型企业的战略变革正相关假设未通过检验，再次验证了内隐规范具有较大的稳定型和连续性，西部资源型企业战略变革的推进较易更新形成个人的行动逻辑和群体的交互共识，但组织层面的内隐规范较为困难。

（3）假设H3动态能力与资源型企业战略变革正相关，假设H4动态能力在资源型企业组织惯例与战略变革之间起着中介作用得到了验证，说明战略变革是组织惯例和动态能力以新代旧的不断更新的动态过程，是组织惯例和动态能力互动演化的过程，动态能力能够促进战略变革。动态能力主要反映企业对外部环境变化能够快速识别，并对企业资源整合利用、重构更新方面的能力，企业的动态能力为西部资源型企业顺利进行战略变革、动态地适应环境变化以及获得持续竞争优势的保证。

感知响应能力与资源型企业战略变革正相关的假设，感知响应能力在西部资源型企业组织惯例与战略变革之间起着中介作用的假设未通过检验，由于西部资源型企业地处西部，长期依靠自然资源生存发展，往往不能充分认识所处环境变化、发展趋势和竞争动态等，对自身资源与能力进行准确评估，未能识别战略变革的正确方向，导致感知响应能力与资源型企业战略变革没有正相关关系。西部资源型企业为适应环境变化，除需要提高感知响应能力外，还需要提高整合和利用内外不同技术和不同领域资源的能力，加速对企业的知识重置和能力重构，改变和提升动态能力。

（4）假设 H5 环境动态性与资源型企业战略变革正相关，假设 H6 环境动态性在资源型企业组织惯例与战略变革之间存在正向调节作用得到了验证，说明随着我国经济进入新常态，资源型行业发生了新变化。产能过剩、产品库存偏高、资金周转不畅、环保压力加大、经营亏损持续，西部资源型企业与外部环境不再匹配，企业的生存发展面临着巨大的考验。面临亏损的风险，相关的管理部门和企业家正视问题，保生存求发展，加快了战略变革的步伐，甚至推进激进的变革，环境动态性实质性促进了战略变革的发生。

（5）假设 H7 管理自主权与资源型企业战略变革正相关，假设 H8 管理自主权在资源型企业组织惯例与战略变革之间存在正向调节作用得到了验证。这是因为西部资源型企业的高管对企业进行战略变革的管理自主权是企业进行战略变革的前提，企业的资金、技术、管理以及市场地位等是西部资源型企业进行战略变革的自主条件。为了保生存求发展，西部资源型企业简政放权或加大管理者自主权，提高管理者主动性，有效推进积极的改革措施，发挥对战略变革的作用，助力西部资源型企业摆脱困境。

以上结论显示，如果西部资源型企业过度依赖自然资源，则其会对环境变动产生反感，阻碍开放式模式的创新，不利于现有的组织惯例的改变和战略变革的推进。尽管不断变化的外部环境给西部资源型企业带来一定的威胁和挑战，但是西部资源型企业需要克服对内外部环境变化不敏感的问题，及时理解内外部环境的新变化，动态调整战略导向，加强组织学习，与企业拥有资源和能力相结合，调整和重构自身知识和能力，提升动态能力，更新组织惯例体系，促进企业战略变革，保障自身掌握的资源和组织惯例能与动荡的环境相适应，实现西部资源型企业发展新的路径。

第五章

西部资源型企业战略变革案例研究

第一节 研究方法

一、研究方法

本书的研究内容是西部资源型企业的战略变革，涉及组织惯例、动态能力在企业战略变革决策和执行等方面的问题，上述问题是关于为什么、是什么及怎么做的问题，解决这些问题需要结合企业的实际情况。案例研究是根据特定的情境进行研究，这正是本书主要想解决的问题。因此，本书采用案例研究方法对研究对象进行分析。结合本书的特性，整个研究主要分为三个阶段：准备、执行与对话。准备阶段，本书在前面章节对研究问题和相关构念做到清晰界定，并且根据需要选择多案例设计与多层次分析方法。执行阶段，主要包括资料搜集与分析，这一过程是需要多次反复才能做到。对话阶段，指的是与已有文献进行对话，帮助形成新理论。

二、资料收集

（一）多重证据来源

为保障数据资料的可靠性，本书采用多种途径进行证据收集，具体如下：一是企业官微、官网、官博等新媒体宣传渠道发布的各种资料、官方对外发布的各项报告、公报及媒体宣传；二是通过上海证券交易所等网站获取的企业变革过程数据、情况、企业年度报告、信用评级报告、中（短）期票据募集说明书等资料；三是企业高层管理者的公开演讲和发言等；四是部分媒体如中国冶金报等各大媒体的新闻稿；五是由于本书选取案例的公司发展历程已经被许多学者进行了研究，得到了大量可信度较高的研究资料；六是与该公司员工、部分管理人员访谈和沟通获取的访谈资料；七是对企业的组织惯例、动态能力与战略变革等方面进行了调查资料。

（二）证据链构建

本书是从组织惯例、动态能力的角度来研究西部资源型企业的战略变革，以及三者之间的关系。西部资源型企业是在外在压力与内在动力的共同作用下，推进组织惯例演化实现惯例体系的更新，动态能力的提升，更改自身的资源和能力配置，推动企业战略变革，改变长期高度依赖于某种自然资源所造成的不利处境，摆脱“路径依赖”，实现西部资源型企业对先进企业的超越。因此，组织惯例、动态能力与西部资源型企业的战略变革之间的相互关系是本书的关键点，具体如表 5－1 所示。

表 5－1　　　　　　　　　　证据链

研究问题的展开	证据来源
研究主题：西部资源型企业战略变革研究	理论分析和推导
资源型企业	访谈、调研、公司资料、文献、网络信息
组织惯例	访谈、调研、公司资料、文献、新闻媒体、高层演讲发言
1. 内隐规范	
2. 交互共识	
3. 行动逻辑	
动态能力	
1. 感知响应能力	
2. 整合利用能力	
3. 重构更新能力	
战略变革	访谈、调研、公司资料、文献、新闻媒体、高层演讲发言、网络信息
环境动态性	
管理自主权	

资料来源：笔者整理

三、信度和效度

（一）构建信度

案例研究的信度主要是指案例研究的可靠性，首要特点是研究过程必须是能够重复的，主要的目的是消除因为案例研究产生的错误和偏见。Yin（2009）认为制订完整详细的计划可以提高案例研究的信度，这也为后来的研究者进行重复研究提供了指导和借鉴。此外，还可以根据研究的需要，构建研究数据库，这样也可以提高研究的信度。针对本书采用的案例，笔者制订了详细的计划，第一，本书收集、整理和分析了所采用案例的相关数据，将案例数据分为两级内容。一级数据是实地调研获取一手数据：访谈记录、调研记录和公司资料等；二级数据是公开信息和二手数据：文献资料，新闻媒体、高层演讲发言和网络信息等。第二，本书依据研究对象的特点，逐级展开研究并寻找证据，以便以后的研究者可以进行重复研究，得到相似研究结果。在持续四年的研究过程中，笔者收集一段时期资料后即对资料库进行更新与分析，根据得出的结论调整下一步资料收集方向。第三，笔者自 2015 年起开展对企业的研究工作，于 2015 年到 2018 年四次调查。通过上述过程，本书获取了大量与研究主题相关的证据材料，不同的证据材料之间能够相互补充验证。本书通过上述步骤确保研究的可靠性，从而提高案例研究的信度。

（二）构建效度

构建效度是为了准确衡量研究的相关概念，从而使得研究的内容和目标相匹配。Yin（2009）通过研究发现，通过建立证据链和获取多元证据可以提高构建效度。本书构建效度的原则是从外部效度和内部效度两个方面进行构建：第一，外部效度。本书在对西部资源型企业的战略变革进行深入思考和查阅相关文献的基础上提出研究主题，构建相应的理论模型。本书选取了与研究主题相关的四个典型企业案例，依据案例研究步骤，收集相应的案例材料，在案例分析过程中，注重案例与理论相结合，不断完善理论模型。第二，内部效度。本书采用多案例对比分析，根据已有的文献与案例相结合，研究组织惯例、动态能力与企业战略变革之间的关系，从而保证本书结论具有普适性。

第二节 昆明钢铁控股有限公司等四户案例研究

由于生存的基础是当地相对丰富的矿产资源，西部资源型企业在短缺经济时代曾无限风光。市场经济下的40年来，面对市场的变化、国外企业的围剿，他们有的伤筋动骨，且行且变，有的逆势上行，破茧重生。为提高案例研究的信度和效度，更加全面科学开展分析，我们将案例研究视角聚焦到钢铁制造行业、磷化工和锡化工等资源性行业。本章案例研究4户企业都是省属国有重点企业，均为中国500强企业。上市企业2户，非上市企业2户。经研究，以上4户西部资源型企业均具有基于组织惯例与动态能力作用的战略变革共性，由于篇幅所限，本节着重对昆明钢铁控股有限公司案例进行详述，其他3户案例仅做略述。

一、昆明钢铁控股有限公司、瓮福（集团）有限责任公司、云南云天化股份有限公司和云南锡业股份有限公司简介

（一）昆明钢铁控股有限公司简介

1. 昆明钢铁控股有限公司的基本情况

昆明钢铁控股有限公司（以下简称昆钢，KG）成立于1939年2月，昆钢是云南省最大的钢铁联合企业和国家特大型工业企业，经历了这么多年的战略变革和发展，该公司已经由最初的传统钢铁制造业转变成一家现代企业，当前的营业范围包括：钢铁制造、地产、文化旅游、水泥、矿产、资产管理等。

2. 公司组织情况

昆钢是云南省国资委控股和监管，负有国有资产保值增值任务的国有资产控股公司。2018 年，昆钢注册资本金 73.68 亿元，云南省国资委持股 76.464%，昆明和泽投资中心（有限合伙）持股 15.04%，云南省财政厅持股 8.496%。昆钢现拥有全资、控股及参股子公司共计 203 家，分公司 77 家。其中，武钢集团昆明钢铁股份有限公司为昆钢子公司。公司下设战略层、执行层及保障层三级管理部门共计 14 个。

3. 公司技术情况

昆钢具备年产 1000 万吨钢、3000 万吨水泥、200 万吨焦炭的生产能力和 1750 万吨铁矿石的采选处理能力。昆钢被认定为全国驰名商标，主导产品全部都是云南名牌产品。昆钢的管道运输 2010 年获得国家科技进步二等奖；"低成本高耐蚀钛及钛合金管材与高品质钛带制造技术开发及应用"获得科技部重大专项支持；"高性能细晶粒钢筋的规模化生产及应用关键技术"项目荣获国家科技进步二等奖；"宽幅大卷重钛带卷产业化关键技术和装备研究"项目获云南省技术发明一等奖；自主研发了大功率电子束冷床熔炼炉（EB 炉），使中国成为全球第四个能生产 EB 炉的国家，填补了国内空白；"大红山式铁矿资源高效分选关键技术"荣获"2013 年云南十大科技进展"项目。公司建立了多个院士工作站、博士后工作站和国家级技能大师工作室。截至 2018 年末，公司拥有专利授权 2376 件，其中发明专利 512 件。

4. 公司自然资源情况

西部资源型企业的自然资源是企业竞争优势的主要源泉，是决定企业能否在竞争中获胜的关键。昆钢主要在产铁矿包括大红山、罗次、大坡、马鞍山和小河边铁矿。截至2019年末，公司矿山储量为4.6亿吨，开采年限最少100年。当前，大红山铁矿已经成为昆钢的主要铁矿石原料基地和主要矿山。大红山矿业具备较好的开采条件及运输条件，这个矿山的铁矿的品质好、储量大。同时大红山铁矿每吨铁精矿比进口低80～100元，每年节省较多费用。昆钢一直把提高钢铁品质和充分利用资源作为企业的主要抓手。

昆钢的自然资源是企业的天然优势，这些资源也是企业的核心优势、生存的根本和实施战略变革的前提。

（二）瓮福（集团）有限责任公司

瓮福（集团）有限责任公司（以下简称瓮福，WF）1990年由国家投资，1999年建成，2001年债转股。在建设过程中发现原先考虑投建的重钙转置已经落伍，而改造为颇受推崇的磷铵装置。由于产品质量接近美国磷铵，在国内迅速走红，逐渐成为国内知名品牌。2007年参与全球竞争，获得世界最大的沙特选矿项目，一战在世界成名。2008年，受到国际金融危机和全球硫酸市场变动的影响，整个行业出现巨幅亏损，瓮福顺利渡过难关。同时强烈意识到技术能力与商业能力的巨大作用，开启了专注于技术提升和成本控制的战略。10年坚持这一战略，成功实现了跨区域转移、精细化突破和多元化的发展目标。2018年，瓮福实现营业收入超400亿元，工业总产值140亿元，利润1.52亿元的业绩。

（三）云南云天化股份有限公司

云南云天化股份有限公司（以下简称云天化，YTH）1997年由核心企业（云南天然气化工厂）整合云南省内肥料企业，实行股份制改造而来（股票代码：60096）。抓住改制和产业整合的契机，云天化从氮肥企业发展为氮磷肥为主、兼顾玻纤行业（多元化）的集团型企业。2008 年受金融危机影响，氮磷肥成本与利润倒挂，2009 年接近亏损。2013 年，面临肥料、玻纤行业产能严重过剩、需求低迷的困境，2014 年、2016 年出现巨幅亏损。经过主业的重新调整（包括剥离），2017 年开始扭亏，2018 年盈利达到 2.5 亿元。

（四）云南锡业股份有限公司

云南锡业股份有限公司（以下简称云锡，YX）成立至今已有 130 多年历史，是中国目前最大的锡生产、加工、出口基地，于 2000 年上市（股票代码：000869）。2003—2004 年，云锡通过整合锡都个旧的矿产资源，拥有了绝对的优越资源和行业的领先地位。辉煌的历程不能掩盖技术能力的不足。2008 年的金融危机加速了云锡发展的转折点，利润持续下滑。为摆脱资源陷阱，寻找多元化增长点却使公司越发陷入困境。2013 年以来出现巨额亏损。跌入低谷的云锡又重新聚焦锡主业，2016 年开始盈利，2018 年获得 10 多亿元的利润，重回世界锡行业领先地位。

二、昆钢战略变革原因、时点与过程分析

（一）公司的战略变革原因

纵观昆钢成立以来的 70 多年，昆钢在这一期间经历了多次战略调整和变革。从根本上讲，昆钢进行战略变革的原因可以从两个维度进行深入剖析：一是来自内部环境的驱动，二是来自外部环境的压力。内部环境包括企业的资源、技术、管理模式，以及对新产品和新技术的研发能力等因素；外部环境则涵盖了政策变化、国际市场的动荡、技术创新的进程，以及行业发展的整体趋势等多方面

的影响。正是这些内外部环境的深刻变化，导致了昆钢在发展过程中不断进行战略调整，以便更好地适应市场的需求和企业的长期发展目标。本书将从这两个角度，全面分析昆钢战略变革的根本原因，并探讨在这一过程中昆钢如何通过变革提升自身的市场竞争力和可持续发展能力。

1. 昆钢战略变革的外部环境

昆钢所面临的外部环境变化，对其战略变革起到了至关重要的推动作用。具体来说，外部环境对昆钢战略变革的影响主要体现在以下几个方面：

一是市场竞争的加剧与全球化的挑战：随着经济全球化的加速，全球市场的竞争也变得愈加激烈。尤其是在钢铁行业，国内和国际钢铁企业的竞争日益激烈。昆钢不仅要面对本土同行的竞争，还要应对来自国外钢铁企业的强大压力。国际钢铁市场的波动和跨国企业的竞争策略，促使昆钢意识到，仅凭传统的产能扩张和价格竞争已无法满足市场的需求。为了应对这一外部挑战，昆钢必须加快转型步伐，推动技术创新和产品升级，以增强自身的市场竞争力和全球化适应能力。

二是外部环境变化的加速和复杂性：随着全球经济形势的不断变化，昆钢所面临的外部环境愈加复杂且瞬息万变。在过去，昆钢主要依靠国内市场的稳定需求和原材料的相对充足，但随着环保政策的趋严、资源短缺的加剧以及全球市场的动荡，昆钢在生产和经营过程中面临了前所未有的压力。特别是在 2015 年，全球经济形势不确定性加剧，钢铁行业的过剩产能问题突显，昆钢也因产能过剩问题遭遇了巨额亏损，达到 35 亿元，进一步加剧了企业的困境。这一现象使昆钢深刻认识到，原有的经营模式和战略布局已经无法适应日益复杂的外部环境变化，因此，战略变革成为了当务之急。

三是市场需求的多样化和个性化：过去，昆钢的产品结构较为单一，主要集中在传统钢铁产品上。然而，随着经济和技术的快速发展，消费者的需求逐渐变得更加多样化和个性化。钢铁行业从简单的基础建设材料向更高附加值的特殊材料、环保型产品转型，消费者对产品质量、创新性、环保性能等提出了更高的要求。昆钢原有的产品线和生产模式未能及时跟上市场需求的变化，产品创新和市场细分不足，导致了市场份额的下降。在这种市场环境下，昆钢不得不重新审视自己的发展战略，进行深刻的产品和技术创新，才能继续在激烈的市场竞争中占据一席之地。

2. 昆钢战略变革的内部环境

除了外部环境的压力外，昆钢自身的内部环境也为其战略变革提供了强大的动力。具体而言，昆钢战略变革的内部动因主要体现在以下几个方面：

一是自然资源的日益短缺与资源依赖的困境：昆钢作为一个资源型企业，其发展的基础依赖于丰富的自然资源，尤其是铁矿石等基础原材料。然而，随着企业规模的不断扩大，昆钢对自然资源的需求也呈指数级增长。然而，云南省内可开采的铁矿资源有限，加之资源的可再生性差，昆钢所能获取的矿石资源日益紧张。尽管昆钢通过政府支持进行了资源整合，并在云南省内建设了多个铁矿项目，但国内外铁矿石价格波动的影响、国际市场矿石资源的紧张以及全球供应链的不稳定性，导致昆钢的资源依赖性日益加重。昆钢意识到，持续依赖自然资源的经营模式无法为企业的长远发展提供保障，必须转型为更加依赖技术创新和产品附加值的现代企业，这为其战略变革提供了强烈的内生动力。

二是技术创新的紧迫性：随着科技的发展，行业内技术不断迭代更新，传统的生产工艺和技术水平已经逐步无法满足市场对高附加值、高质量产品的需求。昆钢深刻认识到，只有通过持续的技术创新，提升生产效率和产品质量，才能在市场竞争中脱颖而出。技术创新不仅是提高产品竞争力的手段，更是提升企业管理水平、优化生产流程、降低生产成本的重要途径。在内外部环境的双重压力下，昆钢加大了对技术研发和技术改造的投入，逐步向高技术、高附加值的产品转型。技术创新成为昆钢战略变革的核心驱动力之一。

三是发展瓶颈的迫切需要突破：昆钢在经过多年扩张后，已经进入了企业生命周期的“成熟期”。尽管企业规模不断扩大，市场份额也在逐步提高，但随着外部市场需求的变化和内部资源的限制，昆钢面临着巨大的发展瓶颈。过度依赖传统的钢铁产品和大规模生产的经营模式，导致了资源的浪费和生产成本的居高不下，逐步影响了企业的利润水平。在这种情境下，昆钢的高层管理层决定，通过一系列战略调整，突破当前的瓶颈，推动公司向更加多元化和高附加值的方向发展，从而实现长期可持续的发展。

综上所述，昆钢战略变革的关键因素包括：一是关键资源的获取和合理配置，二是企业的风险管理能力，三是技术创新能力的提升。随着内外部环境的剧烈变化，昆钢在外部压力与内部动力的双重作用下，通过战略变革实现了资源优化、技术革新和市场适应性提升，从而成功地向“新型”资源型企业转型，增强了市场的竞争力和可持续发展的能力。

（二）公司的战略变革时点

为了应对国内外环境的变化并满足自身发展的需求，昆钢在其

70 年发展历程中实施了一系列的战略变革。这些变革并不是一次性、彻底的颠覆式转型，而是采取了一种渐进式与激进式相结合的混合模式。这种模式多采用自上而下的策略进行管理创新，并推动逐步深入的结构调整与产业升级。昆钢的战略变革并非一蹴而就，而是通过一系列深思熟虑的战略步骤，循序渐进地打破企业发展的瓶颈，迎接市场环境变化的挑战。通过不断调整组织结构，优化资源配置，实施战略创新，昆钢逐步推动了从传统钢铁制造商到多元化、技术驱动型企业的转型。

在战略变革的过程中，昆钢结合时势与市场需求，逐步打破行业原有的传统束缚，推动技术创新和产品结构调整。这些变革的目标并非简单的追求规模扩大，而是根据市场需求与行业发展趋势，制定更加符合当今经济发展规律的战略计划。在战略的实施过程中，基层员工的执行力也至关重要，他们不仅在决策层的指引下推动改革，还通过灵活调整响应外部环境的变化，确保战略的实施能够快速适应市场的变动，并且能够有效解决突发的行业问题。因此，昆钢始终坚持“两大项目、三大基地、六大产业”作为核心发展战略，通过这一战略框架，推动公司在资源获取、产业升级以及市场拓展方面取得显著成效。

为了更清晰地了解昆钢在这一路径上所经历的战略变革过程，我们可以从表 5－2 中几个关键时点来看。

表 5－2　　昆钢的变革时点及内容

年份	变革内容
1950	中国人民解放军驻昆明军代表接管云南钢铁厂，为昆钢的发展奠定了基础，标志着企业管理体制的初步完善

续表

年份	变革内容
1992	云南钢铁厂更名为昆明钢铁总公司，正式迈入更为规范的国有企业管理模式，同时为后续的改革奠定了基础
2003	昆明钢铁控股有限公司成立，标志着昆钢成为了一家国有资产公司。在这一阶段，昆钢开始实施“走出去”战略，通过在云南省内扩大建厂，进行多元化经营，探索新的增长点
2007	昆明钢铁公司与武汉钢铁公司签署战略合作协议，武钢入股昆钢，这一举措扩大了昆钢的市场范围，也使昆钢在钢铁技术方面得到了重要的技术支持。这一合作使昆钢逐渐增强了市场竞争力，并为后续的技术创新和生产效率提升提供了基础
2009	昆明钢铁公司经历了规模的逐步扩展，并且在多元化发展上取得了一定的成绩。特别是在非钢产业方面，昆钢的抗风险能力显著提升，在面对全球经济不确定性时表现出了较强的韧性
2013	昆明钢铁公司在组织体系与资产组织形式上经历了巨大变化，公司结构更加清晰化，并且通过整合资源，强化了资本运营，成为一家完全的国有独资公司。这一改革推动了公司治理结构的优化，为后续的资本运作和市场拓展提供了新的契机
2015	昆明钢铁公司与华润集团在各自持股50%的情况下，成立了云南水泥建材有限公司，并通过这一合作进一步巩固了在云南省内的市场地位。通过与国内外多家知名企业的合作，昆钢在进一步拓展其业务领域的同时，也积累了更强的国际竞争力，推动公司向现代化的综合性企业集团迈进

从上述几个时点可以看出，昆钢的战略变革历程充满了渐进式的调整与深刻的战略创新。每一次变革背后都体现了昆钢对市场变化的敏锐洞察以及对企业长远发展的精确规划。从最初的单一钢铁

生产到如今的多元化产业布局，昆钢通过不断调整战略方向和优化业务结构，逐步适应了外部环境的变化和市场需求的多样化。尽管面临诸多挑战与困难，昆钢通过强有力的领导和科学的战略布局，成功地走出了属于自己的转型升级之路。

（三）公司战略变革过程分析

昆钢的战略变革是在深刻理解内外部环境变化的基础上进行的。在不同时期，昆钢根据不同的发展需求，选择了适合当时阶段的战略路径，从最初的依赖单一产业的专业化战略，到后期通过多元化发展推动企业整体转型升级，再到最终的归核化战略，这一过程展示了昆钢如何灵活应对复杂市场环境的变化以及企业自身成长过程中面临的各种挑战。

在昆钢的战略变革过程中，最为关键的是公司对内外部环境的深刻理解与迅速反应。在初创期，昆钢的战略以专业化发展为主，重点解决生产能力和技术创新的问题；随着市场环境和企业需求的变化，昆钢逐步过渡到多元化发展战略，积极开拓新的业务领域与市场；而在后期，随着外部经济压力的加剧，昆钢又进行了归核化战略的转型，集中力量做强主业，剥离与主业无关的产业资源，进一步提升公司核心竞争力。通过这一系列战略的有机组合和顺利衔接，昆钢逐步完成了从单一产业到多元化，再到聚焦主业的全过程。

昆钢的战略变革分为以下几个重要阶段，每一阶段都有其独特的战略重点和实际执行策略：

1. 1949—1977 年：依靠科技进步，淘汰落后设备，大规模生产战略

新中国的成立为昆钢的快速发展提供了难得的历史机遇。初

期，昆钢充分利用云南省丰富的矿产资源，通过大量建设钢铁生产设施，依靠科技进步和生产工艺的不断改造，推动企业实现了大规模生产。尽管在这段历史期间，昆钢的正常发展面临着很大的挑战，但昆钢仍然以极为艰苦的劳动条件为基础，推动了钢铁产业的大规模扩展。这一阶段的战略主攻方向是通过引进先进的生产设备和改造工艺设施，提高生产效率，强化对基础设施建设的支持，为云南省经济建设贡献力量。这一战略虽然面临诸多挑战，但通过坚持不懈的努力，昆钢初步奠定了在云南钢铁行业的基础地位。

2. 1978—1999 年：采取以科技创新为先导，挖潜与改扩建相结合，成本领先专业化发展战略

进入改革开放的新时代后，昆钢在继续巩固基础生产能力的同时，将战略重心转向了提升技术创新和生产自动化的水平。这一阶段，昆钢深刻意识到，仅依靠大规模的生产已无法满足市场的需求，必须通过技术创新和精细化管理来提升生产效率和产品质量。昆钢开始引进国外先进技术，并通过内部研发加强自主创新。通过持续的技术改造，昆钢不仅逐步淘汰了过时的生产设备，而且通过提高自动化生产水平，降低了生产成本，达到了国内同行业的领先水平。在此基础上，昆钢开始实施成本领先战略，力求在价格和产品质量上占据市场竞争优势。这一战略有效推动了昆钢在市场上的稳步扩张，也为后期的多元化发展奠定了基础。

3. 2000—2005 年：采取做精做强主业，多元化经营，创新推动的发展战略

进入 21 世纪，昆钢作为单一的钢铁冶金工业产业，一荣俱荣、一损俱损的单一产业风险日渐显现；昆钢处于我国西南边陲，距离沿海港口较远，每吨矿石物流成本比沿海的钢铁企业高出很多，随

着传统钢铁技术的普及，云南成立了越来越多的钢铁企业，产能也与昆钢不相上下，使得昆钢的销售额不断下降，这使得昆钢不得不进行战略变革。

因此，在原材燃料供应、市场营销双重压力加大，市场竞争激烈程度不断加剧的背景下，昆钢按照“创造价值，创造文明，造福社会”的企业宗旨，以“深化改革求生存，强化管理求发展”为发展思路，加大产业结构调整，合理布局新兴产业，运营水平不断提高。通过深化企业改革，用新观念统帅科技创新、结构创新、管理创新，开创多元化科学发展的新局面。

（1）大力发展非钢产业，多元化经营。调整产业结构，放开搞活辅业，在建材、焦化与耐火材料等非钢业务方面已经形成了一定规模，取得了良好效益。

（2）积极推进三个创新战略。第一是科技创新战略。以改造推动创新，以创新促进发展。全面推进几项重大技改项目，如总投资 20.6 亿元的板带工程；总投资 1.48 亿元的四号焦炉工程；总投资近 20 亿元的大红山铁矿工程。

4. 2006—2014 年：采取技术领先，主业优强，一体化拓展的混合多元化发展战略

（1）在这期间，昆钢的主要工作是进行技术创新，改进生产工艺，不断提高装备制造水平，这大大推动了昆钢的转型升级，其中最具有代表性的就是昆钢的冷轧钛板卷的下线，这是国内最先进的技术，已形成了产业规模，推向市场，而且部分产品远销海外。

（2）突出沿边产业布局，推进水泥建材产业良性发展。发挥行业基础优势，发展壮大煤焦化产业。

（3）积极培育下游环节的新兴材料产业。一是充分利用昆钢

的钢钛结合技术，打造钛材加工产业，为昆钢增加新的经济增长点；二是组建重型装备制造集团，集成发展要素打造新兴产业；三是瞄准世界先进水平，发展不锈钢复合材料产业。

（4）拓展企业经营边界。昆钢在发展过程中，不断由制造业向现代服务业转型，立足满足社会需求，不断发展现代物流业。一是结合钢铁下游消费市场，发展钢结构房地产业；二是面向服务社会民生，发展边疆民族地区特色产业。

5. 2015—2019 年：聚焦主业，盘活非战略资产，优化结构，打造核心优势产业的归核化发展战略

进入 2015 年，昆钢面临的外部环境发生了剧烈变化，钢铁产能过剩、产品库存偏高、资金周转不畅、环保压力加大等因素共同作用，导致昆钢在 2015 年出现了 35 亿元的亏损。这一困境对昆钢而言既是挑战，也是契机。在此背景下，昆钢的新任董事长赵永平提出了“三年谋生存，两年谋发展”的战略方针，要求公司在保持生存的基础上，进行全面的转型升级，推动企业的长期发展。昆钢在这一阶段实施的战略重点是聚焦主业，盘活非战略资产，优化产业结构。昆钢通过剥离与主业无关的资产，将资源集中在钢铁主业上，进一步提升其核心竞争力。在这一过程中，昆钢通过加强“两大项目，三大基地，六大产业”的战略实施，深入推进产业整合和技术创新，力求实现从资源型企业向创新型企业的转型。昆钢还加强了在国内外市场的业务布局，不仅增强了其行业影响力，还提升了其在全球市场的竞争力。

昆钢的最终目标是通过战略优化，提升产业核心竞争力，力争到 2025 年形成区域最具竞争力和影响力的创新型大型企业集团，全面实现“一流竞争力”和“一流影响力”的“双一流”目标。

总结来说，昆钢的战略变革过程充满了挑战与机遇。

通过不断的战略调整与灵活应对，昆钢从一个单一的钢铁生产企业逐步发展为一个多元化经营、技术领先的综合性企业集团。在面对未来的不确定性时，昆钢的战略变革无疑为其实现可持续发展、提升行业影响力提供了坚实的基础。

三、昆钢战略变革事件序贯、动力与情景机制

（一）昆钢战略变革的事件序贯

昆钢自成立以来，随着内外部环境的不断变化，经历了多次深刻的战略变革。每一次变革背后都有着强烈的动力推动，而战略的调整则是基于对行业形势的敏锐洞察和对未来发展的长远规划。70年的发展历程表明，昆钢在专业化的基础上逐步走向多元化，最后通过归核化战略实现了公司核心竞争力的再提升，摆脱了早期受限于资源与环境的制约，迎接了更为广阔的市场机会。

从1949年昆钢成立以来的初创阶段到2000年后的快速扩张，再到2015年后为了适应市场变化而进行的战略大调整，昆钢的战略历程经历了从专业化到多元化，再到归核化的多个重要发展阶段。在不同的历史时点，昆钢根据行业变化、技术进步、市场需求等因素，逐步进行战略调整，不断强化其市场竞争力。每一次的战略转型都伴随着技术创新和管理体制的优化，为企业注入了新的活力，推动其在竞争激烈的市场中稳步前行。

2015年，随着我国经济进入新常态，钢铁行业也开始面临前所未有的挑战，特别是产能过剩问题加剧，昆钢的传统发展模式开始显现出结构性问题，导致公司在这一年出现了35亿元的亏损，

生存压力加大。在这样的背景下，昆钢不得不启动战略转型，进一步推进组织结构的优化和企业文化的提升，确保在变革中找到新的增长点。这一战略调整也表明，昆钢从早期的资源依赖型发展逐步向创新驱动型发展转型。

为了顺应国内外经济环境的变化，昆钢明确提出了“自我超越，求强创新”的企业精神，并实施了“聚焦主业，盘活非战略资产，优化结构，打造核心优势产业”的归核化发展战略，力争在2025年成为区域最具竞争力和影响力的创新型大型企业集团。昆钢通过不断深化改革，推动战略调整和资源优化配置，旨在实现“两个一流”目标，即“打造一流竞争力和一流影响力”，力求在激烈的市场竞争中脱颖而出。

70年来，昆钢战略的事件序贯可以总结如图5－1和图5－2所示。昆钢战略变革可以分为两条主线：一是公司战略变革，二是组织惯例更新。

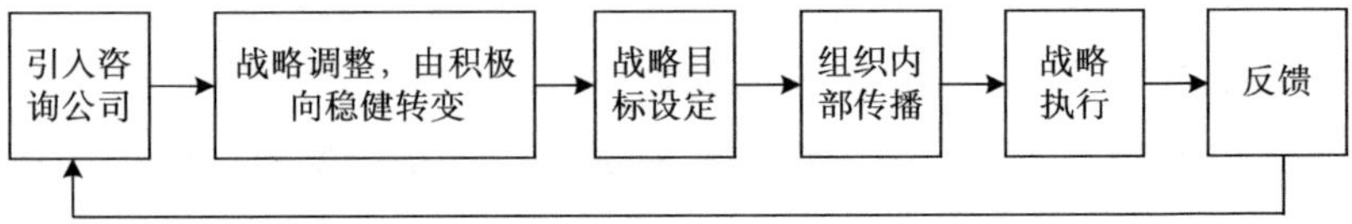

图5－1　战略变革事件序贯：公司战略变革

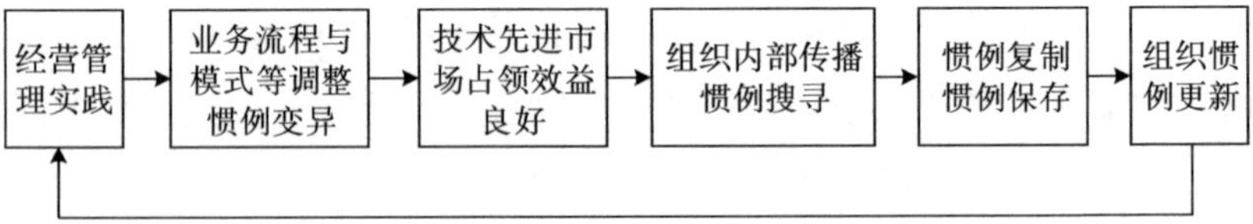

图5－2　战略变革事件序贯：组织惯例更新

（二）昆钢战略变革动力机制

昆钢的战略变革不仅仅是一个单纯的上层决策问题，它是一个动态的、多层次的过程，涉及集团公司层面的决策和下属子公司层面的执行。昆钢的战略变革沿着两条主要路径展开：一条是集团公司主导的自上而下的战略变革，另一条则是下属子公司根据实际情况自发进行的战略变革。两者之间的差异体现在战略变革的序贯性和动力机制上。

在集团公司层面，昆钢的战略变革基本上是自上而下的。管理层在对外部环境和公司现状的深刻分析后，决定实施战略调整，并通过引入外部管理咨询机构（如麦肯锡）帮助形成公司战略系统。这种自上而下的变革方式依赖于高层决策层的敏锐洞察力和领导力，管理层明确方向并制定变革方案，然后逐步向下传递变革思路和具体要求。在这一过程中，昆钢通过组织高层与基层的互动沟通，实施逐级指导，确保各级管理人员在执行战略的过程中能够同步调整和更新自己的管理方式。在昆钢已有的公司权力和治理结构下，组织学习层级从 0 级到 3 级，引发公司组织惯例的更新和动态能力的提升。这种方式促进了公司内外部协调，也加强了企业文化和组织结构的匹配，使得昆钢能够在战略变革过程中保持一致性与稳定性。

与集团公司主导的战略变革不同，昆钢下属子公司的战略变革则是根据各自的经营特点和市场环境进行的自发性调整。虽然子公司的战略变革也会受到集团公司战略的指导，但相较而言，子公司在进行战略调整时更多地依赖自身的运营经验和市场洞察。子公司通常会根据实际经营活动的需要进行战略变革，这一过程既是企业用人和激励机制的驱动结果，也是公司个体行为反思的产物。子公司在实施战略变革时，其反应速度较集团层面更为灵活，也能够更加迅速地适应市场变化，但其变革的影响范围相对较小，且受限于子公司的资源和权限，难以像集团公司层面的战略调整那样具有全局性的影响。

在昆钢的战略变革过程中，集团与子公司层面各自发挥着重要作用，前者提供了整体的战略方向和指导框架，后者则通过实际的市场经验和灵活的反应机制落实具体战略。两者的协同作用，不仅确保了战略变革的顺利推进，也加强了昆钢在激烈的市场竞争中的适应能力和抗风险能力。

总体而言，昆钢的战略变革动力机制体现了集团与子公司之间的相互作用和协同效应。在集团公司层面，战略变革主要依赖高层的决策引领和战略指导，而在子公司层面，战略变革则更具自主性和灵活性。这种多层次、多维度的变革机制，使得昆钢能够在不断变化的外部环境和日益复杂的市场条件下，始终保持较强的竞争力和发展潜力。通过这样的动力机制，昆钢能够在应对外部挑战时，迅速调整战略方向，及时进行资源配置和能力提升，从而实现企业的可持续发展目标。

（三）昆钢战略变革情景机制

作为战略变革的内外部情景机制，昆钢呈现如下的特征：

1. 内部情景机制

（1）企业文化机制：昆钢悠久的历史造就了企业文化深厚的沉淀，由于集团重视企业文化和精神文明的建设，强调公司理念、价值观与地域文化和工业文化的融合，使集团拥有较强的凝聚力和向心力，形成了较强的企业文化。昆明钢铁公司的企业文化是“创造价值”“创造文明”“造福社会”，在这一企业文化的指导下，昆钢通过改革求生存，通过加强管理求发展，不断进行产业结构调整，进一步优化产业布局，及时根据市场变化做出调整，在这个过程中昆钢也增加企业新的企业文化和价值。

（2）权力结构机制：昆钢子公司的权力较大，之所以是这种情况，主要原因有两个：第一，昆钢的子公司是创造利润的源泉，为公司创造了大量的价值。第二，昆钢的子公司管理着公司的运营资产，而且昆钢的母公司和子公司还存在一定的文化差异，这样就导致母公司和子公司之间的地位势差较小，因此，母公司实施的变革在子公司实施起来就比较困难。

2. 外部情景机制

昆钢对资源的利用率低，资源消耗速度过快，导致自然资源存量锐减。昆钢对资源的开发给地区带来了环境污染问题，地方政府和民众要求昆钢加大环保措施，提高节能减排技术，企业的环保压力加大。金融危机后宏观经济下行，市场竞争加剧，钢铁行业产能过剩严重及企业自身包袱沉重，严重制约昆钢可持续发展。昆钢产品附加值低、技术含量低，市场竞争力低，加之产品生命周期的缩短及顾客要求的日益多样化，不得不推出更多系列的产品参与竞争。资源过度消耗和外部环境的变化促使昆钢转变自己的经营和管理方式，以求生存与发展的空间。

四、昆钢组织惯例演化形成动态能力分析

（一）影响昆钢组织惯例更新的关键因素

近年来昆钢高层领导在改革上表现出一定的超前意识，为公司在竞争中赢得了资源优势与速度优势，也构建了集团持续发展的一

个基础。昆钢横跨资源型产业、服务业、新材料业和其他产业经营，集团高层领导班子注意风险的防范，实现了稳健经营。在稳健经营的理念下实施了一系列的风险防范措施，近年来公司营业总收入逐年上升，实现了扭亏为盈的良好态势，资产负债率逐年下降，营业毛利率逐年提高，企业盈利能力稳步提升，企业财务效益良好。

昆钢变革的成功主要是由于将技术创新和企业的战略变革结合起来，实现了昆钢新的组织惯例的形成，相对大多变革失败的企业来说，昆钢的成功并不是偶然的，也不是因为其形成了新的组织惯例，本书认为昆钢取得变革成功的因素主要有三个。

1. 组织学习机制

昆钢的所有员工，不管是高层还是基层都主动学习企业的变革思路，为了企业的变革积极改变，并且通过相互合作去接受变革，在逐渐的发展中，昆钢形成了集体学习、多层次学习、多方式学习的组织学习机制。并且经常针对企业在发展中存在的问题进行讨论和思考，及时找到解决企业困难的方法。一是采取员工培训、国内外合作等方式学习。为了培养专业技术人才，昆钢开展内部培训，选派优秀的科技人才到昆明理工大学、重庆大学等深造，去发达国家的大企业接受技术培训。二是采取“干中学”、师傅带徒弟等方式学习。三是采取轮岗、团队等方式学习。轮岗可以使员工了解掌握不同岗位的知识，不同员工互相交流学习并知识分享。成立各种团队，可以使知识在团队内部之间实现快速有效的扩散。

2. 创新机制

昆钢地处西南山区，地理位置不占优势，就使得昆钢不得不进行创新。同时钢铁业是一个竞争激烈的行业，在这个行业的游戏规则中，必须不断地求新求变，塑造自身的竞争优势。昆钢坚持深化改革求生存，强化管理求发展，以创新驱动加快培育发展新动能。把创新列在战略层面，公司战略层面一共有 3 个部门：第一个是战略发展部，第二个是董事会办公室，第三个就是科技创新中心。在科技创新中心下面，设立了科技创新研究院、国家级的技术中心、成果转化中心。2015 年，昆钢的机关部门从原来的 25 个精简到了现在的 12 个，具体为战略层面 3 个部门、执行层面 5 个部门、保障层面 4 个部门。体制机制的创新上：一是推进混改，持续加大混改力度；二是加快上市，推进资产证券化；三是优化薪酬制度，吸引留住人才。

创新不仅仅是一种口号，昆钢通过全体人员各种形式的学习将其落实到具体的行动当中。各种创新行动有很多，比如寻找差距，对照邯郸经验，推进成本核算，学习他们的优点，弥补自己的短板和不足开展创新。广泛发动、全员对标，从岗位做起，从自己做起，努力堵塞、跑冒滴漏，充分挖掘降本潜力开展创新。

3. 企业家精神

从昆钢的变革发展历程来看，昆钢的战略变革另外一个重要的因素就是企业家精神，也是推动昆钢变革的重要动力，为昆钢的发展起到了举足轻重的作用。昆钢的组织惯例更新和动态能力提升虽然能够改变企业的组织架构、企业的管理模式以及企业的运行机制，但是如果没有昆钢的管理者支持和推动，这些都是无法实现的。在昆钢党委领导下的民主集中决策机制充分发挥了组织灵活性，积极应对复杂变化的市场环境。为了保障组织惯例的不断循环，昆钢的领导者理念也在不断地演进，领导者提出了“深化改革求生存，强化管理求发展”“不断管理创新、技术创新、体制创新和机制创新”到“自我超越，求强创新”等理念，充分发挥每一个员工的能力，将企业的职位进行扁平化处理，从而使昆钢的产品与市场需求相适应，使昆钢保持了很高的动态应变能力。昆钢的管理者拥有很强的创新精神，并且积极推动企业进行战略变革，使企业的组织管理不断更新，并且在组织内部不断扩散，这有力推动了企业的战略变革。

总的来说，昆钢在企业家带领下，推动创新、敢于探索、主动变化、积极学习，昆钢的所有人员都在不断的变革中取长补短，相互学习，逐渐形成了昆钢独有的学习机制。

（二）昆钢的组织惯例演化形成动态能力分析

70 年来，昆钢横跨资源型产业、服务业、新材料业和其他产业经营，昆钢多个业务板块，多个架构改革及其所引发的系列变革有很多，为了聚焦基于知识的动态能力和组织惯例研究，更直观反映组织惯例演化形成动态能力，我们主要选取钢铁行业围绕技术的重大战略变革开展研究。

1. 知识获取与整合

昆钢前期消化吸收主要采取模仿创新的模式，这也大大提升了昆钢的技术创新能力。昆钢在 1950 年开始逐渐引入国外先进技术，这打破了昆钢原有的技术创新方式，这使得昆钢需要调整企业的管理模式、企业的知识管理模式和企业文化，去适应企业遇到的新的情况。为了进一步推动企业的技术创新，昆钢重点改造了企业的技术和知识体系，从而对新的技术进行消化、吸收和整合。

一是知识获取。知识获取是企业将外部有用的知识通过转化被企业内部所利用，从而为企业的加工生产服务。昆钢通过对员工进行培训、与国内外企业进行合作、自主研发新技术来进行知识获取。为了培养专业技术人才，昆钢开展内部培训，选派优秀的科技人才到昆明理工大学、重庆大学等深造，去发达国家的大企业接受技术培训。昆钢积极与国内外企业进行合作，如引进卢森堡阿尔贝特公司贝尔瓦尔厂 C 高炉建 2000 立方米高炉，引进了美国 Tippins 炉卷轧机，解决技术、制造、管理中的一些关键问题。

二是知识内化。知识内化是将显性的知识转变成隐性知识的过程，昆钢在企业内部通过师傅带徒弟、“干中学”的途径来实现知识的内化。昆钢是一家钢铁制造企业，目前，昆钢对市场的反应比较慢，因此，昆钢需要加快对市场的反应，而企业的快速响应能力源自企业的知识内化，昆钢当前已经在企业内部建立了一定的学习机制来加强企业的市场反应能力。

三是知识扩散。知识扩散是在不同的组织或个体之间进行知识传播与共享的过程。知识扩散是企业进行技术创新的前提，昆钢在企业内部极其重视知识在企业内部的扩散。昆钢知识扩散的特点就是企业的各个部门相互配合，将企业取得的知识成果在内部进行传播，然后各个岗位进行轮岗，系统学习，建立知识共享系统，让知识在企业内部进行传播。

知识整合是企业的管理者将已经内化的知识进行重新整理应用到企业产品开放的过程。昆钢进行战略性调整，推进归核化战略，以“创造价值、创造文明、造福社会”为企业宗旨，弘扬“求强创新、自我超越”的企业精神，积极抓住中央“三大战略”、西部大开发，以及云南省融入国家发展战略，建设面向东南亚辐射中心，实现跨越发展的重要历史机遇，加快产品结构调整和产业升级，持续推进高质量发展，加快企业的发展，从而高效整合企业的内部和外部知识以及资源。

2. 知识获取整合阶段的组织惯例

昆钢在知识获取和知识整合的过程中，制定了员工工作的规范、准则和制度，为企业员工提供了指导和借鉴，也在企业内部形成了新的组织惯例，即形成了建立起一系列面向市场、提高生产效率、对产品和技术进行功能性改进的操作惯例。昆钢重视的是组织惯例的稳定性，降低企业的风险，这些组织惯例的流程化程度比较高，可重复性比较强。在发展基本的运作能力如人力资源、财务、企业管理、生产上，昆钢取得了巨大的进步，制定了完善的规章制度。

3. 组织惯例演化

在进行知识获取整合的阶段，昆钢对国外的先进技术进行了深入学习，通过对知识整合和利用，将这些技术在企业内部进行传播和推广，在这个过程中，昆钢的员工通过多次实践建立一套完整的行为规范、工艺流程与规章制度，这些规章制度和行为规范为昆钢的员工提供指导，从而形成了昆钢的组织惯例。经过技术引进、消化吸收，知识和组织惯例的互动演化形成了常规性生产能力。

4. 知识搜寻与创新

（1）知识搜寻。知识搜寻是一个企业充分利用内外部渠道对创新的知识进行获取、识别、检验与评估，对知识进行整合，从而有效补齐昆钢技术创新知识的短板，促进企业技术创新活动的实施，为昆钢创造持续的竞争优势。昆钢从多个角度来对企业所需要的知识进行搜寻和整理，包括从供应商、顾客、竞争对手等渠道搜索与企业现有的差异化比较大的知识，如新技术知识、新管理理念、组织外部知识等。昆钢在企业内部也鼓励员工进行技术创新，激发了员工的创新动力、活力和意识，营造了一种创新的气氛，大大提高了企业员工创新的主动性和创造性。在企业内部评选创新之星，鼓励员工提出新想法、允许员工失败，敢于尝试，将创新绩效纳入员工的绩效考核。

（2）知识创新。在进行知识搜寻、知识获取和知识整合的过程中，昆钢形成了创造新知识、新技术的途径。第一阶段是对现用的技术进行选择和评估，昆钢在企业内部进行知识创新的思路是鼓励员工对企业的技术提出新的思路、构思和观点，并对提出的这些观点和看法进行评估，重点开展新技术、新工艺和新产品的研发及产业化，有力地促进了公司产业发展和结构的变革升级。第二阶段是战略支持创新。昆钢在科技创新中心下面，设立了科技创新研究院、国家级的技术中心、成果转化中心。2018 年已拥有 6 个院士工作站、12 家省级企业技术中心、高新技术企业 12 家，拥有企业发明专利 227 项，先后获国家及省部级科技成果奖 8 项。充足的资金和战略支持使昆钢能够跟踪国际先进的技术理念和技术方法，始终站在技术的前沿。第三阶段是产品的生产和市场化。技术创新成功以后，需要将技术转化为畅销的产品并进行生产，昆钢也通过技术创新实现了产品的规模生产，并且通过合理的营销将产品推向市场，从而为企业赢得持续竞争优势。

5. 搜寻创新阶段的组织惯例

搜寻创新阶段的组织惯例一定程度上是对操作惯例进行更新和修改，操作惯例一个很重要的特征就是路径依赖，组织按照企业的组织惯例进行技术学习，可以节约很多的时间和资金成本，如果已有的组织惯例不利于企业的技术创新，企业就要对已有的组织惯例进行惯例更新。本书通过对昆钢进行访谈，发现昆钢为了进一步适应内外部环境，通过对知识进行管理和在内部建立学习机制来不断更新企业的组织惯例，从而不断搜索新的技术。

6. 组织惯例演化与动态能力形成

昆钢为了促进知识搜寻与知识创新，先后推出了多项促进技术创新的措施，制定了完善的行为规范和规章制度，从而在内部形成了搜寻的惯例，此外，这些行为规范、规章制度可以使得昆钢的技术创新有章可循，推动昆钢的技术创新。在昆钢搜寻惯例的指导下，昆钢对新知识进行搜寻和应用，从而提高对外部环境应对的灵活性。通过重构企业的创新知识，获取多种多样的知识，优化企业的资源配置，为企业获取了一定的竞争力。昆钢也因此建立了一套适应外部环境变化的搜寻惯例，从而提高了企业的动态能力。

通过对创新的知识进行搜寻，建立了昆钢独特的动态能力和技术创新能力，昆钢也因此在很多关键技术上取得了突破，如钢铁的冶炼和锻造技术等在国内外都保持了领先。

7. 组织惯例—动态能力—战略变革的演进规律

新中国成立之初，由于当时中国技术基础薄弱，引进国外先进技术是昆钢生存的必然之路。但引进技术之后，对国外先进技术进行学习和使用是企业的头等大事，照抄照搬肯定不符合昆钢发展的实际，因此，需要对其进行整合，并获得符合自身生存的组织惯例和生存能力。因此，昆钢在引进国外先进技术的基础上，又搜寻了新的知识并结合实际发展情况，不断地创造出新的技术，这一过程不仅对昆钢的发展具有重要影响，还帮助企业获得了搜寻惯例（动态能力）和创新性技术能力，实现了企业跨越发展。

在知识获取整合阶段，组织惯例演化的结果是形成操作惯例和常规性生产能力；在知识搜寻创新阶段，组织惯例演化的结果是形成动态能力和创新性能力。当昆钢实现了知识与技术创新，动态能力就会进入到新的阶段。企业进入到新一轮的知识循环，继续产生新的知识和更高层面的技术，反复循环，最终企业的动态能力呈螺旋式上升，这是一个不断更新的过程，也是创新发展的过程。昆钢开拓进取，通过不断地知识与技术创新，组织惯例与动态能力循环，从专业化、多元化到归核化，实现技术跨越，实现了战略变革，形成了相互支撑的良性格局和不断上升的成长空间，获得可持续的竞争优势，见图 5－3。

五、基于组织惯例与动态能力作用的昆钢战略变革分析

70 年来，随着内外环境的变化，昆钢经历了多次战略变革，借鉴国外、国内大型钢铁制造企业的发展经验，加强技术创新，提升动态能力，推动公司从专业化到多元化再到归核化的战略，摆脱资源和环境制约。为提升研究的效果，本书聚焦昆钢 2015—2018 年前后的战略变革情况进行分析。

（一）战略变革前情况

由于长期地处西部，当时的昆钢整体处于老国企的经营管理状态，职工并未严格按照市场导向做事，人员多、包袱重、结构失衡、核心技术有待提升等多重因素叠加。经笔者调查，当时昆钢主要以章程办事，来指导组织成员进行工作，当遇到相似问题时，常常采用以前的处理方式，考虑其他业务少，考虑客户和市场需求少。昆钢职工在实践行动中交互学习、集体性学习形成的集体性的默契、共识和观念主要是我自己工作很忙，做好自己的事情，依照要求办事，规定和现实就是如此，变革风险比较大。职工所接受的

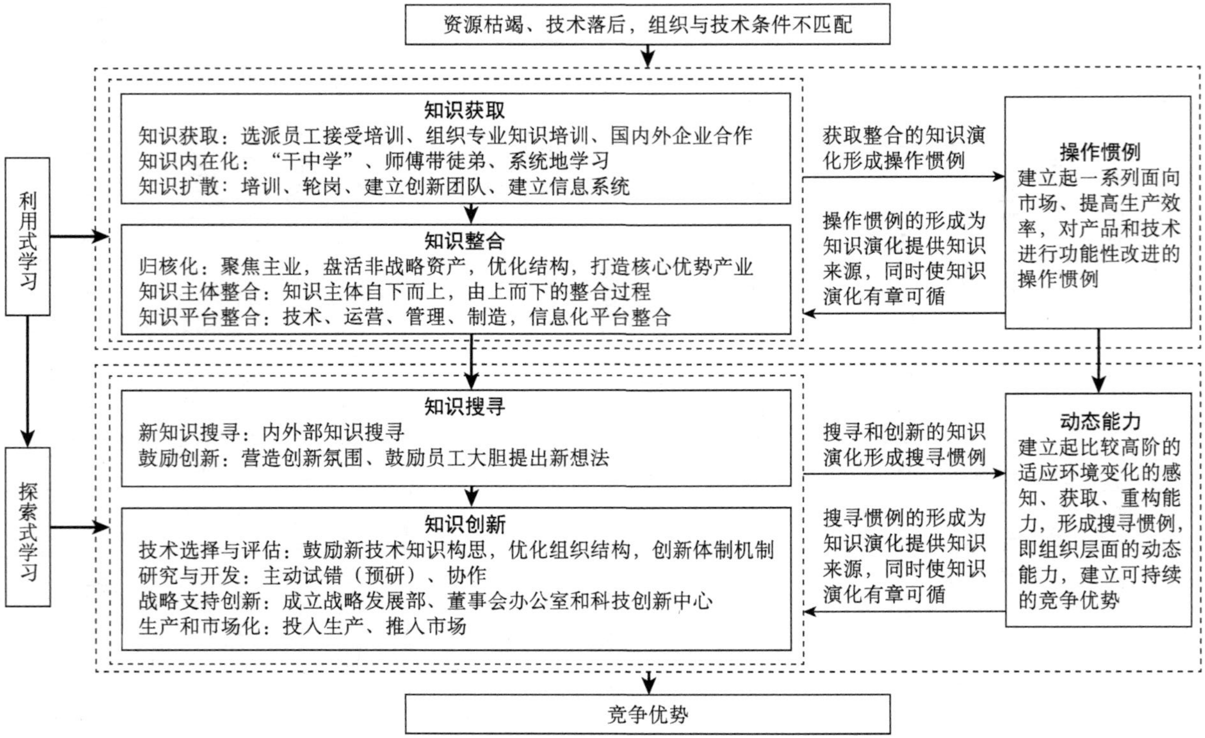

图5-3　昆钢组织惯例演化形成动态能力

企业不成文的规范以及内隐知识主要是客户和市场离我远，工作干好就行。

2015 年，随着我国经济进入新常态，钢铁行业也遇到了前所未有的危机，面临很多问题，具体表现为：产能过剩、库存偏高、资金周转困难、经营亏损等。昆钢地处西部，长期依靠矿产资源生存发展，面对外部环境变迁，昆钢未能及时搜寻信息和知识，预判所处钢铁行业所处环境巨大变化、发展趋于衰退期，反映出昆钢感知能力较弱的劣势，这也是整个西部资源型企业整体通病。昆钢主要是通过客户洽谈、技术确认、订单执行等途径获取市场信息，依靠中高层管理者对外部认知能力来搜寻外部市场需求变化，对处于市场前沿的一线市场员工没有充分挖掘，加之大型国企重大决策程序复杂，流程时间长等种种原因，没有感知到存在的威胁，对自身资源与能力评估不准确，未能识别变革的正确方向，把握时机应对的能力较差。昆钢利用感知到的外部产业、市场、技术、竞争对手等的威胁和机会，主要是依靠高管集中式的决策，对现有的资源和能力进行整合、重组和利用，制定出对应的政策、方案等。昆钢具有良好的多层次、多形式组织学习氛围和创新基因，在内部通过沟通渠道的畅通、知识共享等形式，对知识进行转换和探索产生新知识，并对新知识加工利用。昆钢学习邯郸钢铁经验，模拟市场核算、实行成本否决，对市场等人员业绩考核与市场挂钩，通过技术创新、结构创新和管理创新实现机会和资源的转换。

（二）战略变革情况

2015 年，是我国钢铁行业近 10 年来较困难的一年。当时昆钢全年亏损 37 亿元，公司与环境不再匹配，生存面临严重困境。

2015—2018 年昆钢开始了为期三年的激进战略变革，推进结构调整，突破“临界点”，谋生存，求发展。昆钢通过新组织惯例与动态能力的演化，即生成惯例变异、惯例搜寻、惯例复制和惯例保存四个阶段，并由探索式学习、知识外显化、利用式学习和知识内隐化四种方式来推动形成战略变革。通过组织惯例演化的这四个阶段，昆钢的感知、整合和重构能力也随之构建和发展起来，并反向影响着组织学习与新的组织惯例的转化过程，见图 5－4。

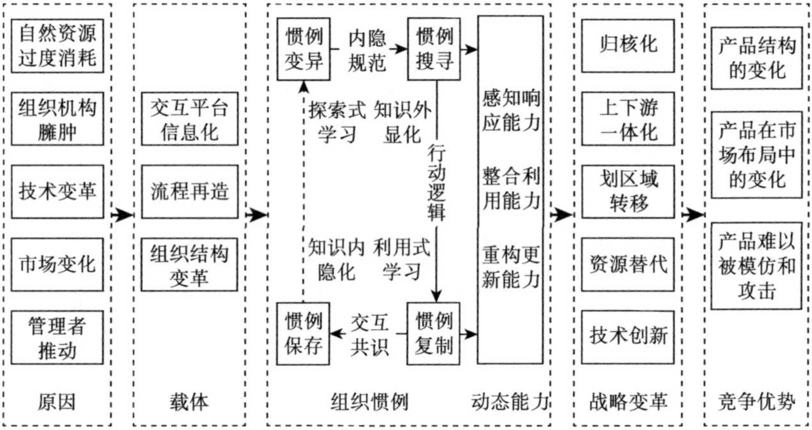

图 5－4　基于组织惯例与动态能力作用的昆钢战略变革

在第一阶段，昆钢采用探索式学习方式。通过交流、搜索、试验、探索和创新等方式来积极主动的发现新策略、寻找新规则和创造新知识，以更好地应对内外部环境变化所带来的机遇和挑战，增强组织的灵活性和创新性。例如，通过与供应商和顾客进行积极的交流，以了解市场需求，然后搜索与昆钢接近的攀钢等竞争者相关产品的信息，并结合昆钢自身实际情况，对企业中各种资源进行重新调整组合，形成多种方案，以促进企业战略变革，实现可持续发展。通过吸收新知识，对既有的产品、服务以及流程等进行变革，产生实质性创新，发生惯例“变异”。昆钢所产生的新的组织惯例，是基于原有核心资源所形成的组织惯例，是昆钢所应追寻的新的惯例。生成变异性惯例是组织惯例进化形成感知能力的逻辑起点，而该阶段主要由探索式学习来完成。

在应对环境变化的变革过程中，昆钢的企业战略经历了从专业化、多元化战略到目前的归核化战略，促进组织惯例体系内的变异和知识获取能力、知识整合能力的产生。昆钢战略变革过程的逻辑起点就是企业所接受的产能过剩、结构失衡，巨额亏损，生存困境等刺激，但昆钢巨大的资源依赖性和地域保护性也是难以挣脱的桎梏。

对于昆钢来说，企业能够成功的实现战略变革，这是因为企业能够及时了解顾客的需求，并对冶金、新材料等技术变革具有较强的敏锐度，并能作出快速反应，但其根本源于企业具有较强的动态能力。昆钢企业能够完成从钢铁制造企业向传统产业、现代物流电商产业、新材料产业、节能环保产业、先进装备制造产业和现代服务业等六大产业转变，这就说明了企业确实具备较好的动态能力。为了提高企业的动态能力，激发全体员工的积极性和创新主动性，昆钢不断地对企业战略和组织结构进行变革。具体来说，对职能部门重新整合，将所有员工的工资与企业绩效挂钩，使得每一个员工都能成为企业接收外部刺激的突触并主动变革。为了能迎头赶上国内外大型制造企业多年的积累，昆钢通过建立战略联盟联合武钢集团、招商集团等来弥补自身的不足，实现了跨地域的交流和合作，打造出了一个知识流通的超级平台，以战略演进推动的组织惯例的变异产生。

在第二阶段，是不断对变异性惯例进行“搜寻”的过程。昆钢通过第一阶段“变异”所获取的新组织惯例往往是内隐规范，如新的企业愿景、价值观、治理结构等，即这些惯例零散模糊的存在于组织内部成员之中，昆钢主要是依靠中高层管理者集中式的决策，同时依靠全体职工、咨询公司等多方参与的决策制定过程，制定出相应的流程、方案、政策等，通过惯例的外显化将其转化为整个企业的行动逻辑。

为了获得持续的竞争优势，昆钢开始搜寻新的技术和鼓励创新。通过定期举行创新拼比活动，来营造创新氛围，提高企业员工的创新意识；通过设立科技进步奖等提高创新的积极性。此外，昆钢还积极塑造变革的企业文化，一方面，通过相关培训来消除员工对创新的恐惧；另一方面，由领导带头实施创新活动，并对创新结果及时反馈，以带动全员创新的积极性和热情，并取得了很好的结果。

在第三阶段，昆钢在“搜寻”之后，新的组织惯例必须要在企业内复制或者说传播，以充分发挥企业内部各组成部分间的协同效应，因此是对基于“变异、搜寻和保存”的传统演化模型的一个补充，实质上是一种利用式学习。

昆钢对获取到的知识进行“提炼、选择和执行”，并将其运用到企业中去。例如，为了能够使获取到的新技术或新的运作方式运用到企业中，昆钢采用了多种学习方法，使新技术或新的运作方式在整个企业中得到推广。具体方式为：将新技术或新的运作方式整理成资料，并向公司所有员工下发资料供其学习；请专业团队对相关负责人进行指导学习；上下级之间的沟通学习；向优秀员工学习等。利用式学习可以帮助企业更好地挖掘昆钢内部各个产业的市场需求，有利于企业更好地对内外部资源进行整合利用，对原有的产品和服务进行改进，以满足市场。昆钢通过新的组织惯例在组织内碰撞使其与原有组织惯例融合，组织成员在实践行动中交互学习，形成默契、共识和观念，对实践中组织运作规则进行总结，最终形成交互共识，使新的组织惯例得到整个企业层面上的认同。

昆钢的复制机制并不是一味盲目的复制，而是以开放式创新平台为保障，这有利于复制动力源更加规范，在一定程度上降低了惯例复制的盲目性，有利于高质量知识的传播，并能够提高企业吸收整合资源的效率。在复制阶段，昆钢的企业战略和创新文化都是惯例复制的助推力。深入人心的学习、创新的思想和机制保障，对于惯例复制是必不可少的。由于昆钢企业的运营机制和组织架构具有较好的动态性和交互性，同时由于企业具有良好的创新文化和激励机制，这就使得企业的惯例复制速度很快。

在第四阶段，为了将组织惯例“保存”，昆钢将交互共识内化为内隐规范，形成指导企业运作的企业文化、规章制度等。在此阶段，新的组织惯例最终被视为一种制度或文化而稳固下来，潜移默化的影响着企业的战略决策与发展方向。例如，昆钢在变革中形成了“自我超越，求强创新”的企业精神与“从追求数量规模向追求质量效益转变，从制造商向服务商转变”的企业愿景。

通过以上四个步骤，昆钢在组织学习以及惯例演化的进程中所进行的“平台—飞跃”交替进行形成新的组织惯例体系和动态能力，推进了整体战略变革，提高了服务客户、创造价值的能力，实现了从追求数量规模向追求质量效益转变。

（三）战略变革后情况

经历了2015年巨亏，昆钢在高层的带领下破釜沉舟，通过三年激进的战略变革实现了扭亏为盈到蒸蒸日上。2018年，整个职工精神面貌、行为模式发生较大变化，组织惯例发生了较多的调整，动态能力得到了提升，基本实现了企业目标。

昆钢变革推动了以组织惯例为基础的公司发展和内部管理控制匹配的组织内部行为模式的变革。公司高层在跳出企业既有战略的基础上，对公司发展战略进行了重大调整。在战略变革过程中，昆钢发生了组织机构和权利结构机制的变革，在组织学习文化、企业家精神和创新基因支持下，组织惯例变化使业务部门的知识的沟通相对较为流畅，战略变革得以保留实现。

昆钢指导着组织成员具体实践的行动逻辑改变为处理相似问题的时候会自发地考虑如何改进，加强与其他业务人员沟通，考虑客户和市场需求。昆钢职工在实践行动中交互学习、集体性学习形成的集体性的默契、共识和观念转变为大家一起工作，依照要求办事，方便和服务客户，帮助公司扭亏为盈。企业职工所接受的企业不成文的规范以及内隐知识转变为积极推进体制机制创新，从公司整体出发，以市场和客户为导向，我是工作的一个环节。

昆钢的感知能力转变为建立研发、市场和客户等系统，通过系统数据挖掘用户和市场需求，对处于市场前沿的一线市场员工充分挖掘，依靠全体人员对外部认知能力来搜寻外部市场需求变化，感知存在的威胁和机会，加强对自身资源与能力评估，把握时机积极应对。昆钢的整合能力转变为昆钢利用感知到的外部产业、市场、技术、竞争对手等的威胁和机会，全部资金纳入预算管理，无预算不安排资金，参考麦肯锡等咨询公司意见，减少中间传递环节，对职位职级扁平化处理，更好地与市场相适应，保持高度的动态性，依靠高管集中式的决策，对现有的资源和能力进行整合、重组和利用，制定出对应的政策、方案等。昆钢的重构能力转变为全部部门包括研发、生产、营销、财务等部门与企业绩效相挂钩，在战略层面推动创新，在科技创新中心下面设立了科技创新研究院、国家级的技术中心、成果转化中心，从主要依靠研发部门到发挥每一个员工的创新能力，实现机会和资源的转换。

昆钢战略变革前后组织惯例与动态能力变化情况如表 5－3 所示。

表 5－3　战略变革引起的组织惯例和动态能力变化情况

项目		战略变革之前	战略变革之后
组织惯例	行动逻辑	按章办事，处理相似问题的时候会考虑企业以往的实践，考虑其他业务少，考虑客户和市场需求少	处理相似问题的时候会考虑如何改进，加强与其他业务人员沟通，考虑客户和市场需求
	交互共识	我自己工作很忙，做好自己的事情，依照要求办事，规定和现实就是如此，变革风险比较大	大家一起工作，依照要求办事，方便和服务客户，帮助公司扭亏为盈
	内隐规范	积极推进创新，从个人出发，客户和市场离我远，工作干好就行	积极推进体制机制创新，从公司整体出发，以市场和客户为导向，我是工作的一个环节
动态能力	感知响应能力	通过客户洽谈、技术确认、订单执行等途径获取市场信息，依靠中高层管理者对外部认知能力来搜寻外部市场需求变化，感知存在的威胁和机会	建立研发、市场、客户等系统，通过系统数据挖掘用户需求，依靠全体人员对外部认知能力来搜寻外部市场需求变化，感知存在的威胁和机会

续表

项目		战略变革之前	战略变革之后
动态能力	整合利用能力	利用感知到的威胁和机会，主要依靠高管集中式的决策，制定出相应的政策、方案等	利用感知到的威胁和机会，推行全面预算管理，参考咨询公司意见，职位职级扁平化处理，更好地与市场相适应，保持高度的动态性，依靠高管集中式的决策，制定出相应的政策、方案等
	重构更新能力	模拟市场核算、实行成本否决，对市场等人员业绩考核与市场挂钩，通过技术创新、结构创新和管理创新实现机会和资源的转换	全部部门与企业绩效相挂钩，在战略层面推动创新，在科技创新中心下面设立了科技创新研究院、国家级的技术中心、成果转化中心，发挥每一个员工的创新能力，实现机会和资源的转换

（四）昆钢战略变革的结论

根据2011年昆钢主营业务收入情况分析，其中资源业占比64.14%，服务业占比29.08%，新材料业占比4.13%，其他业务占比2.65%，昆钢以资源业为主要业务入来源，非资源产业为辅业。近年来，昆钢在后金融危机背景下，资源主业受到重创，非资源产业发生了巨大的变化。经过多年发展，昆钢在省内地位、股东支持力度及铁矿石资源等方面继续保持优势，且公司非资源业务经营压力缓解，投资收益增加，盈利水平和经营获现能力持续好转。2015年昆钢积极推动归核化战略，按照“推动产业结构和管理转型升级”两项变革升级路径，围绕资源、现代服务业两大主业发展。2018年昆钢资源板块和现代服务业板块经营情况有所好转，分别实现收入152.99亿元和389.85亿元，同比分别提高10.65%和1.15%，带动全年营业总收入增至568.82亿元；资源板块毛利率稳定，贸易物流板块毛利率的提升带动全年毛利率上升至8.65%。根据

2018 年昆钢主营业务收入情况分析，其中资源业占比 26.94%，服务业占比 68.61%，新材料业占比 3.19%，其他业务占比 1.25%，资源业收入占比下降明显，已经不再是昆钢的主营业务，非资源产业尤其是服务业成为昆钢的主要收入来源。2018 年，昆钢已建成为多元业务格局、产业升级、模式创新、效益初现的企业集团。

经过战略变革后，2015—2018 年公司分别实现营业收入 356.83 亿元、484.15 亿元、549.85 亿元和 568.82 亿元，公司营业总收入逐年上升，2015—2018 年公司分别实现净利润 -37.16 亿元、0.54 亿元、4.59 亿元和 9.44 亿元，实现了扭亏为盈的良好态势。经营活动产生的现金流量净额逐年净增，2015—2018 年分别为 3.46 亿元、4.84 亿元、14.61 亿元和 23.63 亿元，说明了企业现金流量充足，现金能力稳步提升。2015—2018 年资产负债率逐年下降，从 70.40%、68.20%、67.07% 到 66.80%；营业毛利率逐年提高，从 5.11%、5.95%、7.92% 到 8.65%；总资产收益率逐年提高，从 -6.67%、1.22%、4.35% 到 5.38%，企业盈利能力稳步提升。

随着内外环境的变化，昆钢高层管理者推动了自上而下的多次战略变革，借鉴国内、国外大型钢铁制造企业的发展经验，加强技术创新，从专业化到多元化再到归核化的扩张，摆脱资源和环境制约。2015 年重大战略变革后，公司完善了公司的治理结构，推进了扁平式变革，产业结构调整取得成效，企业文化有改变。新兴产业对昆钢形成重要支撑，企业创新能力、综合竞争力和可持续发展能进一步增强，形成了区域具有竞争力和影响力的创新型大型企业集团。总体来看，昆钢的组织惯例发生更新，动态能力提升，推进了整体的战略变革。

本章从动态能力和组织惯例的协同演化视角对西部资源型企业战略变革过程进行了详尽的研究，我们发现新旧动态能力的替代过程就是企业的战略变革过程，因此，可以说战略变革的本质是企业动态能力的演化过程；而动态能力又是基于组织惯例，组织惯例是保证动态能力以新代旧的基础。基于此，这里我们认为战略变革以企业战略演进、组织架构变革等为载体，围绕惯例变异、搜寻、复制和保留4个阶段循环进行的动态能力与组织惯例的协同演化过程，提出了基于组织惯例和动态能力影响作用的昆钢战略变革机制。

根据近几年对昆钢的实地调研，发现在集团公司总部以及各子公司内部，组织惯例和动态能力发生了变化。子公司的组织惯例发生了较多的调整，但这种调整限定于子公司之内，并没有向集团层面及以外传导；子公司的权力存在过大问题。

六、昆钢等四户西部资源型企业战略变革过程及结果

现阶段，西部资源型企业发展较为滞后。主要原因：大多数西部资源型企业采用粗放型的经营模式，使用的技术水平也比较落后，致使资源开发利用率低；同时主要依靠资源发展，对资源过度开采，在一定程度上影响了企业的可持续性发展。西部资源型企业要持续发展，做大做强，就必须要进行战略变革。在环境变化中寻找企业发展线索，采取相应的战略变革方式，实现战略变革。这里以昆钢、瓮福、云天化和云锡四家资源型企业为例，对其发展、战略变革的方式、路径和结果进行分析，见表5－4。

以上4户案例企业均地处我国西部区域，都是依托当地丰富的矿产资源建立起来，受到国内外环境动态变化影响很大。如政策层面的变化，有时有利于的企业发展，有时则可能推高企业的运营成本；市场层面的变化，市场上的需求总是出现局部性的波动，企业

表 5-4　西部资源型企业发展与战略变革过程及结果

企业	环境变化视角下的发展	战略变革	变革结果
昆钢	2003 年谋求上市未果。 2008 年受国际金融危机的冲击，国内市场钢铁价格大幅回落，原材料价格居高不下。企业面临巨大成本压力。 2008 年后，全国产能大幅提升，行业竞争压力不断加大。“十五”末期，昆钢作为单一的钢铁冶金工业产业的风险日渐显现，并于 2015 年陷入全面亏损的境地。 本地区重型装备制造业发展水平较低，缺乏汽车、轮船、机车等产业的钢铁消费市场需求。产品在本地市场和周边市场消化十分困难。 2017 年，国家环保政策趋紧，并逐步推行绿色节能产业发展等相关政策。高污染冶炼行业影响颇大	摆脱资源和技术瓶颈，开展多元化战略：2006 年提出并实施“主业优强，相关多元”的多元化发展战略。 2007 年引入战略战投武钢进行重组。 2008 年，确定了积极调整产业结构、转变发展方式、培育非钢支柱产业的重大战略。随后企业进入漫长的调整期。 2017 年，昆钢制定了“钢铁筑基、多元并举、产融结合、绿色发展”的发展战略	2003 年错失上市机遇，2006—2008 年战略大幅调整，对企业整体影响较大。同时，为谋求发展，资产负债率一直呈上升趋势，Z_a 和 Z_t 反映出财务风险不断报警。 2008 年，受到金融危机的冲击业绩大幅下降。2015 年 PMI 指数跌至 49.94，整体经济缓慢前进阶段，业绩立即跌入低谷，亏损 37.16 亿元。 自 2016 年以来，中国的经济开始缓慢前进，昆钢的销售收入和利润呈现上升趋势，资产负债率逐渐下降，风险指数 Z_a 和 Z_t 也在上升，财务状况逐步改善。 2017 年，昆钢盈利 4.59 亿元，一举摘掉亏损帽子，到了 2018 年，昆钢营业收入突破 500 亿元，利润达到 9 亿元

续表

企业	环境变化视角下的发展	战略变革	变革结果
瓮福	1990 年建立矿肥一体基地，但是由于矿石品位低，不能直接制酸，不得已开发选矿剂—“WF-01”和“WFS”两项自主核心技术。 2000 年，我国磷精细化工目前尚处低端发展局势，相关产品生产成本高且环境污染较大。以色列化工、三井化工的精致磷酸产品在世界范围内垄断市场。 2006 年，沙特阿拉伯曼阿顿项目向全球招标。当时名不见经传的瓮福集团以 WF-01”和“WFS”技术和专业化的团队打动投标人，成功获得 EPC 总包资格。 2008 年，全球硫酸市场大变动及全球金融危机，导致整个行业出现巨幅亏损。 2012 年，受全行业产能过剩影响，不得不考虑调整传统化工与精细化工产品结构比例。 2017 年，国家环保政策趋紧，企业并未受到影响	公司创建之初，即瞄准国际行业领先技术，确定了技术创新与成本领先的道路。但是在发展过程中却面临矛盾。幸运的是，“WF-01”和“WFS”两项自主核心技术，实现产能扩张。 2002 年实施精细化工战略，随后又实施低成本扩张战略。不断成功获得以色列精致磷酸技术，并实现中国化改造，产能大幅提升，奠定中国精致磷酸在世界市场的地位。利用技术优势实现资源对调和跨区域转移：先后建立新基地（资源互补），实现降低成本的目标	2008—2018 年的营业收入连年增长，但利润的增长与收入增长并不匹配，在前两年出现增长之后，2012—2014 年开始呈下降趋势。 2015 年，在全国经济出现衰退迹象时，瓮福却盈利 1.74 亿元，但在 2016 年却亏损了 0.46 亿元，而后又重新实现利润增长，并在 2018 年实现净利润 1.52 亿元，是近五年来盈利最佳的一年。 10 年间，资产负债率基本上呈现逐年上升的趋势，并在 2015 年达到最高点，可以说经历了极为困难的年份。2016 年和 2018 年的风险指数 Z_a 均小于 1，瓮福虽然能够一直保持增长或者小幅增长，但潜在的风险依然存在。2015 年前可以说，受外部环境影响不大，之后技术创新未能呈现更大突破，受外部环境和内部资源影响开始暴露

续表

企业	环境变化视角下的发展	战略变革	变革结果
云天化	20 世纪 90 年代初期，总体氮肥市场扩张迅速，云天化的业务受到冲击；多方努力成功嫁接磷肥业务。 2001 年我国加入 WTO 后，化肥行业全面放开，化肥市场出现相对过剩。 2003 年，云南省政府对磷资源连续实行产业整合。 2006 年，行业竞争进一步加剧，限制了化肥行业获利能力，加之原材料价格快速上涨、国家控制化肥价格和原料资源供给等因素，氮肥企业规模扩张受到制约。 2012 年，全球产能过剩，化肥行业持续低迷，市场需求疲软。 2017 年，国家继续加大对农业的扶持力度，并出台取消氮肥、磷肥等肥料出口关税的相关政策	借助 1999 年和 2003 年两轮省内主导的上下游整合，云天化获得了得天独厚的发展机遇。在实施“以肥为主，相关多元”的产业发展战略，以磷肥和磷化工为主，围绕磷积极打造产业链的思想下，不断巩固这种认识。通过扩大产能成为世界排名第二的磷复肥企业。企业业绩得到了大幅度的提升。 在产能扩大的同时，为实现氮磷钾资源的更大整合，开展跨区域转移。先后在老挝、青海、内蒙等区域拓展生存空间	2008—2018 年，云天化的销售收入总体上来看处于波动中上升的趋势，尤其是从 2011—2012 年，营业收入从 101.2 亿元增至 587.1 亿元，增长了将近 6 倍。但是在盈利能力上，其利润处于不稳定的状态，从 2009—2013 年，云天化集团盈利金额总体呈上升趋势，并在 2013 年达到巅峰 4.88 亿元，但在 2014 年和 2016 年 PMI 指数反映整体经济压力较大，同时资产负债率一直居高不下，始终维持在 0.90 以上，风险指标上就是 Z_a 指数基本上均小于 1，财务表现上分别亏损了 27.56 亿元、33.34 亿元，Z_a 得分极低，企业面临破产的危机。企业不得不通过重组、资产剥离、再融资等方式，勉强维持不亏损

续表

企业	环境变化视角下的发展	战略变革	变革结果
云锡	20世纪80年代，有色金属价格持续下降，市场需求疲软，企业面临产品产能过剩、技术水平不足、生态环境制约的“三重约束”。 1991年开始，国家推行以转换经营机制为重点，要求注重从粗放经营向集约经营转变。 1998年，国家对深化国有企业改革营造了良好的环境条件。企业开始深挖潜能，逐步接受市场机制。 2012年以来，云南省政府提出“打好国企改革攻坚战”的安排部署，突出以“六个一批”为抓手，努力实现瘦身健体，强推深化改革。云锡积极响应。 2015年，有色行业进入低谷，产能过剩、国际竞争加剧、质量效益不高等一系列问题。 2016年，国家启动“三去一降一补”改革。云锡借力成功	1997年，提出“三年脱困”机制和“五年发展”的战略构想。 1999年，开展实施“主业超强，相关多元，多业支撑，科学发展”的产业战略。 2002年，提出实施“立足省内、巩固周边、拓展省外、探索国外”大资源战略。 2015年，为推进企业市场化机制，内部挖潜，云锡确定对内部组织实施改革，确定了实施“三年打基础、五年大翻身、十年创辉煌”发展战略，提出“发展云锡走出困境”战略，进行二次创业	2008—2018的10年间，云锡的销售收入呈现持续上升的趋势。这与总体上公司资产负债率比较稳定有关（注：除了在2012年超过0.8以外，其余时间均维持在0.7以下，财务风险控制较好）。但是2012—2015年，企业盈利能力持续下降，特别是在2013年和2015年出现大幅亏损，其中在2015年PMI指数跌破50的情况下，云锡亏损多达17.74亿元。2016年随着整体经济逐步复苏，结合国家“三去一降一补”机遇，在锡资源主业经营未实现大突破的情况下，借助多元化发展的积累实现扭亏为盈，当年盈利2.43亿元。其后，多元化战略开始显露出更大的效益，企业在2018年利润首次突破10亿元大关

来不及反应，陷入被动；技术层面上的变化在一定程度上会影响整个市场需求的变化，使得企业无所适从。为了应对环境的变化，案例企业中的3户（昆钢、云天化、云锡）首先选择了多元化的道路，而瓮福首先选择的是技术创新道路，并以1533项专利数目的总量领先于同行企业。然而，归根结底（截至2018年的结果来看）所有企业最终都走上了不同程度的多元化或归核化战略。

同样地，可以发现，高负债和高风险几乎伴随着战略变革的整个过冲，即所有变革的代价都是高负债的维持，以至于企业风险指数几乎都出现了“爆表”的情况。其中云锡、云天化都出现过临近破产的窘境。在企业的操作层面，特别是战略的分析与决策上，多元化可能是应对环境突发变化比较容易理解的战略举措，因此是企业最常使用的方法。但是多元化的道路首先带来的是高负债风险，其次是商业能力不足产生的经营风险。云锡、云天化的多元化战略在应对环境变化方面的短期效果并不显著，云锡甚至在经历了几轮多元化后不得不回归主业。近期来看，只有昆钢的归核化效果比较明显。

同样地，技术能力的升级和拓展也需要资金的投入，但不必通过高举债实现，相应的前期风险较低，但转化过程长，短期收益不明显。进行技术创新尽管也存在着一定的不确定性，但一旦成功，则有可能为企业建立坚实的屏障（如瓮福在选矿、净化技术上的投入使其在两次经济不景气的阶段顺利渡过难关）。从瓮福在建厂之初，发现重钙已经在技术上无法满足市场变化时，立即将重钙装置改造为磷铵装置开始，一路走上了技术优先的道路。一种惯例开始在企业中得到复制和保存，由此开启了瓮福很长一段时间的竞争优势。同时我们也发现，从2014年后，瓮福在技术创新上的突破大不如前，对环境变化的依赖逐渐变强，见表5-5。

表 5-5　　2008—2018 年 PMI、企业的主要财务指标与经营风险指标

指标		2008 年	2009 年	2010 年	2011 年	2012 年	2013 年	2014 年	2015 年	2016 年	2017 年	2018 年
PMI		51.33	51.64	53.98	51.70	50.73	50.73	50.77	49.94***	50.18**	51.59	50.90
收入	KG	128.59	165.17	205.04	266.67	320.02	369.71	425.12	356.83	484.15	549.85	568.82
	WF	104.01	114.16	150.75	242.96	316.07	376.08	400.31	405.05	408.19	416.62	409.07
	YTH	77.04	60.28	71.41	101.20	587.10	559.00	544.90	502.70	530.10	559.70	529.80
	YX	91.64	71.55	92.67	128.40	162.80	219.20	277.70	310.80	334.30	344.10	396.00
利润	KG	4.37	8.22	8.26	11.68	1.35	0.41	0.12	-37.16	0.54	4.59	9.44
	WF	1.21	1.44			1.34	0.62	0.48	1.74	-0.46	1.30	1.52
	YTH	8.24	0.01	3.00	2.39	4.02	4.88	-27.56	1.91	-33.34	2.59	2.52
	YX	0.22	1.31	3.66	6.98	0.64	-13.37	1.92	-17.74	2.43	8.95	11.23
资产负债率	KG	0.42	0.46	0.53	0.59	0.64	0.65	0.67	0.70	0.68	0.67	0.67
	WF	0.61	0.57	0.63	0.70	0.76*	0.75*	0.80**	0.79*	0.79*	0.78*	0.72*
	YTH	0.69	0.69	0.71*	0.69	0.79*	0.85**	0.90***	0.90***	0.92***	0.92***	0.91***
	YX	0.64	0.65	0.59	0.68	0.81**	0.70	0.63	0.68	0.68	0.60	0.59

续表

指标			2008年	2009年	2010年	2011年	2012年	2013年	2014年	2015年	2016年	2017年	2018年
风险指数	KG	Z_a	1.18**	0.92***	0.83***	0.94***	0.79***	0.77***	0.74***	0.32***	0.69***	0.88***	0.88***
		Z_t	20.51	18.86	21.74	20.70	16.28	15.08	14.96	8.00	5.76	17.10	17.90
	WF	Z_a	–	–	–	–	–	1.23**	1.02**	–	0.95***	1.05**	0.91***
		Z_t	–	–	–	–	–	–	19.97	–	19.29	18.82	20.72
	YTH	Z_a	0.78***	0.60***	0.40***	0.47***	0.78***	0.72***	0.39***	0.41***	0.17***	1.34**	0.44***
		Z_t	21.88	8.75	13.31	12.54	18.10	19.78	15.71	20.44	17.54	9.10	23.39
	YX	Z_a	1.61*	1.36**	1.24**	1.13**	0.65***	0.59***	0.96***	0.72***	0.98***	1.15**	1.30**
		Z_t	17.94	17.73	24.59	25.75	21.86	14.02	17.10	9.56	17.22	20.20	19.40

注：1. PMI指数50为分水岭，当PMI指数大于50，代表了经济在发展；反之当PMI指数小于50，则说明了经济在衰退。2. 风险指数 $Z_a=0.012X1+0.014X2+0.033X3+0.006X4+0.999X5$。其中：$Z_a$——判别函数值：X1——（营运资金÷资产总额）×100；X2——（留存收益÷资产总额）×100；X3——（息税前利润÷资产总额）×100；X4——（普通股优先股市场价值总额÷负债账面价值总额）×100；X5——销售收入÷资产总额。一般来说，Z值越低，企业越有可能破产。当Z值大于2.675时，则表明企业的财务状况良好，发生破产的可能性小；当Z值小于1.81时，则表明企业潜伏着破产危机；当Z值介于1.81~2.675时被称为“灰色地带”，说明企业的财务状况极为不稳定。（卫建国，2002）。$Z_t=0.53X1+0.13X2+0.18X3+0.16X4$。其中：Z——别函数值；X1——（税前利润÷平均流动负债）×100；X2——（流动资产÷总负债）×100；X3——（流动负债÷总资产）×100；X4——无信贷间隔天数。一般来说，低于0的Z值被视作破产风险的信号。

资料来源：2008—2018年各企业年度审计报告（公开）以及跟踪评级报告（公开）。

第三节　西部资源型企业案例分析与结论

一、西部资源型企业的战略变革图谱

纵览4户案例企业的发展历程，通过考察其战略变革的路径，我们清楚地发现动态能力对于西部资源型企业的发展是至关重要的。一方面，对于资源型企业而言，感知响应能力是其能够得以快速成长、及时与竞争对手抗衡的关键要素。另一方面，西部资源型企业要走多元化的发展道路，整合利用能力是必不可少的。最后，无论是感知响应能力还是整合利用能力，最终要形成企业的重构更新能力。如果不能够形成重构更新能力，企业的竞争优势不可能真正建立。为此，本书试图打开从外部环境到战略变革中的“黑箱”，形成：环境变化→组织惯例→动态能力→战略变革的整个图谱，见表5－6。

二、西部资源型企业战略变革成功因素的分析

从4户企业的历程中可以将成功的战略变革总结为：①动态能力，即感知响应能力、整合利用能力和重构更新能力。②组织的程序性知识和行为模式，即组织惯例。③资源，即自然资源。

表 5 – 6　西部资源型企业的战略变革图谱

观察概念	理论阐述	案例说明
外部环境	政策环境：政策性资源的整合，下游用户的补贴，资源保护、环境保护政策都会对企业产生很大的影响。但抓住政策机遇获得的发展通常比较短暂。 市场环境：金融危机、整体行业、产品市场竞争加剧，国外同行的竞争都会对企业产生短期负面影响。 技术进步：国际同行的技术标杆短期内不会产生较大影响，但长期看会潜移默化影响下游的市场和用户信心	云天化抓住了云南省两轮资源整合的机会，获得了短期内的高速发展。环保政策的收紧，提高了云天化的运营成本，但对瓮福的影响不大（原因在于瓮福提早开展尾矿处理技术新探索）。 2008 年金融危机、2012 年持续到 2015 年的整体市场低迷情况，严重影响了 4 户企业的经营业绩。特别是钢铁、化肥的产能过剩加剧了昆钢和云天化业绩的大幅下滑，导致了两次重大亏损。 瓮福在技术上的领先使其保持了 10 年的竞争优势
组织学习	4 户企业的发展目标无一不是尽量避免环境的干扰和影响。为了实现这一目标，企业必须紧盯环境变化，通过学习，积累知识、经验、技巧，并成功传播，逐渐形成新的组织惯例。在这一过程中，有的企业取得了较好的效果，有的企业则并没有实现既定的目标	瓮福、云天化积极与国外同行的合作项目，搭建贸易网络，相互学习技术，支持了突尼斯、沙特的项目建设，同时提升了项目运营和管理能力；逐渐适应在不同环境下的技术改进和提升。 云天化倡导国内行业内企业与 OCP、美盛等行业龙头的技术合作。 瓮福、云锡和昆钢开展产学研的融合，加快相关技术的研发与应用

续表

观察概念		理论阐述	案例说明
组织惯例	变异	企业对环境的变化预判来自长期对环境变化的关注和学习，当洞悉问题是，主动求变。推翻从前的知识、思想和观点，需求变异	2015 年，昆钢准确判断了未来钢铁行业的发展形势，再次进行大规模重组（变异），持续向新材料（搜索）、现代服务领域延伸业务（搜索）。 2004 年，深刻意识到资源简单开发的低价值与不可持续性，主动求变（变异）；为此研判磷技术的高级化发展方向（搜索），自主创新和引进国外技术结合，举全企业之力（复制），突破技术瓶颈，向精细化磷化工领域转型。 2016 年，云天化开始推行职业经理人制度和全新的股权激励计划（复制），把市场化机制向分子公司中层进一步延伸，实现组织和人员结构与外部对标（复制）的长效机制（保存）。 云锡在 2012 年明确管理层级瘦身的长效机制，对企业班子成员实行任期内合同化管理，推行与市场化激励（复制与保存）
	搜索	寻找行业相关知识和技术要求（多元化准备）；查找新型和盈利较高行业的技术和经营门槛，评估自身进入这些行业的机会和成本，明确方向着手推进	
	复制	从上层到基层，企业将搜索获得知识、技术和经验向整个企业传播，不断加强和固化，确保在转移过程中的效率和效果，形成全员的思维和行动惯例	
	保存	经过选择后的变异的惯例，能够在长期（包括高层领导的更替下，不影响惯例的一致性）确保前后的目标、行动方式得到反复地使用	

续表

观察概念		理论阐述	案例说明
成功因素	感知响应能力	从变化的内外部环境中搜寻信息和知识，分析所处环境变化、发展趋势与竞争动态等，评估自身资源与能力，从而能识别变革的正确方向，把握时机推动变革	云锡、瓮福、昆钢和云天化都加大系统建设力度，建立市场、客户等系统，通过系统数据挖掘用户需求，依靠全体人员对外部认知能力来搜寻外部市场需求变化，感知存在的威胁和机会。推行全面预算管理，推进职位职级扁平化处理，更好地与市场相适应。依靠高管集中式的决策，制定出相应的政策、方案等。整合利用现有的自然资源以更好地满足市场和环境变化的需要，实现机会和资源的转换。 瓮福集团一直推动技术创新，提高重构更新能力，突破组织惯例，不断取得技术突破，在国内形成了技术屏障，保持了其在净化磷酸领域的绝对领导地位
	整合利用能力	根据内外环境变化和企业战略变革的需要，对现有的内部资源、知识与能力进行持续整合、重组和利用能力，以及对外部资源、技术与知识的获取并整合为企业自身资源的能力	
	重构更新能力	在内部通过畅通沟通渠道、知识共享等形式，在外部通过联盟、合作等形式向其他企业学习，对知识进行转换和探索以产生新知识，并对新知识加工利用的能力	
变革路径		多元化或归核化：前提是充分学习与研判，评估足够的动态能力。 上下游一体化：应具备足够的技术与商业能力 跨区域转移：应具备更强的动态能力与相应的技术储备。 资源替代：采用更先进的资源代替部分既有资源。 技术创新：持续的向高价值方向的研发投入与学习	昆钢在主业受到环境影响后，力求多元化化解风险，寻找新增长点。多元化受挫后开始归核化，扭亏为盈。 瓮福持续向精细化与伴生资源方向的研发投入。 云天化寻求氮磷钾 3 种资源的协同。 云锡较早介入多元化，发展辅业。在辅业受阻后，适时调整回归路径，避免更大的损失

续表

观察概念	理论阐述	案例说明
竞争优势	本质上通过形成动态能力，构建竞争优势，确保业绩在一段时间内的良性趋向。借助业绩储备继续向新的多元化和技术创新领域投入，为下一次可能的环境变化做好充分的准备。总的来看，长期竞争优势不得不依赖于组织惯例	昆钢通过辅业的优化，暂时形成了趋于良性的发展轨道。 瓮福持续推进技术创新和商业能力的提升，形成屏障。 云天化采取剥离置换等手段，暂时摆脱巨亏的困境。 云锡回归主业，探索主业与辅业的关联关系，寻找新的增长点

资料来源：2012 年昆钢公司债券上市公告书、2013—2018 年昆钢审计报告、2014 年昆钢信用评级跟踪报告、瓮福 2012 年、2017 年、2018 年跟踪评级报告、瓮福 2013—2014 年度报告、云天化 2008—2018 年度报告、云锡 2008—2018 年度报告、企业新闻等。

（一）战略变革成功因素的基本解释

动态能力是指企业在面对环境变化的过程中，所表现出的应对环境变化的能力，包括对环境变化的感知响应能力，整合利用环境变化过程中的资源、知识与能力的能力，重新构建更新资源、知识与能力的能力。动态能力是企业战略变革的重要影响因素。动态能力之所以具有动态性，是因为动态机制的作用。动态能力是促进企业战略变革的引擎，并会影响战略变革的速度和深度。同时，动态能力也有利于促进组织惯例和资源与环境变化之间的匹配性，进而实现持续创新。西部资源型企业仅仅依靠卓越的组织惯例，缺乏动态能力，那么企业短期的生存将受到很大的威胁，以致濒于失败。同样，如果西部资源型企业具有很强的动态能力，但是组织惯例低下，则在短期能够实现较好的业绩，但却不足以维持长久的优势。西部资源型企业战略变革是一项复杂的系统工程，需要相应的动态能力、组织惯例和资源来支撑。

（1）动态能力。动态能力是指企业为了适应动态环境的需要，不断地获取、整合、重置、更新现有资源和能力的能力，属于高阶能力，是持续改变低阶能力的能力。①感知响应能力是指企业对环境变化的感知能力，以及环境变化时所作出的相关响应，其目的是适应环境变化，把握时机，更好地促进战略变革。②整合利用能力是根据战略变革的要求，企业在面临内外部环境变化时对现有的内外部知识、资源和能力进行整合、重组和利用的能力。③重构更新能力是指企业运用内外部相关渠道，对知识进行转换和探索以产生新知识，并对新知识加工利用的能力。

（2）组织惯例。组织惯例是在组织行为情境的约束下，组织内可识别的、重复的、多层级行为主体间相互依赖的累积性、程序性知识和行为模式。

（3）资源。对于西部资源型企业来讲，自然资源是西部资源型企业生存发展的基础。只有拥有一些难以模仿的、有价值的资源，企业才具有核心竞争力，才能在市场竞争中立足，这也是西部资源型企业战略变革的基础。

组织惯例和资源是动态能力发挥的基础，动态能力是组织惯例和资源发挥作用的前提，三者相互影响。资源型企业的动态能力、组织惯例和资源是企业战略变革的重要保证，只有具有良好动态能力、优势的组织惯例和独有资源的企业，才能更好地实现企业战略变革，这对于西部资源型企业同样重要。

企业的动态能力最终体现在产品的优越性，市场更高的接受度以及配套服务的优越性上，扫清模仿者和替代者的负面影响（Porter，1980）。由此本书将战略变革成功因素、变革路径与竞争优势总结为逻辑图。在逻辑图中，组织学习是企业的一项重要的工作。外部环境的学习是大势的研判；成功因素的学习是对自身的评估；变革路径的学习是对重要经验的熟知；竞争优势的学习是对要达成目标的追逐。但是学习如果不加以强化和传播，形成组织惯例，那么这种学习就会沦为企业学习者自身能力的提升，而不能提升整个组织的能力。因此，将学习者的学习变成组织惯例，还需要对学习进行相对的固化。这就是惯例的变异、搜索、复制、保存过程。动态能力带来竞争优势。现实中，通过组织学习，组织惯例这个“黑箱”完成变异、搜寻、复制到保存，才能够最终取得竞争的胜利，见图 5－5。

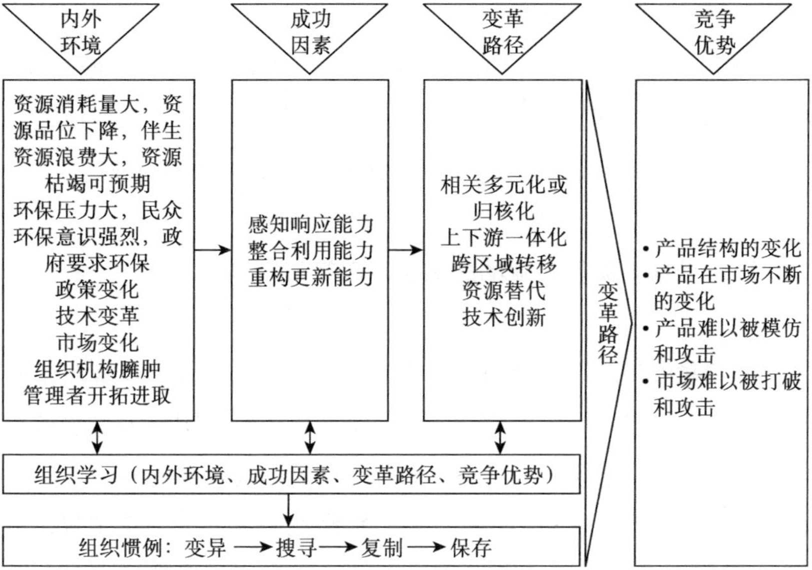

图5－5　西部资源型企业战略变革成功因素逻辑

（二）战略变革成功因素的分析

（1）外部环境是西部资源型企业发展的最大的影响因素。战略负责人（高管）应主动关注环境变化，发动全员学习，通过持之以恒的学习构建一种新的组织惯例。

（2）当预感到环境发生不利于企业的变化时，应尽早对原有组织惯例进行探查更新，提高动态能力，求变（变异）将成为一项主题。

（3）面对快速变化的环境，应加速感应机会和威胁，快速决策并加以迅速执行才能在市场竞争中占得先机，机会稍纵即逝，而威胁却时刻存在，争取觅得更多的生存与发展的机会，建立竞争优势。

（4）企业应尽可能寻找应对环境变化的途径，如加快技术转化的步伐，开发新的产品并投放市场；或者找到替代资源，寻找相关的能够被掌控的新领域。

(5) 当环境变化不可避免的发生时，坚决实施战略变革，并确保变革产生短期见效、支持长期发展的效果。为此，企业应通过对惯例的复制和保存，在组织中贯彻战略意图，有效实施战略变革。

三、西部资源型企业的战略变革政策与措施

随着我国当前经济布局与结构战略性调整、内外部环境对企业的生存和发展产生更大影响和制约，企业生产经营困难等严峻形势下，西部资源型企业要充分思量内外部环境的变化和趋势，保持与外界的动态联系，进一步深化改革，提高竞争力和管理自主权，更新自己的惯例体系，不断地创新、迭代和颠覆，积极培育自己的动态能力，保持惯例体系的更新状态，提升动态能力推动战略变革，从战略高度培育企业的竞争优势，改变长期高度依赖于某种自然资源所造成的不利处境，重新焕发其内在生机与活力。本书研究可以帮助企业，尤其是西部资源型企业将组织惯例和动态能力的培育落到经营管理的实处，抓住要害环节，采取有力措施，推动全局科学发展。

一是西部资源型企业要进一步构建科学规范的企业经营（运作）体制机制。要完善企业法人治理结构和运行机制，吸收内部已有资源，获取外部新的资源，完善动态能力和战略变革等相关流程和制度，健全完善现代企业制度，调整完善治理结构，提高企业市场化能力适应市场的竞争。西部资源型企业要重塑企业愿景和使命，更新组织惯例体系，提升核心竞争力，实现企业跨越式追赶。

二是西部资源型企业要提高动态能力。要根据实际发展需求培养相关人才，扩大中高层管理者在人事、财务、投资和市场等方面

的决策自主权，充分发挥主体能动性，及时应对环境的快速变化。要时刻保持动态，尤其是感知响应能力。面对环境变化保持高度的敏感和灵活，通过加速感知并理解外界环境新的变化，促使企业加强战略学习，与企业拥有自然资源进行融合，建立一种主动“搜寻”外部变化并自主调整应对变化的方法和机制，并将这种机制程序化、制度化，最终内化为企业的动态能力，对自身资源和能力进行调整和重构，促进企业战略的更新和变革，实现西部资源型企业发展新的路径。

三是西部资源型企业战略要随着国家产业政策的变化而进行修改。要符合国家的政策导向，充分利用西部独特的区位优势和国家政策倾斜，以重点带动全局，依托现有资源基础，快速接入国家支持相关产业，大力发展循环经济、绿色经济、能源产业、高级制造、工业机器人等产业，向高新技术创新和服务型行业变革，摆脱资源和能力制约，推动企业全方位发展。

四是西部资源型企业要提升财务能力。一是降低资产负债率。目前，西部资源型企业资产负债率处于偏高水平，应该根据自身情况降低资产负债率，减低负债融资的避税效应和杠杆效应，减少银行贷款依赖，进而提升公司绩效。二是提高流动比率。结合自然资源特征，以利用和配置自然资源为突破口，提高流动资产比例，降低流动负债比例，使各种资源匹配达到最优化，既节约成本，加强资源之间的内部协调力度，又增强外部适应性，全方位提升动态能力，为企业带来持续竞争优势。

五是西部资源型企业要优化股权结构。学习西方发达国家淡水河、力拓等大型资源型企业经验，适当提高股权集中度，降低股权制衡度，使股权结构适度集中化，改善公司治理结构，同时注重公司有效的监管和制衡，对管理者的有效监督和约束，维护股东的利益，发挥国企优势，充分获取自然资源，降低运行成本，提高资金效率，全面提升企业业绩。

六是西部资源型企业要推进混合所有制改革，积极探索集团公司改制重组实现目标任务。西部资源型企业要积极引进各类资本，通过增资扩股，把企业原有的部分存量资本转让给其他战略投资者，将企业的一些股份与其他企业的股份置换等方式实现投资主体和股权多元化，改变国企一股独大股权结构。

七是西部资源型企业要弘扬企业家精神和打造创新型文化。西部资源型企业要大力倡导和弘扬企业家精神，培育创新型企业文化，以文化凝聚人心实施战略变革。面对内外部环境变化，西部资源型企业管理者要发扬开拓进取、勇于担当的企业家精神，把握企业战略方向，满足企业利益攸关者诉求，获取新的资源和能力，推进企业持续性的战略变革。

八是西部资源型企业要以市场化为导向选聘和管理经营管理者。根据企业实际情况，建立差别化薪酬分配制度，以市场化为导向实行选任制、聘任制等方式选聘企业经营者。构建具有企业家精神、推动组织学习与创新、高素质的职业化管理者团队。西部资源型企业应按照适合本企业实际发展的风格来培养相关人才，扩大管理者等的管理自主权。通过主体能动性的注入，使企业管理者从“制度与人相结合”的角度科学管理，提高动态能力，更新组织惯例，从而更好地适应环境的变化，推进跨越式发展。

通过实施上述政策和措施，西部资源型企业能够有效应对内外部环境的变化，提升动态能力，更新组织惯例，实现战略变革和持续发展。

第六章

研究结论与启示

第一节　研究结论

近年来经济全球化进程加快，内外部环境飞速变化导致企业发展前景存在不确定性。企业如何通过战略变革实现转型，提升企业的动态能力，打破组织惯例刚性，克服变革发展中的路径依赖是战略变革研究的热点问题。目前无论是实业界还是学术界，都将注意力集中在如何提高企业战略变革的成功度，打开企业战略变革的成功不为外人道的“黑箱”。然而近年研究无论哪一种战略变革都没有详细说明促成这样的战略所必需攻克的在显性战略下隐藏的隐性组织惯例与动态能力的障碍。由此引发了关于组织惯例、动态能力与战略变革之间的关系和作用的思考。在前人学者研究基础上，本书以演化经济学、战略管理学为理论基础，以实证分析和案例分析为工具，研究探讨组织惯例演化形成动态能力，组织惯例、动态能力对西部资源型企业战略变革的影响作用和机理，构建了基于组织惯例与动态能力作用的战略变革系统。本书形成如下主要结论：

（1）本书构建了基于组织惯例与动态能力影响作用的战略变

革系统。企业战略变革以企业战略演进为载体，通过组织学习推动组织惯例与动态能力的演化完成战略变革，形成新的组织惯例和动态能力实现企业竞争优势。这一战略变革系统构建的基本观点是：①动力源是组织惯例，战略变革的更新主要由组织惯例所牵引。②通过组织学习，按照组织惯例变异—搜寻—复制—保存程序推动组织惯例的演化，并由探索式学习—知识外显化—利用式学习—知识内隐化方式来推动战略变革。新的组织惯例撕开原有惯例缺口，确保战略变革的有效实施。③动态能力能否得到实现，是战略变革成功与否、竞争优势能否构筑的根脉所在。④形成新的组织惯例、提高动态能力使西部资源型企业摆脱资源上的“路径依赖”，形成新的竞争优势。

（2）西部国有资源型企业在西部资源型企业中占据主导地位，国有性质是西部资源型企业的重要特征。由于西部国有资源型企业改革与战略变革互相依存，本书把组织惯例、动态能力及战略变革的逻辑与理论范畴融入国有企业改革发展理论中，提出治理结构不规范等突出问题，包括董事会没有到位、监事会形同虚设、治理结构未能因企制宜等，结合实际分析战略变革的原因、类型和经验等，针对性提出要打破体制机制的障碍、有所为有所不为、延伸和拓展新资源等改革与创新对策。

（3）揭示了基于组织惯例与动态能力作用的西部资源型企业战略变革机理。西部资源型企业的战略变革是一项复杂的系统工程，涉及动态能力、组织惯例与资源的协同作用。内外部环境是西部资源型企业发展的重要影响因素，环境变化既是企业面临的挑战，也是战略变革的动力来源。政策环境、市场环境和技术进步等外部因素，以及企业内部的资源状况、管理能力等内部因素，共同驱动企业进行战略变革。内外部环境是西部资源型企业发展的重要影响因素，内外部环境变化既是西部资源型企业发展过程中的挑战，也是西部资源型企业战略变革的动力来源。动态能力是企业应对环境变化、实现战略变革的关键。动态能力包括感知响应能力、整合利用能力和重构更新能力，能够帮助企业及时识别环境变化，优化资源配置，推动持续创新。组织惯例作为企业内部行为模式和程序性知识的集合，通过组织学习和创新机制，不断演化和更新，支持企业的战略变革和动态能力的提升。西部资源型企业依托丰富的自然资源，构建了独特的资源优势。资源的有效获取、整合和利用，是企业动态能力和组织惯例演化的重要基础。西部资源型企业战略变革是一项需要动态能力、组织惯例与资源支撑的复杂的系统工程。组织惯例和资源是动态能力发挥的基础，而动态能力又能够保障组织惯例和资源效能的发挥。优势的组织惯例、动态能力和资源是西部资源型企业启动新战略变革的基础和保障，更是西部资源型企业战略变革的关键。西部资源型企业战略变革是组织惯例和动态能力的互动演化，以新的组织惯例和动态能力代替旧的组织惯例和动态能力的过程。战略变革是动态能力与组织惯例协同演化的结果。通过动态能力的提升和组织惯例的更新，企业能够不断调整战略方向，实现资源配置的优化和竞争优势的构建。

（4）影响西部资源型企业组织惯例的关键因素是核心价值观、理念、治理结构、制度和流程。西部资源型企业战略变革就是要在外部环境影响和刺激下强化内生动力，改变或重塑组织惯例的关键因素，促使企业惯例变异，“打破”组织惯例，以实现“脱胎换骨”。研究发现西部资源型企业更新组织惯例的重要机制是组织学习、创新与企业家精神机制。西部资源型企业要在企业家带领下，构建集体性、多层次、多方式的日常性学习机制，通过学习机制推进创新，组织学习与组织惯例的演化变革相互促进、交相辉映，为战略变革创造潜在动力和文化支撑，润滑变革行动，推动企业不断前行。

（5）西部资源型企业组织惯例与动态能力正相关，但其中内隐规范对动态能力影响不显著；西部资源型企业组织惯例与战略变革正相关，但其中内隐规范对战略变革影响不显著；西部资源型企业动态能力与战略变革正相关，但其中感知响应能力对战略变革影响不显著；动态能力在西部资源型企业组织惯例与战略变革之间存在部分中介作用，但其中感知响应能力在西部资源型企业组织惯例与战略变革之间不存在中介作用；环境动态性与西部资源型企业战略变革正相关，环境动态性在西部资源型企业组织惯例与战略变革之间存在正向调节作用；管理自主权与西部资源型企业战略变革正相关，管理自主权在西部资源型企业组织惯例与战略变革之间存在正向调节作用。

综上所述，本书揭示了组织惯例与动态能力在西部资源型企业战略变革中的重要作用和复杂关系，为理解企业战略变革的内在机制提供了新的视角和理论支持。

第二节　主要贡献

随着企业组织惯例改变或重塑，西部资源型企业战略变革日益凸显出它在实现企业使命目标中的关键作用和重要意义。

一、理论贡献

（1）摆脱“传统的”5种战略路径，提出“新的”战略路径。以演化经济学、战略管理理论等为分析工具，把组织惯例演化、动态能力提升的逻辑与理论范畴融入企业战略变革理论中，对企业的组织惯例、动态能力和战略变革关系等进行分析，揭示企业战略变革过程和机理，创立基于组织惯例与动态能力作用的战略变革系统，具有一定的理论贡献。

（2）深化西部资源型企业战略变革研究，提出影响西部资源型企业组织惯例更新的关键因素是核心价值观、理念、治理结构、制度与流程等，影响西部资源型企业组织惯例更新的重要机制是组织学习、创新与企业家精神机制，揭示西部资源型企业战略变革序贯、动力机制和情景机制，为西部资源型企业战略变革研究提供新的视角。

二、应用贡献

（1）深化研究西部国有资源型企业战略变革实践情况，发现西部国有资源型企业在西部资源型企业中占据主导地位，国有性质是西部资源型企业的重要特征。西部国有资源型企业改革与战略变革互相依存，西部资源型企业改革以组织变革为载体，以战略变革为核心，以组织惯例为根本，推动组织惯例与动态能力共同演化。

（2）结合实际案例，本书分析了西部资源型企业在战略变革过程中面临的问题和挑战，提出了打破体制机制障碍、优化治理结构、提升动态能力等具体对策。这些政策建议具有较高的实践应用价值，能够指导西部资源型企业有效推进战略变革，实现可持续发展。

（3）选取西部资源型企业为样本实证研究，从组织惯例、动态能力的角度，结合环境动态性和管理自主权调节作用，提出了与战略变革的相关假设，定量分析研究影响因素和相互关系等。选取具有代表性的4家西部资源型企业开展案例研究，结合组织惯例、动态能力与战略变革理论，研究战略变革序贯，动力与情景机制，组织惯例演化形成动态能力，基于组织惯例与动态能力作用的战略变革机制机理等，为西部资源型企业战略变革提供借鉴。

第三节　对策建议

一、总体构想

西部资源型企业的战略变革是一项多维度且复杂的任务，涵盖了可持续发展、多元化、技术创新、管理优化以及政策对接等多个方面。这一过程不仅需要企业内部深度调整和优化，还需在国家政策的引导下，积极适应外部环境的变化。为了在激烈的市场竞争中保持并提升竞争优势，西部国有资源型企业必须全面深化战略变革，推动企业朝向更加多元化和创新化的方向发展。

首先，可持续发展是西部资源型企业战略变革的核心。企业正逐步采用绿色技术，如太阳能和风能，以减少生态足迹。例如，将可再生能源整合到矿业运营中，不仅可以显著降低碳排放，还能提升企业的环境责任感和社会形象。此外，企业应积极推进节能减排措施，优化资源利用效率，推动循环经济的发展，实现经济效益与环境效益的双赢。

其次，多元化发展是企业实现长期稳定增长的重要路径。西部资源型企业正从传统的资源开采转向高科技和服务行业，减少对初级资源的依赖，同时开辟新的收入来源。例如，提供咨询服务或开发先进材料，既拓展了业务范围，又增强了抗风险能力。这种变革不仅有助于企业规避资源枯竭的风险，还能提升企业在新兴产业中的市场地位和竞争力。

再次，技术创新则是推动企业转型升级的关键驱动力。西部资源型企业需加大研发投入，推动清洁技术和数字解决方案的应用，提升企业竞争力。通过与高校、科研机构的合作，企业可以促进技术转移和创新，进一步巩固其在市场中的领先地位。同时，企业应积极引进和培养高端技术人才，建立完善的技术创新体系，确保技术研发的持续性和前瞻性。

复次，管理优化也是战略变革的重要组成部分。企业需要通过精细化管理和现代化管理工具，提高运营效率和管理水平。例如，采用先进的信息管理系统，优化生产流程，提升资源配置效率。此外，企业应建立科学合理的绩效考核机制，激励员工积极性和创造性，推动企业在管理层面的持续改进和创新。

最后，政策对接与战略规划的优化是确保战略变革顺利实施的保障。西部资源型企业应紧密结合国家和地方最新政策，确保战略变革与政策导向高度一致，充分利用政策红利推动企业转型升级。例如，政府提供的税收优惠和补贴政策，可以有效降低企业的运营成本，激励企业加大研发投入，推动技术创新和绿色发展。

二、对策方法

西部国有资源型企业在实施战略变革过程中，必须综合考虑多种战略因素，以确保变革的成功和可持续性。这一过程中，企业需在风险管理、市场扩展、融合创新和人才培养等方面做出全面而深刻的调整和优化。

首先，风险管理是确保企业稳健发展的基础。实施稳健的风险管理策略，如多元化供应链和对冲市场波动风险，是确保企业在复杂多变的市场环境中保持稳定的重要手段。例如，企业可以利用金融工具来缓解商品市场价格波动带来的风险，增强财务稳定性。此外，企业应建立完善的风险评估和应对机制，定期进行风险审查和调整，确保风险管理措施的有效性和前瞻性。

其次，市场扩展是企业实现增长的重要手段。通过“一带一路”倡议等新兴市场的拓展，企业可以显著提升市场覆盖范围和国际影响力。同时，企业应积极利用电子商务平台等数字化手段，连接全球消费者，扩大市场影响力。通过多渠道、多层次的市场开拓，企业不仅可以提升销售额和市场份额，还能增强品牌的国际知名度和美誉度。

再次，融合创新是推动企业整体竞争力提升的关键。企业应注重技术与管理的深度融合，通过跨行业合作和协同创新，推动企业在技术、管理和商业模式上的全面提升。例如，企业可以与不同行业的领先企业和科研机构开展联合研发项目，整合各方资源，形成协同效应，推动新技术、新产品的快速开发和市场化应用。同时，企业应积极探索产业链上下游的整合创新，实现资源的优化配置和价值链的延伸，提升企业在产业链中的话语权和竞争力。

最后，人才培养则是企业实现创新和发展的重要保障。西部资源型企业需建立针对新兴产业的教育和培训项目，确保拥有一支高素质、技能多样化的员工队伍。通过与高校和科研机构的合作，企业可以促进知识共享和持续学习，提升员工的专业能力和创新能力。此外，企业应建立完善的人才激励机制，吸引和留住高端技术人才和管理人才，确保企业在技术创新和管理优化方面始终保持领先地位。

此外，企业在实施战略变革过程中，还需注重文化建设和组织结构优化。通过培育创新型企业文化，激发员工的创造力和积极性，推动企业在文化层面的持续进步。同时，优化组织结构，提升管理效率和决策能力，确保企业在快速变化的市场环境中能够灵活应对和迅速调整战略方向。

在西部国有资源型企业的战略变革过程中，提出若干对策有效应对，以确保战略变革目标的实现。涵盖了政府体制改革、资本运营平台构建、混合所有制改革、企业上市工程、市场化管理团队选聘、企业文化变革及政策落实等多个方面。

（一）实现国资委职能转变

首先，简政放权和放管结合是国资委职能转变的核心内容。通过全面改革，实行委员会制，明确国资委以资本管理为主的职能定位，科学界定国有资产出资人的监管边界，推进所有权与经营权的分离，避免对企业日常经营的过度干预，确保企业拥有更大的自主权和灵活性。这一举措有助于提升企业的市场响应速度和竞争能力，同时减少行政干预带来的负面影响。

其次，系统工程的认识要求将战略变革、优化和创新发展视为一个整体性的系统工程，协调推进市场化改革，充分发挥政府的辅助作用。通过系统规划、点面结合、重点突破、“一企一策”的方式，确保各项改革措施有机结合，互为补充，推动企业的和谐稳定发展。例如，在推进企业战略变革的过程中，应同步进行管理机制的优化和技术创新的引导，形成相互促进的良性循环。

再次，绩效考核是激励企业实现战略目标的重要手段。建立全面的绩效考核体系，不仅考核企业的数量指标，更注重质量效益。以提升国有经济活力、优化国有资本布局、实现国有资产保值增值为核心目标，激励企业大胆创新、勇于开拓。同时，通过严格的考核机制，规范企业的经营行为，确保企业在追求经济效益的同时，兼顾社会责任和环境保护。

复次，服务功能的改善则要求国资委及相关部门从“干预”转向“服务”，将政府不应干预的事务交由市场和企业自主解决，创造良好的发展环境。通过提供政策支持、技术指导和资金援助，帮助企业在市场竞争中发挥主导作用，提升企业的自主经营能力和市场竞争力。

最后，规划和政策制定需科学合理，确保政策的有效实施。特别是在支持企业家队伍建设和企业创新方面，采取有力的政策措施，激发企业的内生动力，推动战略变革的顺利进行。例如，政府可以通过税收优惠、研发补贴和人才引进等政策，支持企业的技术创新和管理优化，促进企业在新兴产业中的快速发展。

（二）实施“一企一策”

制定与顶层设计相衔接的“一企一策”实施方案，是确保战略变革顺利实施的重要举措。各省区深化改革领导小组需牵头，联合国资委、工信委等部门，针对区域内每一家企业的具体情况，制定战略变革、优化与创新发展的实施方案，确保顶层设计与企业实际需求相匹配。

实施方案的要点包括：

1. 统筹规划与“一企一策”相结合：实现上下左右的协调联动，确保各项工作环环相扣、有机统一。通过统筹规划，协调各方资源，形成合力，推动企业战略变革的全面实施。

2. 突出关键领域的改制重组、上市工程、结构调整、投资项目等：积极推动企业引入战略投资者和民营资本，通过市场化运作优化企业结构。例如，通过兼并重组、资产置换等方式，优化企业的资产结构，提升企业的核心竞争力。

3. 重点解决企业面临的主要困难和关键问题：以试点先行为突破口，逐步推广成功经验，确保战略变革与企业稳定发展的平衡。例如，对于面临资金短缺或技术瓶颈的企业，提供专项资金支持或技术援助，帮助其克服难题，实现顺利变革。

4. 明确目标任务的时间表：设定具体的时间节点，确保各项工作按计划推进，取得实效。通过制定详细的实施步骤和时间表，监督和评估各项工作进展，及时调整和优化战略方案，确保战略目标的实现。

（三）探索投资运营平台

构建区域板块级别的国有资本投资运营平台，是优化国有资本结构和提升资本运作效率的重要举措。此过程可分为以下两个阶段。

第一阶段：以集团公司为“小板块”打造国有资本投资运营公司，集中管理和运营企业的股权，实现资本的有效流动和优化配置。例如，通过成立专门的资本运营公司，统一管理区域内多个企业的国有股权，提升资本运作的专业化和市场化水平。

第二阶段：进一步整合“小板块”的国有资本投资运营公司，构建区域板块级别的国有资本投资运营平台，提升资本运作的规模和效率。例如，通过整合多个资本运营公司，形成更大规模的投资平台，增强资本运作的综合实力和市场影响力。

通过市场化运作，国有资本投资运营公司能够优化国有资本结构，推动资本向高效和有前景的产业集中，促进西部优势产业和新兴产业的发展壮大。同时，资本运营平台应注重与各种资本的融合，推动国有资本有序退出低效行业，集中资源发展高效产业，提升整体战略布局和结构优化。

资金支持机制的优化也是构建资本运营平台的重要环节。通过与国内外投资机构合作，设立转型升级基金、新兴产业投资基金和风险投资基金等，企业能够获得充足的资金支持，推动战略变革和重大项目建设。例如，政府可以提供低息贷款或风险补偿，鼓励企业积极参与资本运营平台的建设和运作，确保战略目标的顺利实现。

（四）推进混合所有制改制

混合所有制改革是优化企业股权结构、提升企业治理效率的重要手段。全面推进区域企业集团公司及其二级以下公司的混合所有制改制重组，需要从以下几个方面入手。

1. 引进战略投资者，实现股权多元化：选择符合条件的集团公司，引入有实力的战略投资者，通过增资扩股、股权转让和股权置换等方式，打破“一股独大”的股权结构，实现投资主体和股权的多元化。例如，通过与民营资本、外资企业的合作，引入多元化的资本，提高企业的资本运作效率和市场竞争力。

2. 推动二级以下公司的混合所有制改造：通过承包租赁、融资注入、认购可转债券、出资入股、收购股权和整体购并等方式，引入多元资本，优化国有股权结构，推动企业集团公司下属二级及以下公司实现混合所有制改革。例如，企业可以通过发行可转债或引入战略投资者，增加非公有资本的参与，提升企业的治理效率和市场活力。

3. 探索员工持股方式：通过员工持股，建立所有者与劳动者的利益共同体，激发员工的积极性和创造性。企业可根据不同的行业、企业和岗位，设计科学合理的持股方案，确保员工持股的透明性和公平性。例如，对关键岗位的经营管理者、技术专家和业务骨干，允许一定比例的“入股”形式，增强其对企业发展的责任感和归属感。

4. 建立有序进退机制：通过存量资本流动、增量资本引入和项目放开等手段，建立国有资本有序进退机制，确保国有资产在不同阶段能够根据市场需求和企业发展需要灵活配置，实现资本的高效利用和优化配置。例如，通过制定国有资本退出的具体标准和程序，确保资本退出过程的透明和规范，避免资本的无序流失。

通过全面推进混合所有制改革，西部国有资源型企业能够优化股权结构，增强治理效率，提升市场竞争力。同时，员工持股机制的探索，有助于形成利益共同体，提升员工的工作积极性和创造力，推动企业在创新和发展方面取得更大的突破。

（五）推动“上市工程”

企业上市是提升企业市场化运作能力和国际竞争力的重要途径。大力推动企业“上市工程”，需从以下几个方面入手。

1. 整体上市：选择具备良好发展前景和核心竞争力的企业集团，实施整体上市工程。通过整合资源，构建拥有核心能力的大型现代产业平台，择机实现整体上市，提升企业的市场化运作能力和国际竞争力。例如，西部某煤化集团可以将其清洁能源等板块整体上市，通过资本市场的力量，进一步提升企业的规模和影响力。

2. 子公司板块包装上市：推动企业集团下属具有发展潜力的子公司业务板块独立上市，鼓励民营资本参与企业改制上市和上市公司增发重组。通过资本市场的运作，优化股权结构和资本结构，提升企业运营质量和效益，培育一批市场前景好、资产质量优、竞争实力强的上市公司。例如，西部某煤化集团的清洁能源板块通过包装上市，能够独立获得市场融资，推动业务的快速扩展和技术的持续创新。

3. 支持已上市公司优化结构：鼓励已上市公司通过增发、配股、并购重组等方式，进一步优化股权结构和资本结构，提升企业的财务稳健性和抗风险能力，增强市场竞争力。例如，已上市的企业可以通过并购重组，整合同类企业的资源和技术，实现规模效应和协同效应，提升整体竞争力和市场份额。

通过大力推动企业“上市工程”，西部国有资源型企业不仅能够获得更多的市场融资和资源支持，还能提升企业的品牌影响力和市场认可度，增强其在全球市场中的竞争力和可持续发展能力。

（六）推进市场化选聘

企业经营管理团队的建设是战略变革成功的关键因素。积极推进市场化导向选聘企业经营管理者及其团队，需从以下几个方面入手。

1. 实行市场化选任制、委任制、聘任制等选人用人方式：打破传统的行政任命模式，依据企业实际需求，采用灵活多样的选人机制，确保经营管理者具备企业家精神和创新能力。例如，通过公开招聘和内部选拔相结合的方式，引进具有丰富行业经验和国际视野的高层管理者，提升企业的管理水平和战略执行力。

2. 构建职业化高层经营管理团队：培养具备创新思维、战略眼光和高效执行力的管理团队。通过引进高素质的管理人才，建立专业化的管理体系，推动企业在技术创新和管理优化方面的持续进步。例如，企业可以与高校和科研机构合作，开展高层管理者的培训和交流项目，提升管理团队的整体素质和能力。

3. 改革完善选拔任用、考核评价、激励约束及“容错免罚”机制：建立科学合理的考核体系，确保管理者的选拔过程透明、公正。实施差别化薪酬分配制度，激励优秀管理者发挥最大潜力。同时，建立“容错免罚”机制，鼓励管理者勇于创新，敢于承担风险，对在创新过程中出现的合理失误给予宽容，营造良好的创新氛围。例如，通过引入绩效考核与激励机制，激发管理团队的积极性和创造性，推动企业的持续创新和发展。

通过市场化导向的管理团队选聘和激励机制改革，西部国有资源型企业能够构建一支高效、专业、富有创新精神的管理团队，确保战略变革和创新发展的顺利实施。

（七）弘扬企业家精神

企业文化建设是战略变革的重要基础。企业“去行政化”，大力弘扬企业家精神和打造创新型文化，需从以下几个方面入手。

1. 取消企业行政级别，强化市场主体地位：将企业作为独立的市场主体，赋予其更大的自主权和灵活性，减少行政干预，提升企业的市场响应速度和竞争能力。例如，通过取消企业内部的行政级别和层级限制，建立扁平化的管理结构，促进信息的快速传递和决策的高效执行。

2. 弘扬企业家精神，打造创新型企业文化：通过培育和激励企业家精神，促进企业内部的创新氛围。鼓励企业家大胆创新，勇于探索新的商业模式和技术应用，推动企业在竞争中不断取得突破。例如，企业可以设立创新奖项，表彰在技术创新和管理创新方面取得显著成绩的员工和团队，激发全体员工的创新热情和积极性。

3. 建立以创新为核心的企业文化：推动企业在全员范围内形成持续创新的价值观。通过组织内部培训、创新竞赛和奖励机制，激发员工的创新潜力，形成以市场和客户为导向的企业文化，增强企业的竞争力和可持续发展能力。例如，企业可以定期举办创新工作坊和头脑风暴会议，鼓励员工提出新的创意和解决方案，推动企业在技术和管理上的不断进步。

4. 促进企业文化与战略目标的有机结合：确保企业文化建设与战略变革目标高度一致，形成内外部一致的价值观和行为准则。例如，企业可以将可持续发展和创新精神纳入企业使命和愿景，通过全员宣导和培训，确保每一位员工都能理解并践行企业的核心价值观，推动战略目标的实现。

通过“去行政化”的改革，西部国有资源型企业能够强化市场主体地位，营造积极向上的创新文化，提升企业的凝聚力和竞争力，实现战略变革和可持续发展的双重目标。

（八）梳理落实支持政策

政策支持是推动企业战略变革的重要保障。西部各省区已经出台了不少支持西部资源型企业发展的政策，但在实际操作中，政策落实尚不完善。为此，需采取以下措施。

1. 系统梳理和落实已有支持政策：对西部各省区已出台的支

持政策进行全面梳理，消除政策执行中的障碍，确保政策红利真正惠及西部国有资源型企业。例如，建立政策数据库和执行监督机制，确保企业能够及时了解和利用各类支持政策。

2. 具体支持措施的实施：（1）土地使用权作价出资，允许企业按照授权经营或作价出资的方式处置土地使用权，优化企业的资本结构。例如，企业可以将闲置土地出让给合作伙伴，作为资本注入企业的新项目或新业务，提升土地资源的利用效率。（2）资本金注入模式：通过国债、规费、土地收益权、存量资产和税收返还等方式，为企业提供必要的资本支持。例如，企业可以利用政府提供的低息贷款或资本注入，进行技术升级和产能扩展，提升企业的市场竞争力。（3）探矿权和采矿权的折股缴纳：对以资金方式缴纳探矿权、采矿权价款的企业，实行折股方式，增加企业的国有资本金，提升企业的资本实力和市场竞争力。例如，企业在缴纳矿业权价款后，可以获得相应比例的股权，增强企业的资本结构和治理效率。

资本运营平台的支持：对国有资本投资运营平台实施资本金注入，增强其资本运作能力，支持企业的战略变革和创新发展。例如，通过政府提供的资本注入，国有资本投资运营平台可以进一步优化资本布局，支持更多高效产业和新兴产业的发展。

通过认真梳理和落实区域各省区已出台的支持政策，西部国有资源型企业能够获得必要的政策支持和资源保障，推动战略变革和可持续发展目标的实现。

三、重要方面

在推动西部国有资源型企业实现战略变革与可持续发展的过程

中，多个关键方面的协同作用不可或缺。这些重要方面不仅涵盖了技术与管理的深度融合，还涉及区域经济的发展推动、政府支持机制的完善、创新生态系统的构建以及全球供应链的积极参与。通过系统性地分析和实施这些策略，西部资源型企业能够在复杂多变的市场环境中保持竞争优势，推动企业自身的高质量发展，同时促进区域经济的繁荣与社会的和谐进步。

（一）注重融合创新

融合创新是西部国有资源型企业实现战略变革和可持续发展的重要路径。通过技术与管理的深度融合，企业能够在激烈的市场竞争中保持领先地位，实现高质量发展。

首先，技术与管理的协同创新是提升企业整体竞争力的关键。企业应将技术创新与管理创新有机结合，推动技术进步与管理效率的同步提升。例如，通过引入先进的信息管理系统，优化生产流程，提升资源配置效率，不仅可以提高生产效率，还能优化企业的内部管理流程，增强企业的整体竞争力。

其次，跨行业合作与协同创新是推动企业技术和管理双重提升的重要手段。西部资源型企业应与不同行业的领先企业和科研机构开展合作，推动跨行业的技术交流与创新。通过联合研发项目，整合各方资源，形成协同效应，推动新技术、新产品的快速开发和市场化应用。例如，企业可以与高科技企业合作，共同开发智能化矿山管理系统，提升矿山运营的智能化水平和管理效率。

再次，产业链上下游的整合创新也是实现资源优化配置和价值链延伸的重要途径。企业应通过整合产业链上下游资源，实现资源的优化配置和价值链的延伸。例如，通过纵向一体化，企业可以控制关键资源和渠道，提升供应链的稳定性和效率，增强企业在产业链中的话语权和竞争力。同时，企业应积极探索横向合作，推动同类企业之间的资源共享和优势互补，形成强大的产业集群效应。

最后，数字化转型与智能化升级是提升企业运营效率和市场竞争力的重要手段。利用大数据、人工智能和物联网等数字技术，企业可以推动智能化升级，提升运营效率和管理水平。例如，企业可以通过数据分析和人工智能技术，优化矿山生产调度，提高生产效率和资源利用率。同时，企业应建立完善的数字化管理体系，提升决策水平和市场响应速度，确保企业在快速变化的市场环境中保持灵活性和竞争力。

此外，融合创新还体现在商业模式和组织结构的创新上。企业应不断探索新的商业模式，推动线上线下的深度融合，提升企业的市场覆盖率和客户满意度。例如，企业可以通过建立数字化销售平台，提供个性化的产品和服务，增强客户的参与度和忠诚度。同时，企业应优化组织结构，推动扁平化管理，提升信息传递和决策效率，促进企业内部的协同合作和创新发展。

通过注重融合创新，西部国有资源型企业能够在技术、管理和商业模式等多个方面实现突破，提升整体竞争力和市场影响力，推动企业的可持续发展和战略目标的实现。

（二）推动区域经济发展

西部国有资源型企业的战略变革不仅对企业自身的发展具有重要意义，同时也对区域经济和社会发展产生深远影响。这一变革过程将带来一系列经济和社会效益，推动区域内的经济结构优化和社会和谐发展。

首先，就业机会的创造是战略变革的重要经济效益之一。通过多元化和高科技产业的发展，企业能够创造更多的就业机会，提升区域内的就业水平和居民收入。例如，新能源产业的发展不仅需要大量的技术研发人员，还需要生产和维护人员，带动相关服务业的发展，促进区域内的就业结构优化和收入水平提升。

其次，环境效益的提升是企业战略变革的重要社会效益。实施可持续发展的战略，推动绿色技术的应用，能够显著改善区域的环境质量。企业通过减少碳排放和资源消耗，积极参与生态保护，推动区域内的生态文明建设。例如，企业在矿业运营中采用可再生能源和节能减排措施，能够显著降低环境污染，改善生态环境，提升区域的整体环境质量。

再次，经济结构的优化是战略变革带来的另一重要影响。通过产业结构的优化和升级，推动区域经济从传统资源依赖向高效、绿色、智能化方向转变。企业的多元化发展，有助于形成更加多元和稳定的经济结构，提升区域经济的抗风险能力和可持续发展水平。例如，企业通过拓展高科技和服务产业，减少对初级资源的依赖，提升产业附加值，推动区域经济的高质量发展。

复次，企业的战略变革还将促进区域内基础设施的升级和技术水平的提升。通过引进先进技术和管理模式，企业能够推动区域内的基础设施建设和技术水平提升，提升区域的整体竞争力和吸引力。例如，企业在推进数字化转型过程中，推动区域内的信息基础设施建设和技术水平提升，提升区域的科技创新能力和产业竞争力。

最后，战略变革还将促进区域内社会和谐发展的实现。通过优化资源配置和提升企业治理水平，企业能够推动区域内的社会资源优化配置，促进社会公平和谐。例如，企业通过建立员工持股机制和利益共同体，提升员工的归属感和幸福感，促进企业与员工、企业与社区之间的和谐关系，推动区域内的社会和谐发展。

综上所述，西部国有资源型企业的战略变革不仅有助于企业自身的发展和竞争力提升，还将带动区域经济的结构优化、环境的改善、就业机会的增加和社会和谐的实现，为区域内的可持续发展和全面建设提供强有力的支持。

（三）完善政府支持机制

中国政府为支持西部国有资源型企业的战略变革和可持续发展，提供了多种政策和激励措施。这些支持机制涵盖了税收优惠、融资支持、政策引导和人才培养等多个方面，旨在为企业的转型升级和创新发展提供全方位的保障。

首先，税收优惠和补贴政策是政府支持企业战略变革的重要手段。对采用绿色技术和实现可持续发展的企业，政府给予税收减免和资金补贴，降低企业的运营成本，激励企业加大研发投入。例如，企业在引入太阳能和风能等可再生能源技术时，可以享受一定比例的税收优惠和研发补贴，减轻企业的财务负担，促进技术的快速应用和推广。

其次，低息贷款和融资支持是企业获取必要资金的重要途径。政府通过提供低息贷款和融资担保，帮助企业解决资金短缺问题，推动企业的技术升级和产能扩展。例如，政府可以设立专项资金，向战略性新兴产业和绿色项目提供低息贷款或无偿资助，支持企业在关键技术和高附加值领域的投资和发展。

再次，政策引导和战略规划是确保企业战略方向与国家政策一致的重要保障。政府通过制定和实施科学合理的产业发展规划，引导企业的战略方向，推动企业在新兴产业和高技术领域的发展。例如，政府可以制定区域性产业发展规划，明确重点发展领域和方向，指导企业合理布局和资源配置，确保战略变革与区域发展需求高度契合。

最后，人才引进和培训政策是企业实现创新和发展的重要支持。政府通过提供人才引进和培训政策，支持企业建立和完善人才培养体系，确保企业拥有高素质的管理和技术人才。例如，政府可以设立专项资金，支持企业与高校和科研机构合作，开展人才培训和交流项目，提升企业的人才储备和创新能力。

此外，政府还通过政策协调和行政支持，推动企业的战略变革和创新发展。政府部门应加强沟通与协调，消除政策执行中的障碍，确保企业能够顺利落实各项支持政策。例如，政府可以设立企业发展服务窗口，提供一站式的政策咨询和服务，帮助企业解决在战略变革过程中遇到的各种问题，确保政策的有效落实和执行。

通过多层次、多维度的政府支持机制，西部国有资源型企业能够获得必要的政策支持和资源保障，推动战略变革和可持续发展目标的实现。这些支持机制不仅有助于企业在技术创新和管理优化方面取得突破，还能提升企业在市场竞争中的地位和影响力，促进区域经济和社会的全面发展。

（四）构建创新生态系统

构建和培育创新生态系统，是西部国有资源型企业实现可持续发展的重要保障。创新生态系统通过促进技术交流、资源共享和协同合作，推动企业在技术创新和管理优化方面不断取得进步，提升整体竞争力和市场影响力。

首先，孵化器和加速器的建立是培育创新生态系统的重要组成部分。通过设立创新孵化器和加速器，支持初创企业和创新项目的发展，为企业提供资金、技术支持和市场资源。例如，企业可以通过设立专项孵化器，支持高科技初创企业的发展，提供办公空间、研发设备和创业指导，促进新技术和新产品的快速开发和市场化应用。

其次，研究合作与技术联盟是推动技术创新和进步的重要手段。西部资源型企业应加强与高校、科研机构和国际合作伙伴的研究合作，推动技术交流与创新。通过建立技术联盟和联合研发平台，促进知识共享和技术进步，提升企业的技术创新能力。例如，企业可以与高校合作开展联合研发项目，共同攻关关键技术难题，推动新技术的应用和推广，提升企业在高技术领域的竞争力。

再次，创新驱动的政策环境是促进创新生态系统发展的关键因素。政府应营造良好的创新环境，提供政策支持和资金保障，激励企业和科研机构加大研发投入，推动技术创新和产业升级。例如，政府可以设立创新基金，支持企业的技术研发和创新项目，提供税收优惠和资金补贴，降低企业的研发成本，激发企业的创新活力。

最后，企业应积极参与和构建区域内的创新网络，通过与其他企业、科研机构和政府部门的合作，形成协同创新的良性循环。通过参与区域内的创新网络，企业可以获取更多的技术资源和市场机会，提升自身的创新能力和市场竞争力。例如，企业可以加入区域内的创新联盟，共享研发成果和市场信息，推动技术的快速应用和商业化，提升企业的市场响应能力和竞争力。

通过构建和培育创新生态系统，西部国有资源型企业能够实现技术创新和管理优化的协同发展，提升整体竞争力和市场影响力，推动企业的可持续发展和战略目标的实现。

（五）参与全球供应链

在全球化背景下，西部国有资源型企业的战略变革需注重国际市场的开拓和全球供应链的整合，以实现长远的国际竞争力和可持续发展。这一过程涉及企业的全球战略布局、国际合作与竞争，以及全球供应链的优化管理等多个方面。

首先，全球供应链的参与是提升企业国际竞争力的重要途径。西部资源型企业应积极参与全球供应链，通过优化供应链管理和提升供应链效率，增强企业的国际竞争力。企业可以通过建立全球采购和销售网络，提升供应链的透明度和响应速度，确保产品和服务能够迅速适应全球市场的需求变化。同时，企业应通过技术创新和管理优化，提高供应链的灵活性和稳定性，降低供应链的运营成本和风险，提升整体供应链的效率和效益。

其次，遵循可持续发展标准是企业在全球市场中赢得认可和信任的重要手段。西部资源型企业应严格遵守国际可持续发展标准，如 ISO 14001 环境管理体系，提升企业的环境管理水平和社会责任意识，增强企业的国际声誉和市场认可度。通过实施绿色生产和可持续发展战略，企业不仅能够满足国际市场的环保要求，还能提升自身的品牌形象和竞争力，赢得更多的国际客户和合作伙伴。

再次，国际市场的战略布局是企业实现全球化发展的关键环节。西部资源型企业需制定和实施国际化战略，重点开拓西亚、中亚、南亚、东南亚等地区市场，充分利用“一带一路”倡议的政策和市场机会，提升企业的全球市场覆盖率和服务能力。通过建立境外生产基地、营销渠道和服务网络，企业能够更好地满足国际客户的需求，提升产品和服务的国际竞争力。同时，企业应积极参与国际展会和贸易洽谈，拓展国际市场渠道，提升品牌的国际知名度和美誉度。

最后，企业在全球化进程中，应注重文化差异和市场需求的多样性，灵活调整和优化产品和服务，确保其能够适应不同国家和地区的市场需求和消费者偏好。例如，企业在进入国际市场时，可以根据当地市场的特点和需求，调整产品的设计和功能，推出符合当地消费者需求的定制化产品，提升产品的市场竞争力和客户满意度。

通过全球化战略布局和国际供应链的优化管理，西部国有资源型企业能够提升自身的国际竞争力和市场影响力，实现长远的可持续发展目标。同时，企业应积极参与国际合作与交流，借鉴和吸收国际先进技术和管理经验，推动企业的技术创新和管理优化，进一步提升企业的全球竞争力和市场地位。

（六）理解历史发展路径

理解西部资源型企业的历史发展路径，有助于把握当前战略变革的方向和重点。通过回顾企业从传统资源开采向多元化和可持续发展的变革历程，企业能够汲取成功经验，规避历史教训，指导当前和未来的战略决策。

首先，发展演变过程展示了企业战略的动态调整和适应性变化。西部资源型企业在不同历史阶段，根据国家经济发展需求和市场环境的变化，逐步从传统的资源开采向多元化和高附加值产业转型。例如，企业在过去主要依赖矿产资源开采，但随着资源枯竭和市场需求变化，逐步转向新能源、先进制造和高科技产业，提升了企业的市场竞争力和可持续发展能力。

其次，关键里程碑事件是企业战略变革的重要节点。政策支持和技术进步在企业发展过程中起到了至关重要的作用。例如，国家出台的支持政策为企业提供了必要的政策保障和资金支持，推动企业加大研发投入和技术创新，提升企业的技术水平和管理能力。此外，技术的进步和创新也为企业提供了新的发展机会，推动企业在高技术领域取得突破，提升企业的核心竞争力和市场地位。

通过分析和总结这些关键里程碑事件，企业能够深刻理解战略变革的驱动因素和成功要素，指导当前的战略调整和优化。历史经验的总结和借鉴，能够帮助企业更好地应对当前和未来的挑战，确保战略变革的顺利实施和目标的实现。

最后，历史视角还能够帮助企业识别和应对在战略变革过程中可能遇到的障碍和挑战。例如，过去企业在变革过程中可能面临的资金短缺、技术瓶颈和管理难题，企业可以通过总结经验，制定有效的应对策略，确保战略变革的顺利推进。同时，历史视角还能够激励企业在面对挑战时保持坚定的信念和积极的态度，推动企业不断追求卓越和创新，实现持续发展和长远目标。

通过深入理解西部资源型企业的历史发展路径，企业能够更好地把握战略变革的方向和重点，制定科学合理的战略规划，推动企业在新的历史时期实现高质量发展和可持续发展。

（七）推动数字化转型

数字化转型是西部国有资源型企业提升运营效率和市场竞争力的重要途径。通过充分利用现代数字技术，企业能够优化运营流程，提升管理水平，实现智能化生产和精细化管理，从而在激烈的市场竞争中保持领先地位。

首先，数据分析与人工智能技术的应用能够显著提升企业的运营效率和决策水平。西部资源型企业应通过大数据分析，深入了解市场需求和客户行为，优化生产和营销策略。例如，企业可以利用数据分析工具，实时监控生产线的运行状态，预测设备故障，提前进行维护和保养，减少停机时间，提升生产效率。同时，人工智能技术可以帮助企业优化供应链管理，预测市场趋势，提升客户关系管理水平，增强企业的市场响应能力和竞争力。

其次，客户参与与数字营销是企业提升市场竞争力的重要手段。通过建立数字化销售平台，企业能够提供个性化的产品和服务，提升客户的参与度和满意度。例如，企业可以通过电子商务平台，直接与消费者互动，了解其需求和反馈，及时调整产品和服务，提升客户体验和品牌忠诚度。此外，企业还可以利用社交媒体和数字化营销工具，精准定位目标客户群体，开展有针对性的营销活动，提升品牌的市场影响力和美誉度。

再次，数字化转型还体现在智能化生产和精细化管理上。西部资源型企业应通过引入物联网和智能制造技术，推动生产过程的自动化和智能化。例如，企业可以在生产线上安装传感器，实时监控设备运行状态和生产数据，优化生产流程，提升生产效率和产品质量。同时，企业应建立完善的数字化管理体系，通过数字化工具和平台，实现企业资源的高效配置和管理，提升企业的运营效率和管理水平。

最后，数字化转型还包括提升企业的信息安全和数据管理能力。随着数字技术的广泛应用，企业面临的网络安全威胁和数据管理挑战也在增加。西部资源型企业应建立健全的信息安全管理体系，采用先进的网络安全技术和措施，保护企业的数据和信息安全，防范网络攻击和数据泄露风险，确保企业在数字化转型过程中能够安全、稳定地运营。

通过全面推进数字化转型，西部国有资源型企业能够提升运营效率和管理水平，增强市场竞争力，实现智能化生产和精细化管理，推动企业的高质量发展和可持续发展。

（八）结论

西部国有资源型企业的战略变革需要全面、系统的推进，融合可持续发展、技术创新和全球化定位。通过有效应对面临的挑战，利用政策支持和创新机制，西部资源型企业能够实现长远的可持续发展，为区域经济增长和生态文明建设作出重要贡献。战略变革不仅有助于企业自身的转型升级和竞争力提升，还将带动区域内经济结构的优化、环境质量的改善和社会和谐的发展，推动西部地区实现高质量的跨越式发展。

通过深化战略变革、优化资源配置、推动创新发展以及加强政府支持，西部国有资源型企业能够在新时代背景下，充分发挥其资源优势和市场潜力，实现从传统资源型向现代高效型的转型，推动企业和区域经济的共同繁荣与发展。

第四节　研究启示

综上，本书对西部资源型企业的启示如下：

1. 西部资源型企业应主动关注环境变化，发动全员学习，通过持之以恒的学习构建一种新的组织惯例。当预感到环境发生不利于企业的变化时，应尽早对原有组织惯例进行探查更新，提高动态能力，求变（变异）将成为一项主题。面对快速变化的环境，应加速感应机会和威胁，快速决策并加以迅速执行才能在市场竞争中占得先机，机会稍纵即逝，而威胁却时刻存在，争取觅得更多的生存与发展的机会，建立竞争优势。

2. 西部资源型企业在外在压力与内在动力的共同作用下应尽

可能寻找应对环境变化的途径，如加快技术转化的步伐，开发新的产品并投放市场，寻找新的替代资源，寻找相关的能够被掌控的新领域。当环境变化不可避免的发生时，坚决实施战略变革，并确保变革产生短期见效、支持长期发展的效果。

3. 西部资源型企业应加强组织学习和创新，发挥企业家精神，把握时机减少变革阻力，推动战略变革，改变长期高度依赖于某种自然资源所造成的不利处境，摆脱“路径依赖”，重新焕发其内在生机与活力，实现西部资源型企业对先进企业的超越。

同时，本书进一步提出如下思考以供启示。

（1）关于组织惯例的思考。组织惯例本身具有变异和演进的特点，惯例变异是战略变革的重要原因，但受限于组织惯例的稳定性特征，惯例变异相对较难。组织惯例演化是客观的，在多种动力机制与情景机制的配合下，组织惯例变异呈现出积极或是消极的结果。因此，根据内外部环境变化是组织惯例变异的动力源泉的结论，企业要推进基于组织学习、创新与企业家精神机制的组织惯例变异及组织惯例更新，实现企业可持续发展。

（2）关于动态能力的思考。现阶段研究动态能力主要都是沿用 Teece 理论，从整体上将动态能力划分为感知响应能力、整合利用能力与重构更新能力三个维度，基于专业角度可将动态能力划分为财务动态能力、市场动态能力和技术动态能力等，可以使用案例或定量研究方法进一步细分化研究动态能力的机制和影响。

（3）关于战略变革的思考。一是组织的高层管理者、中层管理者或基层员工可以发动战略变革，需要以公司现有的组织惯例相容或变异为基础，否则会影响变革的效果。基层惯例变异更易引发局部业务或战略的变化，虽然基层员工引发的惯例变异受到权利结构的限制，但容易引发企业全体职工的共鸣和支持，形成交互共识，从基层惯例变异传导到中高层惯例变异进而引发全局业务或战略的变化，也将是中国企业战略变革的重要方向。二是战略变革过程是利益博弈过程，权力结构对战略变革的有巨大影响，即使集团公司战略目标合理，积极整合母子公司的资源发挥整体作用，然而子公司可能从自身利益出发抵制战略变革，导致战略变革的结果达不到预期。从博弈论角度研究母子公司战略变革的利益博弈，提升战略变革协同效应具有重要意义。三是部分西部资源型企业由于在战略变革实施过程中未能重视战略评估与控制，导致战略变革失败的案例比比皆是，从而影响到企业下一步战略选择和整体战略的实施。西部资源型企业的战略变革是在变化的环境中实践，要提升战略实施的能力，建立以战略为中心的控制体系，专注于如何将目标落实，如何评价与控制，转化为实际的行为，避免战略的传递失真，保证战略的成功实施。

第五节　研究不足与展望

一、研究不足

本书研究不足主要体现如下：

首先，研究的样本量和代表性有待扩大。由于研究力量的限制，本书在取样对象和地区上都不具备普遍性，只选取资源型企业，没有东部中部省份的研究样本，样本量小，这需要在以后的研究中继续改善。

其次，本书采用发放问卷的实证研究方式，发放的问卷均是选择组织惯例、动态能力、战略变革、环境动态性与管理自主权的国内外主流研究内容和成熟量表，但问卷应用于中国背景下特有的西部资源型企业是否有足够的代表性也值得商榷。

最后，由于西部资源型企业的独特性，本书选取了4个西部资源型企业为例，采用多案例的研究方法，得出的研究结论的效度也需要其他学者在研究中进一步验证。

二、研究展望

基于组织惯例与动态能力作用的战略变革研究是新的研究视角，将来可以从以下几个方面深入研究。

首先，在本书中，组织惯例、动态能力和战略变革的测量工具都是沿用前期学者的成果深入开发，未来研究需结合中国西部资源型企业的实际情况，进一步检验和完善测量工具，确保其适用性和准确性。

其次，战略变革复杂性要求我们对其进行捕捉的时候应更多的考虑环境因素、市场因素、竞争因素和技术因素等横向因素的影响，这一点需要在未来研究中深入考虑。

再次，未来研究可进一步细分动态能力，如财务动态能力、市场动态能力和技术动态能力等，探讨不同维度动态能力在战略变革中的具体作用和影响路径，丰富动态能力理论的内涵。

复次，为了增强研究结论的普适性和全球适用性，未来研究可开展跨国比较研究，分析不同国家和地区资源型企业的战略变革路径和成功因素，借鉴国际先进经验，推动中国西部资源型企业的国际化发展。

最后，由于基于组织惯例与动态能力作用的战略变革的多层次多角度性，在今后的研究中应该积极整合实验、问卷和案例研究等各种方法的优点，更多地考虑如何进行不同层级不同角度模型的构建，探索更深层次机理机制研究。

附录A

企业调查（访谈）提纲

请介绍一下您的工作和公司情况。

1. 企业的资源

1.1 我们认为，资源型企业是指高度依赖于某种自然资源，且该种自然资源对企业最终产品价值的贡献起主导作用的企业。您认为什么样的企业可以称为资源型企业？你所在企业是资源型企业吗？

1.2 您对现在行业有怎样的理解？您认为在该行业获得成功的关键是否是具备某种战略性资源？具体是哪种资源？

1.3 您认为公司的哪一种或哪些资源，是有价值的、稀缺的、并且难以被竞争对手所模仿的？这种资源是否能够通过企业内部的组织流程得以充分利用？请试举例说明。

1.4 您认为公司目前所拥有的核心资源中，是否存在尚未完全得到有效利用，仍有进一步开发潜力的资源？有哪些进一步开发的方向？

2. 企业的组织惯例、动态能力、环境动态性和管理自主权

2.1 请举例说明在您的公司有没有一些战略管理、组织结构、业务流程等方面的变革？为什么会发生这些变革？这些变革对于员工有什么影响？

2.2 请谈谈工作的情况，比如业务复杂、相互依赖、工作压力、工作变化等情况。

2.3 在您的公司有没有针对问题的具体程序规定？有没有相关的默认的行为规范？贵公司的员工在工作中需不需要具备一定的内隐知识使工作顺利的开展？

2.4 贵公司规模扩大后不可能方方面面都有正式的规定，能不能产生一些游戏规则，请您具体谈谈。

2.5 请您谈一下惯例的存在对于您的工作有什么影响？怎么产生的影响。

2.6 惯例对于公司的变革有哪些影响，为什么会影响，是怎么影响的？

2.7 请举例说明在作决策的时候会不会考虑到公司原有模式的影响，是如何抉择的？

2.8 贵公司所处的市场、产业、经济、法律和政治等环境有变化吗，贵公司的产品技术有变化吗，变化快吗？

2.9 贵公司管理层权力、威望如何，员工们支持管理层吗？

2.10 请您谈一下对于贵公司文化的理解。

3. 企业的战略变革

3.1 从创立至今，贵公司的经营和管理模式是否发生过改变？发生过哪些改变？有哪些关键的里程碑事件？是否需要进一步转变模式？

3.2 在贵公司变革的不同阶段，贵公司所面临的问题、依赖的资源和经营的模式都有明显的不同，因此可以将资源型企业的成长看作是一种不连续的成长，当其达到某些关键点的时候，公司核心经营模式会发生重大战略性变革？请您对这些关键时期进行一个简单的介绍。

3.3 在贵公司变革过程中，曾经实施过哪些战略？其背景和原因是什么？效果如何？

3.4 目前的贵公司是否处于一个变革的关口？如果是的话，有哪些外部因素和内部因素成为目前变革的动因（如竞争加剧、产品生命周期的缩短、顾客需求的日益多样化、持续成长的需要、企业家对创新的追求、资源短缺等）？变革的可能方向有哪些？

附录B

企业组织惯例与动态能力及战略变革调查问卷

尊敬的女士/先生：

您好！感谢您抽出宝贵的时间参与本问卷的调查，本问卷旨在研究组织惯例与动态能力及战略变革的关系，您提供的信息将会对本书产生重要影响。本问卷所得信息仅作为学术研究使用，不做任何商业用途。我们保证对您提供的信息严格保密，请您放心地根据实际情况填写。对您的支持我们表示衷心的感谢！如果您对分析结果感兴趣，非常欢迎您和我联系。

一、您个人的基本情况（请您在相应的数字或文字后打“√”）。

1. 您的性别（　　）。

A. 男　　B. 女

2. 您的年龄（　　）。

A. 30 岁及以下　B. 31 ~ 40 岁　C. 41 ~ 50 岁　D. 51 岁及以上

3. 您目前的学历（　　）。

A. 高中及以下　B. 专科　C. 本科　D. 研究生及以上

4. 您是否是贵公司的创始人（　　）。

A. 是　　B. 否

5. 您在贵公司的职务（　　）。

A. 高层管理者　　　B. 中层管理者　　C. 基层管理者

6. 您的工作年限（　　）。

A. 1～2 年

B. 3～5 年

C. 6～10 年

D. 10 年以上

二、贵企业的基本情况（请您在填写或在相应的选项后面打“√”）。

7. 贵企业成立年限（　　）。

A. 少于 5 年

B. 5～10 年

C. 10～15 年

D. 15～20 年

E. 20 年以上

8. 贵企业所在的地区（　　）。

A. 东北地区　B. 华北地区　C. 西南地区　D. 中南地区

E. 西北地区　F. 华东地区　G. 华南地区

9. 贵企业登记注册类型（　　）。

A. 国有企业

B. 民营企业

C. 中外合资合营企业

D. 外商独资企业

10. 贵企业所属行业（　　）。

A. 采矿业

B. 酒业

C. 烟草制品业

D. 木材加工业

E. 石油加工业

F. 化学制造业

G. 化学纤维制造业

H. 医药制造业

I. 橡胶制品业

J. 黑色金属加工业

K. 有色金属节加工业

L. 非金属矿物制品业

M. 金属制品业

11. 贵公司的员工人数（　　）。

A. 100 人及以下　　B. 100 ~ 500 人　　C. 501 ~ 1000 人

D. 1001 ~ 5000 人　　E. 5000 人以上

12. 贵公司的规模（　　）。

A. 100 万元以下

B. 100 万 ~ 500 万元

C. 500 万 ~ 1000 万元

D. 1000 万 ~ 5000 万元

E. 5000 万 ~ 1 亿元

F. 1 亿 ~ 5 亿元

G. 5 亿元以上

三、企业发展情况（请您根据贵企业近 3 年的情况作答，在相应的数字上打“√”）。

1 = 完全不符合，2 = 基本不符合，3 = 不确定，4 = 基本符合，5 = 完全符合						
序号	题　　项	1	2	3	4	5
XDLJ1	我承担的工作按照新制定的程序和规范完成					
XDLJ2	我和同事之间的关系很融洽，彼此有默契					
XDLJ3	我会仿照优秀员工的做事方式工作					
XDLJ4	我工作的操作步骤已经变化					
XDLJ5	我做决策的时候会考虑到组织对以往相似问题的处理					
NYGF1	我们可以通过学习领悟到新工作的方法和技能					
NYGF2	我对组织新的“游戏规则”的理解是在与其他员工的交往合作中深刻起来的					
NYGF3	新的企业文化包含着企业的运营哲学					
NYGF4	企业新的工作任务并不是都是有操作手册的，也需要一些隐形的游戏规则才能完成					
NYGF5	企业有新的不成文的规范约束我的行为					
JHGS1	由于和同事之间合作很久，您和同事对新的工作任务程序非常了解					
JHGS2	在做新的工作的时候，您和同事之间能很好地了解彼此的意图					
JHGS3	您和同事之间能够相互学习对方的工作方式					
JHGS4	您和同事之间能够相互学习对方的观念					
JHGS5	您和同事能够集体学习掌握新知识					
GZXY1	贵企业可以通过多种渠道获取顾客需求信息的变化情况					
GZXY2	贵企业可以及时获取竞争对手的优势和劣势信息					
GZXY3	贵企业能够快速发现识别新的市场机遇或可能面临威胁					
GZXY4	贵企业可以准确地判断市场环境的变化					
GZXY5	贵企业可以准确地判断政策、产业和技术的变化					
ZHLY1	贵企业的资源整合利用能力很强					

续表

1 = 完全不符合，2 = 基本不符合，3 = 不确定，4 = 基本符合，5 = 完全符合						
序号	题　　项	1	2	3	4	5
ZHLY2	贵企业可以有效地协调各部门之间的合作和配合					
ZHLY3	贵企业能够确保资源在各个部门之间配置得当					
ZHLY4	贵企业可以确保资源在企业员工之间能够平等共享					
ZHLY5	贵企业能够确保分配给成员的任务其有能力完成					
CGZB1	贵企业能根据环境变动的需要调整内部运营流程					
CGZB2	贵企业与外部企业或机构建立了良好的关系网络					
CGZB3	贵企业能够有效整合属于不同技术或应用领域的知识					
CGZB4	贵企业能够有效整合内部创造或外部获取的知识					
CGZB5	贵企业能够有效整合企业内不同部门、团队或个人的知识					
ZCBH1	贵企业所处行业的相关政策变动程度较大					
ZCBH2	贵企业受国家经济政策的变化影响较大					
ZCBH3	贵企业受国家政治政策的变化影响较大					
ZCBH4	贵企业受国家产业政策的变化影响较大					
ZCBH5	贵企业受国家文化政策的变化影响较大					
SCBH1	客户对我们提供的产品和服务需求变化速度很快					
SCBH2	老客户总是趋向于新的产品或服务					
SCBH3	新客户总是逼着我们开发新的产品或服务					
SCBH4	客户有了越来越多的个性化需求					
SCBH5	与贵企业市场上类似程度较高的产品非常多					
JSBH1	贵企业业务领域的核心技术变化很快					
JSBH2	市场信息技术的变化，对贵企业冲击很大					
JSBH3	产品技术的变化，对贵企业冲击很大					
JSBH4	贵企业产品的技术不如竞争者					
JSBH5	贵企业信息技术人员不能满足市场的需求					
GLZZ1	贵企业管理层决策和执行受到政府、社会等的影响很小					
GLZZ2	贵企业管理层持股比例比较大					

续表

1 = 完全不符合，2 = 基本不符合，3 = 不确定，4 = 基本符合，5 = 完全符合						
序号	题　项	1	2	3	4	5
GLZZ3	贵企业管理层可以任免中层干部和决定薪酬福利					
GLZZ4	贵企业管理层可以决定投资方向和投资规模					
GLZZ5	贵企业管理层可以决定产品定价和营销渠道					
ZLBG1	贵企业能够根据环境的变化迅速做出战略调整					
ZLBG2	贵企业能够根据客户的需求变化迅速做出战略反应					
ZLBG3	贵企业善于自我否定，将创新机制的形成作为重要战略					
ZLBG4	贵企业善于自我否定，推动组织和管理变革					
ZLBG5	贵企业在不断地开拓新市场					

问卷到此结束，再次感谢您对本次调查的支持！

参考文献

宝贡敏，龙思颖，2015. 企业动态能力研究：最新述评与展望［J］. 外国经济与管理，37（07）：74－87.

曹翠珍，2015. 资源型企业绿色创新与竞争优势研究［D］. 太原：山西财经大学.

曹振华，2006. 企业转型战略管理模型建构与实证研究［D］. 上海：复旦大学，42.

陈国权，2008. 学习型组织整体系统的构成及其组织系统与学习能力系统之间的关系［J］. 管理学报，5（6）：45－52.

陈国权，2017. 面向时空发展的组织学习理论［J］. 管理学报，30（7）：181－196.

陈晓萍，徐淑英，樊景立，2012. 组织与管理研究的实证方法［M］. 2 版. 北京：北京大学出版社.

陈学光，徐金发，2006. 网络组织及其惯例的形成——基于演化论的视角［J］. 中国工业经济，4：52－58.

陈彦亮，高闯，2014. 组织惯例的跨层级演化机制［J］. 经济理论与经济管理，34（3）：59－69.

党兴华，李全升，2017. 战略柔性对惯例更新的影响研究［J］. 华东经济管理，6：23－31.

邓少军，焦豪，冯臻，2011. 复杂动态环境下企业战略转型的过程机制研究［J］. 科研管理，32（1）：60－67.

董俊武，黄江圳，陈震红，2004. 基于知识的动态能力演化模型研究［J］. 中国工业经济，2：77－85.

杜国银，王玉平，卜善祥，1999. 资源型产业的地位与高科技产业发展的关系［J］. 中国矿业，03：13－16.

杜晓荣，2007. 能力视角的企业战略管理财务支撑研究［D］. 南京：河海大学.

冯海龙，2010. 企业战略变革的定义比较、测量述评及量表开发——兼对笔者原战略变革定义的修正与操作化［J］. 管理学报，7（4）：499.

高闯，郭斌，赵晶，2012. 上市公司终极股东双重控制链的生成及其演化机制——基于组织惯例演化视角的分析框架［J］. 管理世界，11：164－177.

高洋，葛宝山，蒋大可，2017. 组织学习、惯例更新与竞争优势之间的关系——基于不同环境不确定水平的研究［J］. 科学学研究，9：108－117.

高展军，李垣，2007. 组织惯例及其演进研究［J］. 科研管理，28（3）：142－147.

葛遵峰，田志伟，2008. 高技术企业持续成长的知识管理战略探析［J］. 科技进步与对策，8：144－148.

郭斌，2013. 社会资本、组织惯例与终极股东控制——基于中国家族企业公司治理的实证研究［J］. 财贸研究，5：145－153＋162.

郭司颖，2018. 管理者过度自信、管理自主权与企业创新投入关系研究［D］. 杭州：浙江工商大学.

韩晨，高山行，2017. 战略柔性、战略创新和管理创新之间关系的研究 [J]. 管理科学，30 (2)：16－26.

何悦桐，2013. 动态环境下组织学习与战略柔性对企业技术创新的影响研究 [D]. 长春：吉林大学.

姜涛，熊伟，2014. 组织惯例演化的重新定义：基于组织免疫的视角 [J]. 浙江大学学报（人文社会科学版），6：23－28.

焦豪，2010. 企业动态能力绩效机制及其多层次影响要素的实证研究 [D]. 上海：复旦大学.

焦豪，魏江，崔瑜，2008. 企业动态能力构建路径分析：基于创业导向和组织学习的视角 [J]. 管理世界，004：91－106.

亢秀秋，2019. 动态能力视角下企业双元创新形成机制研究 [D]. 长春：吉林大学.

李鹏，2012. 资源型企业成长模式研究——以内蒙古为例 [D]. 呼和浩特：内蒙古大学.

李鑫，2005. 基于惯例变异的战略变革过程研究 [D]. 上海：复旦大学.

李业，朱七一，梁经锐，2001. 企业战略转移的理论探讨 [J]. 经济管理，06：31－37.

连燕玲，周兵，贺小刚，2015. 经营期望、管理自主权与战略变革 [J]. 经济研究，575 (08)：33－46.

廖昭文，2015. 资源型企业转型升级动力研究——以贵州煤炭企业为调查对象 [D]. 贵阳：贵州大学.

林海芬，于泽川，王涛，2017. 基于组织惯例的组织创新持续内生机理研究评述 [J]. 研究与发展管理，30 (1)：45－53.

刘鑫，薛有志，2015. CEO 继任、业绩偏离度和公司研发投入——于战略变革方向的视角［J］. 南开管理评论，03：36 – 49.

卢启程，梁琳琳，贾非，2018. 战略学习如何影响组织创新——基于动态能力的视角［J］. 管理世界，34（09）：115 – 135.

罗珉，刘永俊，2004. 企业动态能力的理论架构与构成要素［J］. 中国工业经济，1：77 – 88.

彭红霞，达庆利，2008. 企业文化、组织学习、创新管理对组织创新能力影响的实证研究［J］. 管理学报，5（1）：41 – 49.

邱国栋，董姝妍，2016. 从组织记忆到组织遗忘：基于“抛弃政策”的战略变革研究——以长春一汽发展历程为案例［J］. 中国软科学，9：168 – 179.

芮明杰，李鑫，任红波，2004. 高技术企业知识创新模式研究——对野中郁次郎知识创造模型的修正与扩展［J］. 外国经济与管理，05：8 – 12.

芮明杰，任红波，李鑫，2005. 基于惯例变异的战略变革过程研究［J］. 管理学报，2（6）：654 – 659.

孙红霞，生帆，谭凌峰，2016. 基于能力视角的多层次知识转移模型构建［J］. 情报理论与实践，039（008）：81 – 86.

孙永磊，党兴华，2013. 基于知识权力的网络惯例形成研究［J］. 科学学研究，31（09）：1372 – 1380 + 1390.

孙永磊，党兴华，宋晶，2014. 合作组织惯例形成影响因素研究述评与未来展望［J］. 外国经济与管理，36（03）：56 – 64.

王国顺，唐健雄，2008. 企业战略转型能力的整合构架剖析［J］. 预测，3：65 – 74.

王核成，2005. 基于动态能力观的企业竞争力及其演化研究［D］. 杭州：浙江大学.

王建军，2008. 动态复杂环境下机遇视角的企业成长研究［D］. 北京：首都经济贸易大学.

王永伟，2017. CEO变革型领导行为对组织惯例更新的影响机制研究［J］. 中国软科学，6：163－173.

王永伟，马洁，吴湘繁，2012. 新技术导入、组织惯例更新、企业竞争力研究——基于诺基亚、苹果案例对比研究［J］. 科学学与科学技术管理，11：152－161.

卫建国，唐红，2002. 奥特曼模型在我国上市公司财务预警中的应用研究［J］. 财会研究，12：34－36.

吴光飙，2003. 企业发展分析：一种以惯例为基础的演化论观点［D］. 上海：复旦大学.

吴小节，谌跃龙，汪秀琼，2016. 基于ABC整合框架的国内动态能力研究评述［J］. 管理学报，6：102－110.

席酉民，2001. 企业外部环境分析［M］. 北京：高等教育出版社.

项凯标，2014. 动态环境下团队过程、共享心智模型和组织绩效关系研究［D］. 北京：北京交通大学.

肖䲜，卢晓，芮明杰，2019. 企业遗产对持续竞争优势的影响研究：品牌资产的中介作用和动态能力的调节作用［J］. 南开管理评论，22（02）：157－166.

邢璐倩，2015. 企业家社会资本、动态能力和企业绩效的关系研究［D］. 苏州：苏州大学.

徐建平，2009. 组织惯例的演化机制与效能研究：基于学习视角［D］. 杭州：浙江大学.

徐小琴，马洁，2008. 基于组织学习的组织惯例内涵、形成及变化研究［J］. 商业研究，1：151－155.

薛平，2004. 资源论［M］. 北京：地质出版社.

杨建锋，2008. 家族企业的组织学习及其形成机制研究［D］. 杭州：浙江大学.

杨娜，陈烨，李昂，2019. 高管海外经历、管理自主权与企业后续海外并购等待时间［J］. 国际贸易问题，09：161－174.

于克信，2013. 西部资源型企业发展战略转型与成长研究——以云南生物产业企业发展为例［M］. 北京：中国财政经济出版社.

于克信，2017. 西部国有大型资源型企业改革研究［M］. 北京：中国财政经济出版社.

袁泽沛，2008. 组织学习、组织创新与组织绩效之间的关系研究——以武汉市商业银行为例［J］. 商业研究，11：45－53.

韵江，陈丽，2014. 组织学习模式与战略变革的关系研究——如何让学习促进变革［J］. 财经问题研究，03：110－116.

张卓元，2014. 中国改革顶层设计［M］. 北京：中信出版社.

章威，2009. 基于知识的企业动态能力研究：嵌入性前因及创新绩效结果［D］. 杭州：浙江大学.

钟熙，宋铁波，陈伟宏，2019. CEO 任期差距、管理自主权与企业国际化战略——基于社会比较视角的分析［J］. 预测，38（01）：75－82＋90.

朱丹，周守华，2018. 战略变革、内部控制与企业绩效［J］. 中央财经大学学报，002：53－64.

朱伟民，2011. 组织惯例的内涵、特征及作用研究［J］. 商业研究，3：41－49.

朱晓红，陈寒松，张腾，2019. 知识经济背景下平台型企业构建过程中的迭代创新模式——基于动态能力视角的双案例研究[J]. 管理世界, 035 (003): 142 - 156.

Ansoff, H. I., 1979. Strategic Management [M]. New York: John Wiley and Sons.

Argyris, C. S., 1978. Organizational learning: A theory of action perspective [J]. Organizational Learning A Theory of Action Perspective, 10 (4): 345 - 350.

Barreto, I., 2010. Dynamic capabilities: a review of past research and an agenda for the future [J]. Journal of Management, 36 (1): 256 - 280.

Becker, S. M., 2007. Numerical Modeling of In Vivo Plate Electroporation Thermal Dose Assessment [J]. Journal of Biomechanical Engineering, 128 (1): 76.

Brislin, R. W., 1970. Back - Translation for Cross - Cultural Research [J]. J Cross Cult Psychol, 1 (3): 185 - 216.

Chadwick, I. C., Raver, J. L., 2015. Motivating organizations to learn: Goal orientation and its influence on organizational learning [J]. Journal of Management, 41 (3): 957 - 986.

Collis, D. J., 1994. Research Note: How Valuable Are Organizational Capabilities? [J]. Strategic Management Journal, 15 (S1): 143 - 152.

Cyert, R. M., & March, J. G., 1963. A Behavioral Theory of the Firm [M]. Prentice - Hall: Englewood Cliffs, NJ.

Chandler, A. D., 1962. Strategy and Structure: Chapters in the History of the American Industrial Enterprise [M]. Cambridge, MA:

MIT Press.

Danneels, E. , 2008. Organizational Antecedents of Second – order Competences [J]. Strategic Management Journal, 29 (5): 519 – 543.

Del Giudice, Manlio, Della Peruta, Maria Rosaria, 2013. Collective Knowledge and Organizational Routines within Academic Communities of Practice: An Empirical Research on Science – Entrepreneurs [J]. Journal of the Knowledge Economy, 4 (3): 260 – 278.

Díazfernández, M. C. , Gonzálezrodríguez, M. R. , Simonetti, B. , 2016. The role played by job and non – job – related TMT diversity traits on firm performance and strategic change [J]. Management Decision, 54 (5): 1110 – 1139.

Dionysiou, C. , & Tsoukas, H. , 2013. Understanding the Recreation of Routines from within: A Symbolic Interactionis Perspective [J]. Academy of Management Review, 38 (2): 181 – 205.

Driver, M. J. , Svensson, K. , Amato, R. P. , et al. , 2016. A Human – Information – Processing Approach to Strategic Change [J]. International Studies of Management & Organization, 26 (1): 41 – 58.

Duncan, R. B. , 1972. Characteristics of perceived environment and perceived environmental uncertainty [J]. Administrative Science Quarterly, 17 (03): 313 – 327.

Feldman, Martha S. , Pentland, Brain T. , 2003. Reconceptualizing organizational routines as source of flexibility and change [J]. Administrative Science Quarterly, 48 (1): 94 – 118.

Felin, T. , Foss, N. J. , 2009. Organizational Routines and Capabilities: Historical Drift and a Course – Correction Toward Microfoundations [J]. Scandinavian Journal of Management, 25 (2): 157 – 167.

Fombrun, C. J., 1993. Envisioning strategic change [J]. Advances in Strategic Management, 9 (2): 157 – 188.

Garvin, D. A., Edmondson, A. C., Gino, F., 2008. Is yours a learning organization [J]. Harvard Business Review, 86 (3): 109 – 116.

Gerard, N., Colin, D., 2000. The organizational learning of safety in communities of practice [J]. Journal of Management, 9 (1): 7 – 1.

Gersick, C. J., & Hackman, J. R., 1990. Habitual Routines in Task – performing Groups [J]. Organizational Behavior and Human Decision Processes, 47 (1): 65 – 97.

Ginsberg, A., 1988. Measuring and modeling changes in strategy: Theoretical foundations and empirical directions [J]. Strategic Management Journal, 9: 559 – 575.

Gioia, D. A., Nag, R., Corley, K. G., et al., 2012. Visionary Ambiguity and Strategic Change: The Virtue of Vagueness in Launching Major Organizational Change [J]. Journal of Management Inquiry, 21 (4): 364 – 375.

Hambrick, D. C., Finkelstein, S., 1987. Managerial Discretion: A Bridge between Polar Views of Organizational Outcomes [J]. Research in Organizational Behavior, 369 – 406.

Hambrick, D. C., Mason, P. A., 1984. Upper Echelons: The Organization as a Reflection of Its Top Managers [J]. Academy of

Management Review, 2: 207 -226.

Hannan, M. , 1984. Structural Inertia and Organizational Change [J]. American Sociological Review, 49 (2): 149 -164.

Helfat, C. E. , 1997. Know - How and Asset Complementarity and Dynamic Capability Accumulation: The Case of R&D [J]. Strategic Management Journal, 18 (5): 339 -360.

Higgins, J. M. , & McAllaster, G. , 2004. If You Want Strategic Change, Don't Forget to Change Your Cultural Artifacts [J]. Journal of Change Management, 4 (1): 63 -73.

Isabella, L. , 1990. Evolving Interpretations as a Change Unfolds: How Managers Construe Key Organizational Events [J]. Academy of Management Journal, 33 (1): 7 -41.

Judy Bullock, 2010. Organizational Routines: Advancing Empirical Research [J]. Leadership & Organization Development Journal, 31 (6): 568 -569.

Kleinbaum, A. , Stuart, T. , 2014. Network responsiveness: The social structural micro foundations of dynamic capabilities [J]. The Academy of Management Perspectives, 28 (4): 353 -367.

Knott, A. M. , 2003. The Organizational Routines Factor Market Paradox [J]. Strategic Management Journal, 24 (10): 929 -943.

Kopmann, J. , Kock, A. , Killen, C. P. , et al. , 2017. The role of project portfolio management in fostering both deliberate and emergent strategy [J]. International Journal of Project Management, 35 (4): 557 -570.

Kozica, A. , Kaiser, S. , Friesl, M. , 2014. Organizational

Routines: Conventions as a Source of Change and Stability [J]. Schmalenbach Business Review, 66 (3): 334 –356.

Makadok, R. , 2001. Toward a synthesis of the resource – based and dynamic – capability views of rent creation [J]. Strategic Management Journal, 22 (5): 387 –401.

March, J. G. , & Simon, H. A. , 1958. Organizations [M]. New York: John Wiley and Sons.

Marlena Fiol, Edward O'Connor, 2017. Unlearning Established Organizational Routines Part [J]. Learning Organization, 24 (1): 13 –29.

Martha S. Feldman, 2000. Organizational Routines as a Source of Continuous Change [J]. Organization Science, 11 (6): 611 –629.

Menguc, B. , Auh, S. , 2010. Creating a firm – level dynamic capability through capitalizing on market orientation and innovativeness [J]. Strategic Management Journal, 34 (1): 63 –73.

Miles, S. , Snow, C. , 1987. Sense making and sense giving in strategic change initiation [J]. Strategic Management Journal, 12 (6): 433 –448.

Miller, D. , 1987. The structural and environmental correlates of business strategy [J]. Strategic Management Journal, 8 (01): 55 – 76.

Mintzberg, H. , & Westley, F. , 1992. Cycles of Organizational Change [J]. Strategic Management Journal, 13 (S2): 39 –59.

Mintzberg, H. , 1973. The Nature of Managerial Work [J]. Administrative Science Quarterly, 19 (1): 505 –506.

Nelson, R. R., Winter, S. G., 1982. The Schumpeterian Tradeoff Revisited [J]. American Economic Review, 72 (1): 114 - 132.

Nelson, R., & Winter, S. G., 1982. An Evolutionary Theory of Economic Change [M]. Belknap: Cambridge MA, 354 - 368.

Oehmichen, J., Schrapp, S., & Wolff, M., 2017. Who Needs Experts Most? Board Industry Strategic Change—A Contingency Perspective [J]. Strategic Management Journal, 38: 645 - 656.

Parry, Glenn, Roehrich, Jens, 2017. An Engineering System Approach to Strategic Change: The Case of the European Automotive Industry [J]. Strategic Change, 21 (5 - 6): 249 - 262.

Penrose, E., 1959. The Theory of the Growth of the Firm [M]. New York: Wiley, 132 - 168.

Pentland, B. T., 2015. Ecological Models of Inter - Organizational Routines in Electronic Commerce [J]. Research in Management Science, 4 (2): 102 - 112.

Porter, M. E., 1980. Competitive Strategy: Techniques for Analyzing Industries and Competitors [J]. Harvard Business Review, 66 (2): 86 - 87.

Prahalad, C. K., & Hamel, G., 1990. The Core Competence of the Corporation [J]. Harvard Business Review, 66 (3): 328 - 350.

Rajagopalan, N., and Spreitzer, G. M., 1997. Toward a Theory of Strategic Change: A Multi - lens Perspectives and Integrative Framework [J]. Academy of Management Review, 22 (1): 48 - 79.

Rerup, C., Feldman, M. S., 2001. Routines as a Source of Change in Organizational Schemata: The Role of Trial - and - Error Learning

[J]. Academy of Management Journal, 54 (3): 577 -610.

Sarah Kaplan, 2015. Truce Breaking and Remaking: The CEO's Role in Changing Organizational Routines [J]. Social Science Electronic Publishing, 32: 1 -15.

Senge, P. M. , 1989. Organizational Learning: A New Challenge for System Dynamics [M]. Computer Based Management of Complex Systems. Springer Berlin Heidelberg.

Slater, S. R. , Narver, J. C. , 1995. Market orientation and learning organizational [J]. Journal of Marketing, 59 (3): 63 -74.

Stańczyk - Hugiet, Ewa, Katarzyna, 1988. Demystifying Emergence of Organizational Routines [J]. Journal of Organizational Change Management, 5 (3): 234 -249.

Stene, E. O. , 1940. An Approach to the Science of Administration [J]. American Political Science Review, 34: 1124 -1137.

Teece, D. J. , 2012. Dynamic Capabilities: Routines versus Entrepreneurial Action [J]. Journal of Management Studies, 49 (8): 1395 -1401.

Teece, D. , Pisano, G. , Shuen, A. , 1997. Dynamic capabilities and strategic management [J]. Strategic Management Journal, 18 (6): 510 -533.

Tushman, M. L. , & Romanelli, E. , 1985. Organization Evolution: Interactions Between External and Emergent Processes and Strategic Choice [M]. Greenwich, CT: JAI Press.

Van de Ven, A. H. , & Poole, M. S. , 1995. Explaining Development and Change in Organizations [J]. Academy of Management

Review, 20 (3): 510 -540.

Vogel, R., Güttel, W. H., 2013. The Dynamic Capability View in Strategic Management: A Bibliometric Review [J]. International Journal of Management Reviews, 15 (4): 426 -446.

Wang, C. L., Ahmed, P. K., 2007. Dynamic capabilities: a review and research agenda [J]. International Journal of Management Reviews, 9 (1): 31 -51.

Wang, C. L., Senaratne, C., Rafiq, M., 2014. Success traps, dynamic capabilities and firm performance [J]. British Journal of Management, 25 (4): 508 -523.

Weber, M., Henderson, A. M., Parsons, T., 1995. The Theory of Social and Economic Organization [J]. Scripta Metallurgica Et Materialia, 32 (7): 955 -959.

Wilhelm, H., Schlomer, M., Maurer, I., 2015. How Dynamic Capabilities Affect the Effectiveness and Efficiency of Operating Routines under High and Low Levels of Environmental Dynamism [J]. British Journal of Management, 26 (2): 327 -345.

Wu, L. Y., 2010. Applicability of the resource - based and dynamic - capability views under environmental volatility [J]. Journal of Business Research, 63 (1): 1 -31.

Yin, R., 2009. Case Study Research: Design and Methods [M]. Fourth edition. Thousand Oaks, CA: Sage Publications.

Zahra, S. A., Neubaum, D. O., 1998. Environmental Adversity and the Entrepreneurial Activities of New Ventures [J]. Journal of Developmental Entrepreneurship, 3 (02): 123 -140.

Zollo, M., Reuer, J. J., and Singh, H., 2002. Interorganizational Routines and Performance in Strategic Alliances [J]. Organization Science, 13 (6): 701 -713.

Zollo, M., Winter, S. G., 2002. Deliberate learning and the evolution of dynamic capabilities [J]. Organization Science, 13 (3): 339 -351.

Zott, C., 2003. Dynamic capabilities and the emergence of intra-industry differential firm performance: insights from simulation study [J]. Strategic Management Journal, 24 (2): 97 -126.